农民实用知识读本

# 农村中小企业实用会计

胡冬鸣 编著



中国财政经济出版社

**图书在版编目（CIP）数据**

农村中小企业实用会计／胡冬鸣编著．—北京：中国财政经济出版社，2012.10

（农民实用知识读本）

ISBN 978－7－5095－3972－9

Ⅰ.①农…　Ⅱ.①胡…　Ⅲ.①农业企业—中小企业—会计　Ⅳ.①F306

中国版本图书馆CIP数据核字（2012）第232248号

责任编辑：王晓蕊　　　　责任校对：王　英

封面设计：汪俊宇　　　　版式设计：文　通

中国财政经济出版社出版

URL：http：//www.cfeph.cn

E－mail：cfeph@cfeph.cn



社址：北京市海淀区阜成路甲28号　邮政编码：100142

营销中心电话：88190406　北京财经书店电话：64033436　84041336

北京财经印刷厂印刷　各地新华书店经销

880×1230毫米　32开　8.75印张　235 000字

2013年8月第1版　2016年10月北京第2次印刷

印数：3 001—6 000　定价：26.00元

ISBN 978－7－5095－3972－9/F·3221

（图书出现印装问题，本社负责调换）

本社质量投诉电话：88190744

反盗版举报热线：88190492、88190446

# 前　言

会计核算作为企业经营管理的重要组成部分，必须要不断适应新的形势和企业发展的新需求。农村中小企业会计核算既要符合农村中小企业的经营特点，更要符合当前农村中小企业发展的新需要。随着党中央和各级政府惠农政策的不断落实、城乡统筹发展步伐的不断加快，特别是随着新农村经济建设水平的提高，农村中小企业取得了长足进步和迅速发展。农村中小企业的发展，加快了农村新型工业化进程，动员了部分民间资金的生产性投入，为农村经济的发展注入了新的活力，进而推动了城镇化建设和农村服务业的兴起，进一步扩大了就业领域，增强了对农村富余劳动力的就地吸纳能力，提高了农民的收入和消费水平。农村中小企业向园区和小城镇的发展，培植了小城镇的产业基础，壮大了小城镇经济，成为加快农村城镇化建设不可缺少的经济支撑。近年来，财政部及政府相关部门出台了一系列法规和政策性文件，将农村中小企业会计核算纳入到《企业会计准则》和《小企业会计准则》的约束范围，为农村中小企业在更大范围、更广领域、更高层次参与市场竞争提供了有力支持。而为了适应农村中小企业快速发展过程中新业务和新规则对于会计核算工作的新要求，作者编写了这本《农村中小企业实用会计》，以满足广大农民朋友和农村中小企业会计人员的实际工作需要。

本书编写的依据是2006年2月5日财政部发布的2006版《企业会计准则》、2006年10月30日财政部发布的《企业会计准则——应用指南》、2010年10月18日财政部发布的《小企业会计准则》。在编写过程中作者重点选择了制造、贸易和零售三种主要的经营模式，充分考虑了农村中小企业主要的业务类型，就其账务处理的依据和核算方法进行了比较详尽的阐述。全书语言通俗易懂、密切结合中小企业实际、重要核算单据及账页格式都有展示；同时，对企业会计实际工作的操作规范有着详细地描述。望本书的出版能给农村中小企业会计人员的工作带来实际的帮助和支持。

本书在编写过程中得到了中国财政经济出版社编辑的大力支持，在此表示衷心感谢。由于编写时间仓促，本书难免存在一些问题和疏漏，敬请读者批评指正。

**编著者**

2012 年 8 月 30 日

# 目　录

# 第一章　农村中小企业会计核算的主要内容及其法律依据

## 第一节　农村中小企业会计核算的主要内容

### 一、中小企业的划分标准及其经营的主要特征

中小企业是与所处行业的大企业相比，在人员规模、资产规模与经营规模等方面都比较小的经济单位。不同国家、不同经济发展的阶段、不同行业对其界定的标准不尽相同，且随着经济的发展而动态变化。各国一般从质和量两个方面对中小企业进行定义，质的指标主要包括企业的组织形式、融资方式及所处行业地位等，量的指标则主要包括雇员人数、实收资本、资产总值等。而由于量的指标较质的指标更为直观，数据选取容易，因而大多数国家都以量的标准进行划分。2011 年 6 月 18 日，工业和信息化部、国家统计局、国家发展和改革委员会、财政部联合印发了《关于印发中小企业划型标准规定的通知》，其所规定的主要行业划型标准如下：

1. 农、林、牧、渔业。营业收入 2 亿元以下的为中小微型企业。其中，营业收入 500 万元及以上的为中型企业，营业收入 50 万元及以上的为小型企业，营业收入 50 万元以下的为微型企业。

2. 工业。从业人员 1 000 人以下或营业收入 4 亿元以下的为中小微型企业。其中，从业人员 300 人及以上，且营业收入 2 000 万元及以上的为中型企业；从业人员 20 人及以上，且营业收入 300 万元及以上的为小型企业；从业人员 20 人以下或营业收入 300 万元以下的为微型企业。

3. 建筑业。营业收入 8 亿元以下或资产总额 8 亿元以下的为中小微型企业。其中，营业收入 6 000 万元及以上，且资产总额 5 000 万元及以上的为中型企业；营业收入 300 万元及以上，且资产总额 300 万元及以上的为小型企业；营业收入 300 万元以下或资产总额 300 万元以下的为微型企业。

4. 批发业。从业人员 200 人以下或营业收入 4 亿元以下的为中小微型企业。其中，从业人员 20 人及以上，且营业收入 5 000 万元及以上的为中型企业；从业人员 5 人及以上，且营业收入 1 000 万元及以上的为小型企业；从业人员 5 人以下或营业收入 1 000 万元以下的为微型企业。

5. 零售业。从业人员 300 人以下或营业收入 2 亿元以下的为中小微型企业。其中，从业人员 50 人及以上，且营业收入 500 万元及以上的为中型企业；从业人员 10 人及以上，且营业收入 100 万元及以上的为小型企业；从业人员 10 人以下或营业收入 100 万元以下的为微型企业。

6. 交通运输业。从业人员 1 000 人以下或营业收入 3 亿元以下的为中小微型企业。其中，从业人员 300 人及以上，且营业收入 3 000 万元及以上的为中型企业；从业人员 20 人及以上，且营业收入 200 万元及以上的为小型企业；从业人员 20 人以下或营业收入 200 万元以下的为微型企业。

7. 仓储业。从业人员 200 人以下或营业收入 3 亿元以下的为中小微型企业。其中，从业人员 100 人及以上，且营业收入 1 000 万元及以上的为中型企业；从业人员 20 人及以上，且营业收入 100 万元及以上的为小型企业；从业人员 20 人以下或营业收入 100 万元以下的为微型企业。

8. 住宿业。从业人员300人以下或营业收入1亿元以下的为中小微型企业。其中，从业人员100人及以上，且营业收入2 000万元及以上的为中型企业；从业人员10人及以上，且营业收入100万元及以上的为小型企业；从业人员10人以下或营业收入100万元以下的为微型企业。

9. 餐饮业。从业人员300人以下或营业收入1亿元以下的为中小微型企业。其中，从业人员100人及以上，且营业收入2 000万元及以上的为中型企业；从业人员10人及以上，且营业收入100万元及以上的为小型企业；从业人员10人以下或营业收入100万元以下的为微型企业。

中小型企业在农村经济中处于主体位置，在国民经济中处于重要位置，在填补市场缝隙方面是大型企业不可缺少的重要助手。从市场分工来看，中小型企业在满足顾客对某类产品的少量需求或特殊需求方面，能够发挥独特的作用；中小型企业对于劳动技能和素质的要求不像大型企业那样严格，因而能吸收农村大量的剩余劳动力资源；同时，竞争的压力促使农村中小型企业利用区域资源开发具有竞争力的产品，从而使不少农村中小型企业成为新技术开发与运用的重要来源。具体来讲，农村中小企业的主要特征如下：

1. 生产经营规模中等或较小，因而投资较省，建设周期短，收效较快。与大型企业相比较，中小企业的首要特征之一，即在于企业规模小、经营决策权高度集中。特别是农村小企业，基本上都是一家一户自主经营，使资本追求利润的动力完全体现在经营者的积极性上。由于经营者对千变万化的市场反应灵敏，实行所有权与经营治理权合一，既可以节约所有者的监督成本，又有利于企业快速作出决策。其次，中小企业员工人数较少，组织结构简单，个人在企业中的贡献容易被识别，因而便于对员工进行有效的激励，不像大企业那样在庞大的阶层化组织内容易产生怠惰与无效率的情况。农村中小企业在经营决策和人员激励上与大企业相比具有更大的弹性和灵活，因而能对不断变化的市场作出迅速反应。农村中小企业机制灵活且办事效率非常高。当有些大公司和跨国企业在世界经济不景气的情况下不得不压缩生产规模的时候，农村中小企业则在调整经营方向和产品结构，从中获得新的发展。

2. 对市场变化的适应性强，能发挥“小而专”，“小而活”的优势。农村中小企业由于自身规模小，人、财、物资源相对有限，既无力经营多种产品以分散风险，也无法在某一产品的大规模生产上与大企业展开竞争。农村中小企业往往会将有限的人力、财力和物力投向那些被大企业所忽略的细小市场，专注于某一细小产品的经营上，并不断改进产品质量，提高生产效率，以求在市场竞争中站稳脚跟，进而获得更大的发展。从类似的成功经验来看，通过细分市场来进行专业化经营，以专补缺、以小补大，是众多农村中小企业在激烈竞争中获得生存与发展的最有效途径之一。农村中小企业通过专业化生产还会同大型企业建立起密切的协作关系，不仅在客观上有力地支持和促进了大企业的发展，同时也为自身的生存与发展提供了可靠的基础。

3. 经营范围广泛，点多面广，充分利用区域资源。大批量、单一的产品生产有益于发挥巨额投资的优势与效率，但大批量的单一品种只满足社会生产和人们日常生活中主要方面的需要，而小批量的个性突出的多种多样的需求，大企业往往难以满足。虽然农村中小企业作为个体普遍存在着品种单调、生产能力较低的缺点，但它们又具有贴近市场、靠近顾客和反应快捷的经营优势，因而有利于适应多姿多彩、千变万化的消费需求；多种多样的消费需求可以通过千家万户农村中小企业灵活的方式得到满足，特别是促使区域资源通过生产经营得到充分利用，发挥重要作用。

4. 农村中小企业是重要的科技创新力量。现代科技使工业技术装备和产品在发展方向上有着两方面的趋势，一方面是向着大型和集中的方向发展；另一方面是向着小型和分散的方向发展。产品的小型化、分散化特别是环保再生资源的采用，为农村中小企业的发展提供了有利条件。许多农村中小企业的创始人往往原来有着大企业和研究所的工作经历，同时又是集管理者、所有者和发明者于一身，对新技术新发明可以最快运用到企业产品中去，其在利用区域资源方面有着独特的优势条件。

5. 抵御经营风险的能力较差，资金薄弱，筹资能力差。国内商业银行在流动资金提供方面可能是世界上最多的。流动资金贷款额这么大主要有两方面原因：原材料库存、中间材料库存很大；企业自有资金如公积金、保留利润等被大量用于扩大再生产、基本建设等投资，造成流动资金在很大程度上依赖银行。而大多数农村中小企业都是小生产的生产方式，规模较小，更希望通过银行借贷的方式来进行融资。然而，从风险和规模效益来看，商业银行更愿意贷款给实力雄厚的大型企业，许多农村中小企业往往被各种严苛的条件拒之门外。

## 二、农村中小企业会计核算的主要内容

会计主要是利用货币量度对经济过程中使用的财产物资、劳动耗费和经营成果等进行系统的记录、计算、控制、分析和检查，以促使人们比较得失、权衡利弊、讲求经济效益的一种管理活动。会计按其服务对象的不同分为企业会计和预算会计。其中，作为企业会计重要分支的农村中小企业会计，是指以货币为主要计量单位，对农村中小企业的生产经营过程和经营成果进行全面、连续、系统、综合的核算和监督的一种经济管理活动。

农村中小企业在从事相关的生产经营和业务活动中，会产生各种各样的经济业务事项。经济业务事项一般包括经济业务和经济事项两类。其中，经济业务是指农村中小企业与其他经济组织和个人之间发生的各种经济利益交换，如产品销售；而经济事项是指在农村中小企业内部发生的具有经济影响的各类事件，如计提固定资产折旧。按照我国会计法的规定，下列经济业务事项应当办理会计手续，进行会计核算：

1. 款项和有价证券的收付。款项是指作为支付手段的货币资金，一般包括库存现金、银行存款以及其他视同库存现金和银行存款使用的外埠存款、银行汇票存款、银行本票存款、在途货币资金、信用证存款和各种备用金等其他货币资金；有价证券是指表示

一定财产拥有权或支配权的证券，如国债、股票、公司债券、金融债券和基金等。款项和有价证券是农村中小企业中流动性（快速变成现钱的能力）最强的资产，因而在会计核算中容易出现这样那样的问题。加强对款项和有价证券的管理和控制非常重要。

2. 财物的收发、增减和使用。财物是村集体经济组织财产物资的简称，一般包括原材料、燃料、机械零配件、周转材料、在产品和工业产成品等流动资产；购买股票、债券、基金或投出货币、实物而形成的交易性金融资产、持有至到期投资、可供出售的金融资产以及长期股权投资；房屋、建筑物、机器设备、运输工具等固定资产。财产物资的价值一般较大，若出现问题会直接影响农村中小企业的生产经营活动的正常进行。因而，必须加强财物收发、增减和使用环节的管理与核算，维护正常的生产经营秩序。

3. 债权债务的发生和结算。债权是农村中小企业收取款项的权利，一般包括各种应收和预付款项；债务则是农村中小企业承担的、能够用货币计量的、需用财产或劳务偿付的义务，一般包括各种借款、应付和预收款项。作为农村中小企业，要及时完整核算和反映债权债务情况，合理利用账期，并有效防止非法行为在债权债务环节的发生。

4. 资本、基金的增减。资本是指投资人投入农村中小企业的本钱；基金是农村中小企业按照法律法规的规定而设置或筹集的、具有特定用途的专项资金，即专款专用的钱。资本的核算必须按照有关法律法规的规定严格进行，确保投资人的利益不受侵犯；而基金则必须做到专款专用，不得截留或者改变既定的使用方向。

5. 收入、支出、费用、成本的计算。收入是指农村中小企业在销售产品、提供劳务及让渡资产使用权等日常活动中形成的经济利益的总流入，如产品销售收入；支出是指农村中小企业正常经营活动以外的支出和损失，如支付的罚款；费用是指在销售产品和提供劳务等日常活动中发生的经济利益流出，包括成本和管理费用开支；成本是指农村中小企业为了生产产品而发生的原材料费用、生产人员工资费用、机器设备的折旧以及生产车间所发生的其他与产品生产有关的费用开支。

6. 财务成果的计算和处理。财务成果是指农村中小企业一定时期内从事经营活动在财务上所取得的成果，具体表现为盈利或者亏损。财务成果的计算和处理一般包括利润形成和利润分配两个部分。财务成果的计算和处理涉及投资人、企业、职工个人各方面的经济利益，农村中小企业必须严格按照《企业会计准则》、《小企业会计准则》的规定，正确计算处理财务成果。

7. 其他事项。是指除上述六项经济业务事项以外的，按照《企业会计准则》、《小企业会计准则》规定应办理会计手续和会计核算的其他经济业务事项。

## 第二节　农村中小企业会计核算的法律依据

### 一、农村中小企业会计核算的法律依据

农村中小企业的会计核算工作是农村中小企业内部的一项经济管理工作，是对农村中小企业经济活动进行的核算与监督。会计人员在处理经济业务的过程中，必然会涉及并影响各个方面的经济利益。会计核算工作不单单是记记账、算算账、报报账的问题，而是带有很强的政策性工作。会计核算工作必须遵守相关的法律法规。

农村中小企业的会计工作应该遵守的法律法规既有会计法律制度，同时还包括与会计核算工作相关的法律制度。会计法律制度包括会计法律、会计行为法规和会计规章主要内容。农村中小企业的会计工作应该遵守的法律法规基本构成如下：

1. 会计法律，是指调整我国经济生活中会计关系的法律总规范文件，是会计行为的基本规则，即 1985 年 1 月 21 日第六届全国人大常委会第九次会议通过、根据 1993 年 12 月 29 日第八届全国人民代表大会常务委员会第五次会议《关于修改〈中华人民共和国会计法〉的决议》修正、1999 年 10 月 31 日第九届全国人民代表大

会常务委员会第十二次会议修订的会计法。会计法是会计法律制度中层次最高的法律规范，是制定其他会计法律规范的依据，是指导会计工作的最高准则。《会计法》主要内容包括：总则、会计核算、公司与企业会计核算特别规定、会计监督、会计机构和会计人员、法律责任。

2. 会计行政法规，是指调整我国经济生活中某些方面会计关系的法律规范。会计行政法规由国务院制定发布或者国务院有关部门拟订经国务院批准发布，其制定依据是《会计法》。主要有：1988年9月8日国务院发布的《现金管理暂行条例》、2006年2月5日财政部发布的2006版《企业会计准则》、2006年10月30日财政部发布的《企业会计准则——应用指南》、2010年10月18日财政部发布的《小企业会计准则》。

3. 会计规章，是指由主管全国会计工作的行政部门财政部，就会计工作中某些方面内容所制定的规范性文件。会计规章的制定依据是会计法律和会计行政规范。主要有：1996年6月17日财政部发布的《会计基础工作规范》、1994年6月23日财政部发布的《代理记账管理暂行规定》、2000年5月8日发布并经2005年1月22日修订的《会计从业资格管理办法》、1998年1月23日财政部发布并在2006年11月20日修订的《会计人员继续教育暂行规定》、1998年8月21日财政部与国家档案局联合发布的《会计档案管理办法》。

4. 与会计工作相关的法律制度，主要有：1995年5月10日第八届全国人民代表大会常务委员会第十三次会议通过并经2004年8月28日第十届全国人民代表大会常务委员会第十一次会议修订后发布的《票据法》、1997年9月19日中国人民银行发布的《支付结算办法》。

## 二、农村中小企业会计科目

农村中小企业会计科目分为资产类、负债类、所有者权益类、成本类和损益类等五类会计科目。根据有关规定，所列会计科目，如企业没有相应会计事项的，可以不设或合并；也可以根据具体情况设置一些表外科目。但是，设置和使用会计科目，应该不影响会计核算的要求和财务报表的汇总，以及对外提供统一的财务报表格式。

为了便于编制会计凭证、登记账簿、查阅账目和实行会计电算化，规定了统一的会计科目编号，且在某些科目之间留有空号，以供增设会计科目之用。农村中小企业不能随意改变或打乱会计科目编号；在填制会计凭证、登记账簿时也不能只填科目编号而不填会计科目名称。农村中小企业会计核算使用的主要会计科目如表1－1、表1－2所示。

表1－1　农村中型企业主要会计科目名称和编号

| 顺序号 | 编　号 | 科目名称 | 顺序号 | 编　号 | 科目名称 |
|---|---|---|---|---|---|
| 一、资产类 | | | 34 | 1411 | 周转材料 |
| 1 | 1001 | 库存现金 | 40 | 1471 | 存货跌价准备 |
| 2 | 1002 | 银行存款 | 41 | 1501 | 持有至到期投资 |
| 5 | 1012 | 其他货币资金 | 42 | 1502 | 持有至到期投资减值准备 |
| 8 | 1101 | 交易性金融资产 | 43 | 1503 | 可供出售金融资产 |
| 10 | 1121 | 应收票据 | 44 | 1511 | 长期股权投资 |
| 11 | 1122 | 应收账款 | 45 | 1512 | 长期股权投资减值准备 |
| 12 | 1123 | 预付账款 | 46 | 1521 | 投资性房地产 |
| 13 | 1131 | 应收股利 | 47 | 1531 | 长期应收款 |
| 14 | 1132 | 应收利息 | 48 | 1532 | 未实现融资收益 |
| 18 | 1221 | 其他应收款 | 50 | 1601 | 固定资产 |
| 19 | 1231 | 坏账准备 | 51 | 1602 | 累计折旧 |
| 26 | 1401 | 材料采购 | 52 | 1603 | 固定资产减值准备 |
| 27 | 1402 | 在途物资 | 53 | 1604 | 在建工程 |
| 28 | 1403 | 原材料 | 54 | 1605 | 工程物资 |
| 29 | 1404 | 材料成本差异 | 55 | 1606 | 固定资产清理 |
| 30 | 1405 | 库存商品 | 62 | 1701 | 无形资产 |
| 31 | 1406 | 发出商品 | 63 | 1702 | 累计摊销 |
| 32 | 1407 | 商品进销差价 | 64 | 1703 | 无形资产减值准备 |
| 33 | 1408 | 委托加工物资 | 65 | 1711 | 商誉 |

续表

| 顺序号 | 编　号 | 科目名称 | 顺序号 | 编　号 | 科目名称 |
|---|---|---|---|---|---|
| 66 | 1801 | 长期待摊费用 | 112 | 4101 | 盈余公积 |
| 67 | 1811 | 递延所得税资产 | 114 | 4103 | 本年利润 |
| 69 | 1901 | 待处理财产损溢 | 115 | 4104 | 利润分配 |
| 二、负 债 类 | | | 四、成 本 类 | | |
| 70 | 2001 | 短期借款 | 117 | 5001 | 生产成本 |
| 77 | 2101 | 交易性金融负债 | 118 | 5101 | 制造费用 |
| 79 | 2201 | 应付票据 | 119 | 5201 | 劳务成本 |
| 80 | 2202 | 应付账款 | 120 | 5301 | 研发支出 |
| 81 | 2203 | 预收账款 | 五、损 益 类 | | |
| 82 | 2211 | 应付职工薪酬 | 124 | 6001 | 主营业务收入 |
| 83 | 2221 | 应交税费 | 129 | 6051 | 其他业务收入 |
| 84 | 2231 | 应付利息 | 131 | 6101 | 公允价值变动损益 |
| 85 | 2232 | 应付股利 | 132 | 6111 | 投资收益 |
| 86 | 2241 | 其他应付款 | 136 | 6301 | 营业外收入 |
| 93 | 2401 | 递延收益 | 137 | 6401 | 主营业务成本 |
| 94 | 2501 | 长期借款 | 138 | 6402 | 其他业务支出 |
| 95 | 2502 | 应付债券 | 139 | 6403 | 营业税金及附加 |
| 100 | 2701 | 长期应付款 | 149 | 6601 | 销售费用 |
| 101 | 2702 | 未确认融资费用 | 150 | 6602 | 管理费用 |
| 102 | 2711 | 专项应付款 | 151 | 6603 | 财务费用 |
| 103 | 2801 | 预计负债 | 153 | 6701 | 资产减值损失 |
| 104 | 2901 | 递延所得税负债 | 154 | 6711 | 营业外支出 |
| 三、所有者权益类 | | | 155 | 6801 | 所得税费用 |
| 110 | 4001 | 实收资本 | 156 | 6901 | 以前年度损益调整 |
| 111 | 4002 | 资本公积 | | | |

**表 1－2　农村小型企业主要会计科目名称和编号**

| 顺序号 | 编　号 | 科目名称 | 顺序号 | 编　号 | 科目名称 |
|---|---|---|---|---|---|
| | 一、资产类 | | 35 | 2202 | 应付账款 |
| 1 | 1001 | 库存现金 | 36 | 2205 | 预收账款 |
| 2 | 1002 | 银行存款 | 37 | 2211 | 应付职工薪酬 |
| 3 | 1012 | 其他货币资金 | 38 | 2221 | 应交税费 |
| 4 | 1101 | 短期投资 | 39 | 2231 | 应付利息 |
| 5 | 1121 | 应收票据 | 40 | 2232 | 应付利润 |
| 6 | 1122 | 应收账款 | 41 | 2241 | 其他应付款 |
| 7 | 1123 | 预付账款 | 42 | 2401 | 递延收益 |
| 8 | 1131 | 应收股利 | 43 | 2501 | 长期借款 |
| 9 | 1132 | 应收利息 | 44 | 2701 | 长期应付款 |
| 10 | 1221 | 其他应收款 | | 三、所有者权益类 | |
| 11 | 1401 | 材料采购 | 45 | 3001 | 实收资本 |
| 12 | 1402 | 在途物资 | 46 | 3002 | 资本公积 |
| 13 | 1403 | 原材料 | 47 | 3101 | 盈余公积 |
| 14 | 1404 | 材料成本差异 | 48 | 3103 | 本年利润 |
| 15 | 1405 | 库存商品 | 49 | 3104 | 利润分配 |
| 16 | 1407 | 商品进销差价 | | 四、成本类 | |
| 17 | 1408 | 委托加工物资 | 50 | 5001 | 生产成本 |
| 18 | 1411 | 周转材料 | 51 | 5101 | 制造费用 |
| 20 | 1501 | 长期债券投资 | | 五、损益类 | |
| 21 | 1511 | 长期股权投资 | 55 | 5001 | 主营业务收入 |
| 22 | 1601 | 固定资产 | 56 | 5051 | 其他业务收入 |
| 23 | 1602 | 累计折旧 | 57 | 5111 | 投资收益 |
| 24 | 1604 | 在建工程 | 58 | 5301 | 营业外收入 |
| 25 | 1605 | 工程物资 | 59 | 5401 | 主营业务成本 |
| 26 | 1606 | 固定资产清理 | 60 | 5402 | 其他业务支出 |
| 29 | 1701 | 无形资产 | 61 | 5403 | 营业税金及附加 |
| 30 | 1702 | 累计摊销 | 62 | 5601 | 销售费用 |
| 31 | 1801 | 长期待摊费用 | 63 | 5602 | 管理费用 |
| 32 | 1901 | 待处理财产损溢 | 64 | 5603 | 财务费用 |
| | 二、负债类 | | 65 | 5711 | 营业外支出 |
| 33 | 2001 | 短期借款 | 66 | 5801 | 所得税费用 |
| 34 | 2201 | 应付票据 | | | |

# 第二章　货币资金和转账结算业务的核算

## 第一节　货币资金业务的核算

货币资金是指以货币形态存在的资产，是流动性最强的资产。在农村中小企业的各项经营活动中，货币资金起着非常重要的作用。货币资金按其存放地点和用途的不同，分为库存现金、银行存款及其他货币资金三项内容。

### 一、库存现金的管理与核算

农村中小企业会计实务中的库存现金，包括库存的用于日常零星开支的人民币和外币。在货币资金中，库存现金的流动性最大，也很容易滋生舞弊行为，所以，必须对其实施严格的控制和管理，确保库存现金的安全。

（一）库存现金管理的有关规定

企业的库存现金主要用于日常的零星开支，对它的管理一般涉及使用范围、限额和日常收支控制三个方面。

1. 现金的使用范围。按照国务院颁发的《现金管理暂行条例》的规定，允许企业使用现金支付的范围是：（1）职工工资，各种工资性津贴；（2）个人劳务报酬；（3）根据国家规定颁发给个人的各种科学技术、文化艺术、体育等各种奖金；（4）各种劳保，福利费用以及国家规定的对个人的其他现金支出；（5）向个人收购农副产品和其他物资的价款；（6）出差人员预借的差旅费；（7）结算起点1 000元以下的零星支出；（8）中国人民银行确定需要现金支付的其他支出。

凡不属于上述现金结算范围的款项支付，一律通过银行进行转账结算；凡属于上述现金结算范围的支出，企业可以根据需要向银行提取现金支付。

2. 库存现金的限额。为了加强现金管理，保证各单位日常零星开支的需要，《现金管理暂行条例》规定，凡在银行开户的单位，银行根据实际需要核定3～5天的日常零星开支所需的库存现金限额。距离银行较远的且交通不便地区的开户单位，其库存现金限额的核定天数可适当放宽，但最多不得超过15天的日常零星开支的需要量。日常零星开支需要量不包括企业每月发放工资和不定期差旅费等大额现金支出。库存现金限额一经核定，各单位就必须严格遵守，每日现金结余数不得超过核定的限额，所有超过限额的现金必须于当天送存银行。当留存的库存现金低于库存限额时，可以向银行提取现金补足限额。

3. 日常收支控制。企业在经营活动中，允许收入一部分现金。企业的现金收入应于当日送存开户银行，当日送存银行确有困难的，由开户银行确定送存时间。企业支付现金，可以从企业库存现金限额中支付或者从开户银行提取，但不得从本企业的现金收入中直接支付。将收入的现金直接用于支出的行为称做坐支现金。企业因特殊情况需要坐支现金的，应事先报经开户银行审查批准，由开户银行核定坐支范围和限额，企业应定期向银行报送坐支金额和使用情况。为了加强银行的监督，企业从开户银行提取现金时应写明用途，并由本企业会计部门负责人签字盖章，经开户银行审核后予以支付。企业因采购地点不固定、交通不便、生产或市场急需以及其他特殊情况必须使用现金的，应向开户银行提出申请，经开户银行审核后予以支付现金。企业不得用不符合财务制度的凭证顶替库存现金，即不得“白条顶库”；不得谎报用途套取现金；不准用银行账户代其他单位和个人存入或支取现金；不准保留账外公款，即不得“公款私存”和设置“小金库”。

一般来讲，库存现金和银行存款的管理既涉及会计核算，又涉及钱款实物的控制，其安全性备受农村中小企业的重视。同时，会计账簿记录的逐级之间及其实物又起着非常重要的控制作用，如现金总账、银行存款总账分别对现金日记账、银行存款日记账起着控制作用；现金日记账对现款起着控制作用、银行对账单对银行存款日记账起着控制作用。相互牵制的关系可以保证村办企业的资金安全。但是，所有这些的前提是会计核算与实物控制要实行岗位分离并由不同的人员去操作。否则，极容易给涂改收支单据和账簿记录及挪用和贪污公款提供机会，并导致村集体经济组织的资金管理与控制处于瘫痪状态。在实际工作中，必须实行会计岗位和出纳岗位的分离，即“管钱的不管账、管账的不管钱”。但从实际工作效率考虑，在保证资金安全的前提下，出纳人员可以兼做一定的与资金收付无关的会计业务。但是，按照规定，出纳人员不得兼任与现款收付相关的收入、费用、债权债务的登记，以及会计稽核和会计档案的保管工作。出纳人员可以登记现金日记账和银行存款日记账。

（二）库存现金收支的核算

企业进行现金的核算，首先要由出纳人员取得或填制原始凭证，由会计人员对原始凭证进行审核，并根据审核无误的原始凭证填制收、付款凭证。出纳人员办理现金收付业务时，要以经过审核和签字的会计凭证为依据。收付款项时必须要当面点清并进行复核，收付款项后应在凭证上加盖“现金收讫”或“现金付讫”印章。对于涉及库存现金和银行存款之间的收付业务，如将现金存入银行或从银行存款中提取现金，为了避免重复记账，在实际工作中按照收付业务涉及的贷方科目编制付款凭证。

为了总括地反映企业现金的收支及其结存情况，企业应设置“库存现金”科目。该科目属资产类科目，借方登记库存现金的增加，贷方登记库存现金的减少，期末借方余额反映库存现金的结存额。同时，为了正确、及时地反映现金收支及结存的具体情况，需要对现金进行序时核算。现金的序时核算是出纳人员通过登记“现金日记账”进行的。有外币现金的企业，应分别按人民币现金和外币现金设置“现金日记账”进行明细核算。“现金日记账”的余额应与“现金总账”的余额核对相符。

1. 库存现金收入业务的核算。农村中小企业库存现金收入的主要途径有：由于销售产品、销售商品和提供劳务而取得的不能转账的现金收入、收取转账起点额以下的小额销售款、出差人员报销差旅费时交回的现金剩余款、从银行提取的现金等。企业收入现金时，根据审核无误的原始凭证编制现金收付款凭证，借记“库存现金”科目，贷记有关科目。

**例题 2-1**：某村办罐头食品厂收到红光商店交付的包装物押金 500 元，企业根据现金收款原始凭证，编制会计分录如下：

借：库存现金　　500

　　贷：其他应付款——红光商店押金　　500

**例题 2-2**：某村办加工厂盘库时发现 A 材料霉烂变质，造成经济损失 1 000 元，经查系保管员张军失职造成，责令其赔偿所造成损失，实际收到赔偿款时，编制会计分录如下：

借：库存现金　　1 000

　　贷：其他应收款——张军　　1 000

2. 库存现金支付业务的核算。农村中小企业库存现金支付的主要业务包括：购买货物、接受劳务而支付的不能转账的现金支出、向其他单位支付的押金、向本单位职工发放的工资、向企业内部有关部门支付的备用金、向职工预支差旅费及其报销、为本单位职工代垫、代付的款项、将现金存入银行等。企业支付现金时，根据审核无误的原始凭证编制现金付款凭证，借记有关科目，贷记“库存现金”科目。

**例题 2-3**：（1）2012 年 12 月 20 日，某村办贸易公司销售科李维经领导批准赴杭州出差，从会计部门预借差旅费 1 200 元，编制会计分录如下：

借：其他应收款——李维　　　　1 200

　　贷：库存现金　　　　1 200

（2）12 月 26 日，李维出差回来，凭相关费用报销单据报销差旅费 1 065 元，余款 135 元交回现金，编制会计分录如下：

借：管理费用——差旅费　　　　1 065

　　库存现金　　　　135

　　贷：其他应收款——李维　　　　1 200

**例题 2－4**：以库存现金支付食堂炊具用具的修理费用 80 元，编制会计分录如下：

借：管理费用——修理费　　　　80

　　贷：库存现金　　　　80

**例题 2－5**：以现金向职工发放防暑降温费 2 000 元，根据防暑降温费发放表编制会计分录如下：

借：管理费用——防暑降温费　　　　2 000

　　贷：库存现金　　　　2 000

3. 备用金的核算。备用金是付给农村中小企业内部各部门或工作人员用作零星开支、零星采购、售货找零或差旅费等支出的款项。实行备用金制度有利于企业内部各部门或工作人员积极、灵活地开展各项业务，提高工作效率，同时也可以防止现金过多地占用在个人手上，有效地控制资金占用。各使用单位应建立和健全备用金的领用和报销制度，会计部门则应加强对备用金的拨付和使用的监控。

**例题 2－6**：某村办贸易公司总务科预借备用金 1 200 元作零星开支使用，根据审核无误后的借款单编制会计分录如下：

借：其他应收款——备用金　　　　1 200

　　贷：库存现金　　　　1 200

备用金可以分为定额备用金和非定额备用金两种，其报销处理手续有所不同。定额备用金是指企业对经常使用备用金的内部各部门或工作人员，根据其报销的实际需要核定一个现金数额，各部门或工作人员按规定领出全部定额现金；日后凭有关凭证报销时，会计部门按报销金额补付现金，从而保证该部门或工作人员经常保持核定的现金定额；撤销定额备用金或调换经办人员时，应全部交回备用金。非定额备用金是指企业对不经常使用现金的内部各部门或工作人员，根据每次业务所需要现金数额向会计部门预借现金，使用后凭有关单证到会计部门一次性报销，多退少补，一次结清。

**例题 2－7：**例题 2－6 中的总务科用现金购置办公用品 800 元，在采用定额备用金管理方式下，会计部门根据报销金额以现金补足备用金 800 元，编制会计分录如下：

借：管理费用——办公费　　800

　　贷：库存现金　　800

若采用非定额备用金管理方式，总务科根据有关单据报销办公用品购置费 800 元，余款 400 元交回会计部门，编制会计分录如下：

借：管理费用——办公费　　800

　　库存现金　　400

　　贷：其他应收款——备用金　　1 200

（三）库存现金清查的核算

为了加强对库存现金的管理，保证库存现金的安全，防止诸如丢失、被盗、侵占挪用和记账错误的发生，企业必须对库存现金进行清查。库存现金的清查包括出纳人员每日的清点核对和清查小组定期、不定期的清查。库存现金清查的基本方法是实地盘点，即出纳人员每日终了时清点库存现金并将库存数与现金日记账的当天余额进行核对。核对中若发现账款不符应及时查明原因，并按有关规定进行处理，及时更正，不得擅自用盘点的长款抵补以前的短款。现金的清查工作一般由清查小组主持，盘点时出纳人员应在场。清查完毕后应编制“现金盘点报告表”，列出实存、账存及其盈亏金额，据此进行盈亏核算。

**例题 2－8：**（1）某村办企业出纳人员在清点现金时，发现短款 200 元，原因待查。会计人员编制会计分录如下：

借：待处理财产损溢——待处理流动资产损溢　　200

贷：库存现金 200

（2）经查属于出纳人员责任所致，经批准由其赔偿，编制会计分录如下：

借：其他应收款——×责任人 200

贷：待处理财产损溢——待处理流动资产损溢 200

**例题2-9**：（1）某村办企业出纳人员在清点现金时，发现长款200元，原因待查。编制会计分录如下：

借：库存现金 200

贷：待处理财产损溢——待处理流动资产损溢 200

（2）经反复核查，原因不清，经批准做营业外收入处理，编制会计分录如下：

借：待处理财产损溢——待处理流动资产损溢 200

贷：营业外收入 200

（四）现金日记账的登记

现金日记账由出纳人员根据审核无误的现金收付款凭证，按照业务发生的顺序逐日逐笔登记，并做到日清日结。现金日记账的格式采用三栏式，“借方栏”登记库存现金的收入；“贷方栏”登记库存现金的支出；每日终了结出余额并登在“余额栏”内，同时将余额与库存现款进行核对，如账款不符应查明原因并记录备案，即“日清”；同时，要计算本日库存现金的收入合计数、付出合计数和结存数，即“日结”。现金日记账的格式如表2-1所示。

**表2-1** **现金日记账**

| 2012年 | | 凭证 | | 摘要 | 对应科目 | 借方 | 贷方 | 借或贷 | 余额 |
|---|---|---|---|---|---|---|---|---|---|
| 月 | 日 | 字 | 号 | | | | | | |
| 12 | 3 | | | 承前页 | | | | 借 | 1 200.00 |
| | 3 | 银付 | 124 | 提现 | 银行存款 | 42 000.00 | | 借 | 43 200.00 |
| | 3 | 现收 | 104 | 设备租金收入 | 其他业务收入 | 400.00 | | 借 | 43 600.00 |
| | 3 | 现付 | 105 | 发放工资 | 应付职工薪酬 | | 42 000.00 | 借 | 1 600.00 |
| | 3 | 现付 | 95 | 总务科领备用金 | 其他应收款 | | 400.00 | 借 | 1 200.00 |

续表

| 2012年 | | 凭证 | | 摘要 | 对应科目 | 借方 | 贷方 | 借或贷 | 余额 |
|---|---|---|---|---|---|---|---|---|---|
| 月 | 日 | 字 | 号 | | | | | | |
| | 3 | 现付 | 96 | 李云赔款 | 其他应收款 | 40.00 | | 借 | 1 840.00 |
| | 3 | 现付 | 97 | 向金源店收取包装物押金款 | 其他应付款 | 600.00 | | 借 | 5 350.00 |
| | 3 | 现付 | 106 | 姚杰还差旅费余款 | 其他应收款 | 200.00 | | 借 | 2 040.00 |
| | 3 | 现付 | 107 | 李凌报销差旅费 | 管理费用 | | 950.00 | 借 | 1 090.00 |
| | 3 | | | 本日合计 | | 43 240.00 | 43 350.00 | 借 | 1 090.00 |

## 二、银行存款的管理与核算

银行存款是指农村中小企业存入银行或其他金融机构的货币资金。按照规定，凡是独立核算的企业都必须在当地银行开设账户。企业在银行开设账户之后，除按核定的限额保留库存现金外，超过限额的现金必须存入银行；除在规定的范围内可以用库存现金直接支付的款项外，在经营过程中所发生的其他货币收支业务，都必须通过银行存款账户进行结算。

（一）银行存款的管理制度

1. 银行存款账户的开设。银行存款账户分为基本存款账户、一般存款账户、临时存款账户和专用存款账户。基本存款账户是存款人办理日常转账结算和现金收付需要开立的银行结算账户。企业工资、奖金等现金的支取，只能通过基本存款账户办理。一般存款账户是存款人因借款或其他结算需要，在基本存款账户开户银行以外的银行营业机构开立的银行结算账户。企业通过该账户办理借款转存、偿还、资金收付和现金缴存，但不能办理现金支取。临时存款账户是存款人因临时需要并在规定期限内使用而开立的银行结算账户。企业可以通过本账户办理转账结算和根据国家现金管理的规定办理少量现金收付，该账户用完即撤销，有效期限最长不超过2年。专用存款账户是企业对其特定用途资金进行专项管理和使用开立的银行结算账户，如基本建设资金、财政预算外资金、期货交易保证金、住房基金、工会经费等在指定银行开立的账户。

企业只能选择一家银行的一个营业机构开立一个基本存款账户，不得在多家银行机构开立基本存款账户；不得在同一家银行的几个分支机构开立一般存款账户。

2. 银行存款账户的使用管理。银行存款账户是村办企业与其他单位通过银行办理结算和进行现金收付的重要工具。为了维护正常的金融秩序，保证各项经济业务的正常开展，开户企业通过银行账户办理资金收付时，必须做到如下几点：（1）企业在银行开立的账户，只供本企业经营范围内的资金收付，不许出租、出借或转让给其他单位或个人使用。（2）各种收付款凭证必须如实填明款项来源或用途，不得巧立名目，弄虚作假；不得编造用途套取现金、套购物资。严禁利用银行存款账户进行非法活动。（3）在银行的账户必须有足够的资金保证支付，不准签发空头票据、远期支票。（4）不得无理拒绝付款，任意占用他人资金。

（二）银行存款日记账的登记

企业出纳人员根据审核无误的银行存款收付款凭证，按照业务发生顺序逐日逐笔登记银行存款日记账，并做到日清日结。银行存款日记账的格式采用三栏式，其登记方法与现金日记账的登记方法基本相同。银行存款日记账的格式如表 2－2 所示。

**表 2－2　　银行存款日记账**

| 2012 年 | | 凭证 | | 结算方式 | | 摘要 | 借方 | 贷方 | 借或贷 | 余额 |
|---|---|---|---|---|---|---|---|---|---|---|
| 月 | 日 | 字 | 号 | 种类 | 号码 | | | | | |
| 10 | 30 | | | | | 承前页 | | | 借 | 138 000.00 |
| | 31 | 银收 | 118 | 进账单 | | 销售产品 | 18 000.00 | | 借 | 156 000.00 |
| | 31 | 银付 | 78 | 托收 | | 支付工程款 | | 21 000.00 | 借 | 135 000.00 |
| | 31 | 银收 | 119 | 收账单 | | 短期借款 | 20 000.00 | | 借 | 155 000.00 |
| | 31 | 银付 | 79 | 委收 | | 支付电话费 | | 2 000.00 | 借 | 153 000.00 |
| | 31 | 银付 | 80 | 现支 | 5079 | 提现 | | 500.00 | 借 | 152 500.00 |
| | 31 | 银收 | 120 | 委收 | | 销售产品 | 4 000.00 | | 借 | 156 500.00 |
| | 31 | | | | | 本日合计 | 42 000.00 | 23 500.00 | 借 | 156 500.00 |

（三）银行存款的清查

为了保证银行存款账目正确无误，会计部门应定期做好银行存款的清查，其方法主要是核对账目，即定期将企业银行存款日记账与银行转来的对账单进行核对。会计人员利用对账单与企业的银行存款日记账进行核对，一般每月至少核对一次，核对时需要逐笔核对凭证的种类、编号、摘要内容、记账方向及金额。由于本企业或银行错记、漏记、重记、串户等情况造成银行对账单余额和银行存款日记账余额不相符，属于银行对账单差错或串户造成的，应立即通知银行核查更正；属于本企业差错造成的，则由本企业更正。银行对账单余额与银行存款日记账余额发生不符的另外一个重要原因就是未达账项的存在。所谓未达账项，是指银行结算凭证在银行与企业之间，由于传递时间的不同所造成的银行与企业之间一方已入账，而另一方由于未接到结算凭证而尚未入账的款项。未达账项有如下四种情况：企业已收，银行未收账项；企业已付，银行未付账项；银行已收，企业未收账项；银行已付，企业未付账项。

对于未达账项，必须通过编制“银行存款余额调节表”来进行调节。调节后双方余额如果相等，说明记账没有错误；如果仍不相等，应进一步查找原因，更正错误记录。试算平衡公式如下：

银行存款日记账余额 + 银行已收企业未收账项 − 银行已付企业未付账项 = 银行对账单余额 + 企业已收银行未收账项 − 企业已付银行未付账项

**例题 2－10**：2012 年 11 月 10 日，银行转来对账单，在与企业银行存款日记账的记录进行核对后发现有以下 5 笔未达账项：

（1）11 月 7 日，上海容华食品公司电汇款 5 000 元，银行已收妥入账，而村集体未入账；

（2）11 月 8 日，本市自来水公司托收无承付水费 1 000 元，银行已代付并入账，村集体未入账；

（3）11 月 9 日，村集体因销货收到转账支票送存银行 4 000 元，村集体已做收账，银行尚未入账；

（4）11 月 9 日，村集体接到托收凭证需承付货款 11 000 元，村集体已默认承付记账，由于承付期未满银行未入账；

（5）11 月 10 日，村集体签发转账支票支付货款 10 000 元，村集体已根据转账支票存根记账，而由于银行未收到转账支票正本而未记账。

农村中小企业所编制的银行存款余额调节表如表 2－3 所示。

**表 2－3　　银行存款余额调节表**

2012 年 11 月 10 日　　单位：元

| 银行存款日记账 | 金 额 | 银行对账单 | 金 额 |
|---|---|---|---|
| 调节前余额 | 156 500 | 调节前余额 | 177 500 |
| 加：银行已收村集体未收账项<br>1. 电汇款<br>2. …… | <br>5 000 | 加：村集体已收银行未收账项<br>1. 存入转账支票<br>2. …… | <br>4 000 |
| 减：银行已付村集体未付账项<br>1. 托收无承付水费<br>2. …… | <br>1 000 | 减：村集体已付银行未付账项<br>1. 支付托收凭证款<br>2. 支付转账支票款<br>3. …… | <br>11 000<br>10 000 |
| 调节后余额 | 160 500 | 调节后余额 | 160 500 |

需要注意的是，银行存款余额调节表主要是用来核对农村中小企业与银行双方的记账有无差错，不属于原始凭证的范畴，不能作为记账的依据。对于因未达账项而使银行存款日记账与银行对账单记录出现的不同，待结算凭证到达后再登记入账。

## 三、其他货币资金的管理与核算

其他货币资金包括外埠存款、银行汇票存款、银行本票存款、企业信用卡存款、信用证保证金存款及存出投资款。企业需要设置“其他货币资金”科目进行核算。该科目属于资产类科目，用来核算中小企业的外埠存款、银行汇票存款、银行本票存款、企业信用卡存款、信用证保证金存款及存出投资款收付。办妥汇款、银行汇票、银行本票，以及有关款项转入信用卡及证券公司存款账户时，在该科目的借方反映；收到材料物资进货发票及其入库单、接受劳务发票单据时，在该科目的贷方反映；期末余额在借方，表示其他货币资金的结存金额。企业应按照外埠存款、银行汇票存款、银行本票存款、企业信用卡存款、信用证保证金存款及存出投资款等项目设置明细科目进行明细核算。

**例题 2－11**：（1）某村办加工厂将积累的资金 500 000 元划入证券公司营业网点账户，准备购入部分股票或债券等有价证券。编制会计分录如下：

借：其他货币资金——存出投资款　　500 000
　贷：银行存款　　500 000

（2）购买某种股票 40 000 股并准备在 3 个月后卖出，购入价 450 000 元，需要支付手续费 100 元。编制会计分录如下：

借：交易性金融资产——成本　　450 000
　投资收益　　100
　贷：其他货币资金——存出投资款　　450 100

## 第二节　转账结算业务的核算

农村中小企业在其经营过程中，由于产品商品交易和劳务供应经常会发生与其他企业或个人之间的款项结算，其主要的方式有现金结算和转账结算两种。其中，现金结算是指直接采用现金收付有关款项的结算方式；而转账结算是指企业通过银行将结算款项从付款单位存款账户转入收款单位存款账户的结算方式。银行办理转账结算的基本原则是：恪守信用，履约付款；谁的钱进谁的账，由谁支配；银行不垫款。农村中小企业在办理各种款项的转账结算时，必须严格遵守银行有关结算制度和结算纪律的规定。企业可以根据不同的情况，采用不同的结算方式。农村中小企业常用的转账结算方式有支票、银行本票、银行汇票、商业汇票、汇兑、委托收款、托收承付和信用卡结算方式。

## 一、支票结算方式及其核算

支票是出票人签发的，委托银行或者其他金融机构见票时无条件的支付款项给收款人或持票人的票据。

支票分为现金支票、转账支票和普通支票。现金支票只能用于提取现金；转账支票只能用于转账；在支票上未印有“现金”或“转账”字样的为普通支票，普通支票可以用于支取现金，也可以用于转账。支票适用于同一票据交换区内单位和个人各种款项的结算。

签发和使用支票应注意的主要问题是：（1）支票应由企业会计部门统一负责管理，并指定专人保管，避免发生丢失和被盗。签发支票时必须将收款单位名称、开票日期、款项用途和金额等项目填写清楚。支票上的大小写金额和收款人不得更改，其他项目更改时必须加盖印鉴。（2）签发支票应用碳素墨水填写，也可以用专用的支票打印机打印，不得用圆珠笔或其他颜色的墨水填写。（3）不准签发空头支票和远期支票。对签发空头支票的出票人，银行有权拒绝支付，并对出票人处以票面金额5%但不低于1 000元的罚款。（4）采购人员不得随身携带空白支票。如果确需携带不填写金额的转账支票，则必须填明日期、收款单位名称和款项用途、规定的付款期限和报销限额。（5）已签发的现金支票如果遗失，在未被提现前可以向银行申请挂失；转账支票如果遗失，银行不受理挂失，但可以请求收款人协助防范。（6）支票必须妥善保管，作废的支票注销后应和存根一起保存。（7）支票的提示付款期为自出票日起 10 日，超过提示付款期限提示付款的，出票人开户银行不予受理，付款人不予付款。（8）支票一律记名，转账支票可以根据需要在票据交换区内背书转让。现金支票正面及其背面和转账支票正面及其背面格式如图 2－1、图 2－2、图 2－3、图 2－4 所示。

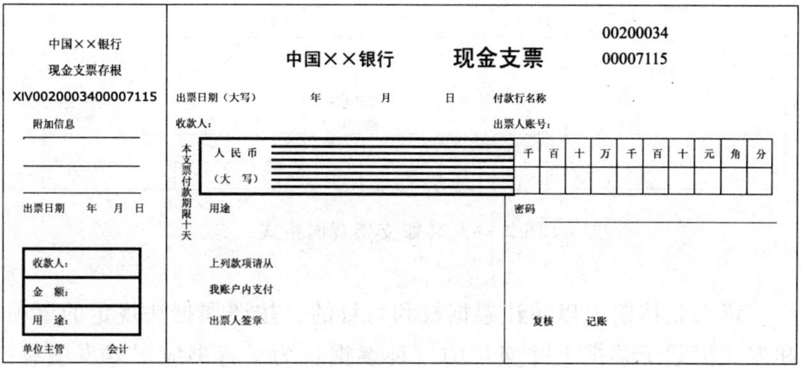

中国××银行
现金支票存根
XIV002000340000711 5
附加信息
出票日期 年 月 日
收款人：
金 额：
用 途：
单位主管 会计

中国××银行 现金支票 00200034 00007115
出票日期（大写） 年 月 日 付款行名称
收款人： 出票人账号：
本支票付款期限十天
人民币（大写） 千 百 十 万 千 百 十 元 角 分
用途 密码
上列款项请从
我账户内支付
出票人签章 复核 记账

图 2－1 现金支票正面格式

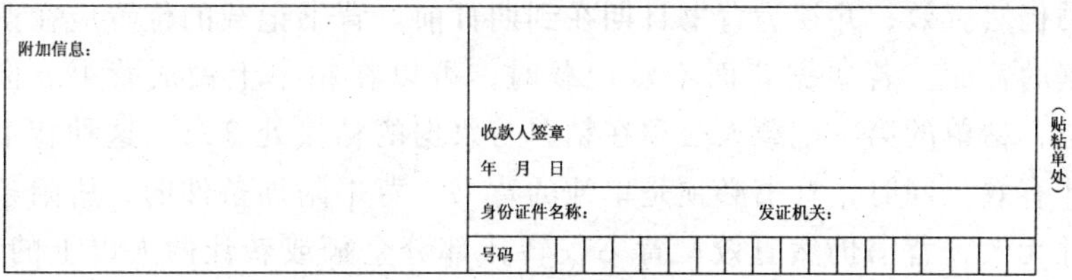

附加信息：
收款人签章
年 月 日
身份证件名称： 发证机关：
号码
（贴粘单处）

图 2－2 现金支票背面格式

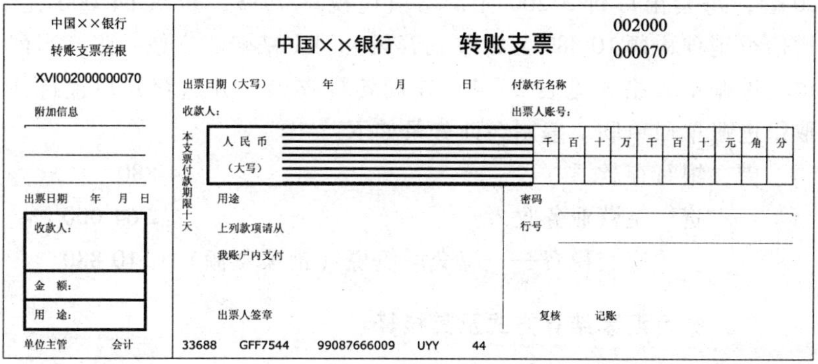

中国××银行
转账支票存根
XVI002000000070
附加信息
出票日期 年 月 日
收款人：
金 额：
用 途：
单位主管 会计

中国××银行 转账支票 002000 000070
出票日期（大写） 年 月 日 付款行名称
收款人： 出票人账号：
本支票付款期限十天
人民币（大写） 千 百 十 万 千 百 十 元 角 分
用途 密码
上列款项请从 行号
我账户内支付
出票人签章 复核 记账
33688 GFF7544 99087666009 UYY 44

图 2－3 转账支票正面格式

| 附加信息： | 被背书人 | 被背书人 | （贴粘单处） |
|---|---|---|---|
| | 背书人签章<br>年 月 日 | 背书人签章<br>年 月 日 | |
| | 身份证件名称： | 发证机关： | |
| | 号码 | | |

图 2－4 转账支票背面格式

背书是持票人以转让票据权利为目的，按照票据法规定的事项和方式记载于票据上并交付的一种票据行为。背书应记载事项有：背书人签章、背书人名称、背书日期。前两项为绝对记载事项，若欠缺记载，背书无效；背书日期是相对记载事项，若欠缺记载，背书仍然有效，并视为背书日期在到期日前。背书记载的位置应在票据的背面。若票据背面不敷记载时，可以在粘单上做成背书。但是，粘单的第一记载人必须在粘单与票据的粘接处签章，这种背书才有效。同时，背书必须是单纯的背书。背书附加条件的，所附条件无效，背书仍然有效；背书仅转让部分金额或转让两人以上的，背书无效。

**例题 2－12**：某村办竹器加工厂销售给春风公司高档竹制家具 20 套，每套出厂价 3 200 元，增值税税率 17%，价款 64 000 元，增值税销项税额 10 880 元，收到春风公司交来转账支票一张，当即填写进账单（格式见表 2－4）连同转账支票一并送存开户银行并取得进账单回单联。编制会计分录如下：

| | | |
|---|---|---|
| 借：银行存款 | 74 880 | |
| 贷：主营业务收入 | | 64 000 |
| 应交税费——应交增值税（销项税额） | | 10 880 |

## 二、银行汇票结算方式及其核算

银行汇票是出票银行签发的，由其在见票时按照结算金额无条件支付给收款人或者持票人的票据。单位、个体经济户和个人各种款项结算，均可使用银行汇票。银行汇票可以用于转账，填明现金

**表 2－4**

××银行 **进账单** （回单） 1

年 月 日

| | | | | | |
|---|---|---|---|---|---|
| 出票人 | 全称 | | 收款人 | 全称 | |
| | 账号 | | | 账号 | |
| | 开户银行 | | | 开户银行 | |
| 人民币（大写） | | | | | 千 百 十 万 千 百 十 元 角 分 |
| 票据种类 | | 票据张数 | | | |
| 票据号码 | | | | | |
| 复核 记账 | | | | | 开户银行签章 |

字样的银行汇票，可以向银行支取现金。

银行汇票签发和使用的主要规定有：（1）银行汇票一律记名。（2）银行汇票的提示付款期限自出票日起 1 个月（按次月对日计算，到期遇法定休假日顺延），持票人超过付款期限提示付款的，银行不予受理。（3）超过付款期限不获付款的，持票人需在票据权利时效内向出票银行作出说明，并提供本人身份证或单位证明，持银行汇票和解讫通知向出票银行请求付款。（4）银行汇票的收款人可以将银行汇票背书转让给被背书人，背书转让以不超过出票金额的实际结算金额为限，未填写实际结算金额或实际结算金额超出票面金额的银行汇票，不得背书转让。如果银行汇票不能满足背书人记载事项的需要，可以加粘单附于票据凭证上。银行汇票上记载“不得转让”字样的不得背书转让。（5）申请使用现金银行汇票的，其申请人和收款人必须都是个人，申请人或收款人为单位的，银行不予签发现金银行汇票。（6）银行汇票的实际结算金额不得更改，更改实际结算金额的银行汇票无效。

使用银行汇票的基本程序是：申请人填写“银行汇票申请书”，到开户银行办理银行汇票；出票行在办好转账或收妥现金后，签发银行汇票，银行签发汇票必须记载下列事项：表明“银行汇票”的字样；无条件支付的承诺；出票金额；付款人名称；收款人名称；出票日期；出票人签章。欠缺记载上列事项之一的，银行汇票无效。汇票的出票日期和出票金额必须大写，转账银行汇票一律不填写代理付款行名称；如收款人可以在代理付款行支取现金的，须在四联汇票的“出票金额人民币（大写）”之后紧接填写“现金”字样，再填写出票金额。申请书的备注栏内说明“不得转让”的，出票行应当在汇票正面备注内说明。所填汇票复核无误的，在第二联上加盖汇票专用章并由授权的经办人签名或盖章，在实际结算金额栏的小写金额上端用银行统一制作的压数机压印出原金额，然后连同第三联一并交给申请人。收款人在收到申请人提交的银行汇票之后，应审查票据内容并如实填写结算金额，同时将银行汇票和解讫通知连同进账单提交开户银行，办理款项结算。银行汇票及粘单格式如表 2－5、图 2－5 所示。

**表 2－5**

中国××银行

01000047
00023780

**银 行 汇 票　　2**

出票日期（大写）　　年　月　日　　代理付款行：　　行号：

提示付款期限自出票之日起壹个月

| | | | | | | | | | | |
|---|---|---|---|---|---|---|---|---|---|---|
| 收款人： | | | | | | | | | | |
| 出票金额 | 人民币（大写） | | | | | | | | | |
| 实际结算金额 | 人民币（大写） | 百 | 十 | 万 | 千 | 百 | 十 | 元 | 角 | 分 |
| | | | | | | | | | | |

申请人：　　账号：

出票行：　　行号：

备　注：　　密押：

凭票付款　　多余金额

出票行签章　　复核　记账

| 被背书人 | 被背书人 | （贴粘单处） |
|---|---|---|
| 背书人签章<br>年 月 日 | 背书人签章<br>年 月 日 | |
| 持票人向银行<br>提示付款签章： | 身份证名称：　　发证机关：<br>号码： | |

图 2－5 银行汇票背面格式

**例题 2－13**：（1）由于从上海荣大化工原料公司采购胶黏剂，某村办木器厂 4 月 2 日申请办理银行汇票，金额 100 000 元，银行已签发银行汇票，该村办木器厂根据“银行汇票申请书”第一联编制会计分录如下：

借：其他货币资金——银行汇票　　100 000

　　贷：银行存款　　100 000

（2）4 月 10 日，从上海荣大化工原料公司购入胶黏剂 80 000 元，增值税进项税额 13 600 元，发票已收到，胶黏剂未到，汇票余款 6 400 元被划回。根据银行转来的银行汇票第四联（多余款收账通知）、业务部门转来的发票账单等凭证核对相符后，编制会计分录如下：

借：在途物资——上海荣大化工原料公司　　80 000

　　应交税费——应交增值税（进项税额）　　13 600

　　贷：其他货币资金——银行汇票　　93 600

将银行汇票未用金额转入结算户的会计分录如下：

借：银行存款　　6 400

　　贷：其他货币资金——银行汇票　　6 400

## 三、银行本票结算方式及其核算

银行本票是银行签发的，承诺在见票时无条件支付确定的金额给收款人或者持票人的票据。单位、个体经济户和个人，不管其是否在银行开户，相互之间在同一票据交换区内的商品交易、劳务供应以及其他款项的结算都可使用银行本票。

采用银行本票支付的有关规定是：（1）银行本票一律记名，允许背书转让。（2）银行本票的提示付款期限为自出票日起最长不得超过2个月。超过提示付款期限不获付款的，在票据权利时效内向出票银行作出说明并提供本人身份证或单位证明，可持银行本票向银行请求付款。（3）收款单位和个人持银行本票可以办理转账结算，也可以支取现金。银行本票用于转账的，在本票上划去“现金”字样；用于支取现金的，在本票上划去“转账”字样。银行本票需用压数机压印出票面金额。（4）银行本票由银行签发并保证兑付，而且见票即付。如果银行本票遗失，失票人可以凭人民法院出具的其享有票据权利的证明，向出票银行请求付款或退款。

使用银行本票的基本程序是：申请人使用银行本票，应填写“银行本票申请书”并交给出票银行。出票银行受理申请人提交的申请书审核无误后，收妥申请人的款项签发银行本票。收款人受理本票后，应认真进行审查，并在银行本票背面“持票人向银行提示付款签章”处签章，签章须与预留银行印鉴相同，同时填制进账单连同银行本票一并送交开户行，银行审查无误后办理转账。银行本票及粘单格式如表2－6、图2－6所示。

**表2－6**

中国××银行　　京 03000047 00020330

**本　　票　　2**

出票日期（大写）　　年　　月　　日

提示付款期限自出票之日起贰个月

<table>
<tr><td colspan="3">收款人：</td><td colspan="9">申请人：</td></tr>
<tr><td colspan="3" rowspan="2">凭票即付　人民币（大写）</td><td>百</td><td>十</td><td>万</td><td>千</td><td>百</td><td>十</td><td>元</td><td>角</td><td>分</td></tr>
<tr><td></td><td></td><td></td><td></td><td></td><td></td><td></td><td></td><td></td></tr>
<tr><td>转账</td><td>现金</td><td rowspan="2">出票银行签章</td><td colspan="9" rowspan="2">密押：<br>行号：<br>出纳　复核　经办</td></tr>
<tr><td colspan="2">备注：</td></tr>
</table>

| | | |
|---|---|---|
| 被背书人 | 被背书人 | |
| 背书人签章<br>年　月　日 | 背书人签章<br>年　月　日 | （贴粘单处） |
| 持票人向银行<br>提示付款签章： | 身份证件名称：　发证机关：<br>号码 | |

图 2－6　银行本票背面格式

**例题 2－14**：（1）某村办加工厂向银行提交“银行本票申请书”并将款项 100 000 元交存银行，取得银行本票，根据“银行本票申请书”第一联编制会计分录如下：

借：其他货币资金——银行本票　　100 000
　　贷：银行存款　　100 000

（2）该加工厂采购员持银行本票从收款单位采购货物，款项共计 100 000 元，其中，货款 85 470 元，增值税进项税额 14 530 元，根据收款单位的发票账单及企业库管部门转来的材料入库单，编制会计分录如下：

借：原材料——原料及主要材料　　85 470
　　应交税费——应交增值税（进项税额）　　14 530
　　贷：其他货币资金——银行本票　　100 000

如果实际购货金额大于银行本票金额，付款单位可用支票或现金等补齐不足款项；如果实际购货金额小于银行本票金额，则由收款单位用支票或现金退回多余的款项。

（3）收款单位收到银行本票后，连同进账单送交开户行办理收款，根据银行退回的进账单第一联及有关凭证编制会计分录如下：

借：银行存款　　100 000
　　贷：主营业务收入　　85 470
　　　　应交税费——应交增值税（销项税额）　　14 530

### 四、汇兑结算方式及其核算

汇兑是汇款人委托银行将款项支付给收款人的结算方式。汇兑便于汇款人向异地的收款人主动付款，适用于单位和个人的各种款项的结算。汇兑有信汇和电汇两种。

汇款人需要汇款时，签发汇兑凭证交给汇出银行；汇出银行受理后，向汇入银行办理汇款；汇入银行接到汇出银行凭证后，将款项划入收款人账户并提供收账通知。电汇凭证格式如表2－7所示。

**表2－7**

**中国××银行 电汇凭证**（回 单） 1

普通 加急 委托日期 年 月 日

| | | | | | |
|---|---|---|---|---|---|
| 汇款人 | 全称 | | 收款人 | 全称 | |
| | 账号 | | | 账号 | |
| | 汇出地点 | 省 市／县 | | 汇入地点 | 省 市／县 |
| 汇出行名称 | | | 汇入行名称 | | |
| 金额 | 人民币（大写） | | | | 千 百 十 万 千 百 十 元 角 分 |
| | | | 支付密码 | | |
| 汇出行盖章 | | | 附加信息及用途： 复核 记账 | | |

**例题2－15**：（1）某村办药材贸易公司委托当地银行汇往杭州工商银行某网点100 000元建立采购专户，根据电汇凭证回单联编制会计分录如下：

借：其他货币资金——外埠存款 100 000

　　贷：银行存款 100 000

（2）发生采购支出93 600元，其中，货款80 000元，增值税进项税额13 600元，根据供货单位发票账单编制会计分录如下：

借：在途物资——×供货单位 80 000

　　应交税费——应交增值税（进项税额） 13 600

　　贷：其他货币资金——外埠存款 93 600

（3）多余款项6 400元已收妥入账，根据银行的收账通知，编制会计分录如下：

借：银行存款 6 400

贷：其他货币资金——外埠存款 6 400

## 五、商业汇票结算方式及其核算

商业汇票是出票人签发的，委托付款人在指定日期无条件支付确定金额给收款人或者持票人的票据。商业汇票按承兑人不同分为商业承兑汇票和银行承兑汇票。商业承兑汇票是指由付款人或收款人签发，必须由银行以外的付款人承兑的商业汇票。银行承兑汇票是指由付款人或收款人签发，必须由银行承兑的商业汇票。在银行开立账户的结算双方，当发生真实的商品交易或债权债务关系，并约定延期付款或分期付款时可以采用此种结算方式。

签发和使用商业汇票的主要规定是：（1）商业汇票一律记名，并允许背书转让。（2）商业汇票的付款期限最长不超过6个月；如属分期付款，应一次签发若干张不同期限的商业汇票；定日付款的商业汇票自出票日起按日计算其付款期限；定期付款的商业汇票自出票日起按月计算其付款期限。（3）商业汇票的持有人应在规定的提示付款期内（汇票到期日起10日）通过银行向付款人委托收款，逾期银行不予受理。（4）付款人到期无力支付款项的，如果是商业承兑汇票，银行将汇票退回原持票人，由双方自行解决；如果是银行承兑汇票，作为承兑人的银行将无条件代为付款，并将所付款项转为对付款人的逾期贷款，按日计收罚息。（5）付款人出于合法事由可以拒绝付款，但必须在接到付款通知的次日起3日内，填制拒绝付款证明交开户银行转交持票人。

商业承兑汇票的基本结算程序是：（1）购销业务发生延期付款或债务延期支付时，由出票人签发商业承兑汇票给收款人；（2）收款人在提示付款期内委托银行向付款人收款，填制托收凭证；（3）付款人开户银行收到商业承兑汇票后通知付款人付款；（4）付款人收到托收凭证的付款通知联后通知银行付款；（5）收款人开户银行通知收款人款已收妥入账。

银行承兑汇票的基本结算程序是：（1）出票人与银行签署银行

承兑协议，银行审核承兑条件后，签发银行承兑汇票交给出票人；（2）出票人将银行承兑汇票转交收款人；（3）收款人在银行承兑汇票到期时填制托收凭证，连同银行承兑汇票送交开户银行办理收款；（4）付款人开户银行到期日凭票无条件支付款项给收款人或被背书人。商业承兑汇票、银行承兑汇票及粘单格式如表 2－8、表 2－9 及图 2－7 所示。

**表 2－8**

商业承兑汇票　　2　　01000047
00020310

出票日期（大写）　　年　　月　　日

| | | | | | |
|---|---|---|---|---|---|
| 付款人 | 全 称 | | 收款人 | 全 称 | |
| | 账 号 | | | 账 号 | |
| | 开户银行 | | | 开户银行 | |
| 汇票金额 | 人民币（大写） | | | | 千 百 十 万 千 百 十 元 角 分 |
| 汇票到期日（大写） | | | 付款人开户行 | 行号 | |
| 交易合同号码 | | | | 地址 | |
| 本汇票已经承兑，到期无条件支付票款。<br>承兑人签章<br>承兑日期　年　月　日 | | | 本汇票请予以承兑于到期日付款。<br>出票人签章 | | |

**例题 2－16**：（1）某村办农资经销公司采用商业承兑汇票方式从蓝星石材公司采购货物，款项共计 100 000 元，其中，货款 85 470 元，增值税进项税额 14 530 元，该村办农资经销公司签发并承兑期限为 5 个月的商业承兑汇票给蓝星石材公司，根据发票、商业承兑汇票编制会计分录如下：

借：在途物资——蓝星石材公司　　85 470
　　应交税费——应交增值税（进项税额）　　14 530
　　贷：应付票据——蓝星石材公司　　100 000

**表 2－9**

银行承兑汇票　　2　　01000047

出票日期　年　月　日　00000337
（大写）

| | | | | |
|---|---|---|---|---|
| 出票人全称 | | 收款人 | 全　称 | |
| 出票人账号 | | | 账　号 | |
| 付款行全称 | | | 开户银行 | |
| 出票金额 | 人民币（大写） | | | 千 百 十 万 千 百 十 元 角 分 |
| 汇票到期日（大写） | | 付款行 | 行号 | |
| 承兑协议编号 | | | 地址 | |
| 本汇票请你行承兑，到期无条件付款。<br>出票人签章 | | 本汇票已经承兑，到期日由本行付款。<br>承兑行签章<br>承兑日期　年　月　日<br>备注： | | 密押<br>复核　记账 |

| 被背书人 | 被背书人 | |
|---|---|---|
| 背书人签章<br>年　月　日 | 背书人签章<br>年　月　日 | （贴粘单处） |

图 2－7　银行承兑汇票背面格式

（2）5 个月后汇票到期，该村办农资经销公司收到托收凭证，承付款项，编制会计分录如下：

借：应付票据——蓝星石材公司　　100 000

　　贷：银行存款　　100 000

（3）蓝星石材公司收到该村办农资经销公司签发并承兑的商业承兑汇票及发票等凭证，编制会计分录如下：

借：应收票据——蓝星石材公司　　100 000

　　贷：主营业务收入　　85 470

应交税费——应交增值税（销项税额） 14 530

(4) 5个月后汇票到期，蓝星石材公司采用托收方式收妥款项，根据银行转来的收账通知编制会计分录如下：

借：银行存款 100 000

贷：应收票据——蓝星石材公司 100 000

需要说明的是，银行汇票、商业汇票、银行本票和支票丧失后如未获付款的，应及时到银行营业网点办理挂失止付。在挂失前未获付款的记载完整的商业承兑汇票、支票和填明“现金”字样和代理付款人（即指定兑付行）的银行汇票丧失后，失票人需要挂失止付的，应填写挂失止付通知书签章后交付款人或代理付款人，并记载：票据丧失事由；票据种类、号码、金额、付款日期、付款人名称；通知止付人的姓名、联系地址。失票人应在通知挂失止付的次日起3日内向法院申请公示催告或提起诉讼，并向付款人或代理付款人提供已经申请公示催告或提起诉讼的证明。对失票人提供的已向法院申请公示催告或提起诉讼的证明的，在3日期满的次日起12日内付款人或代理付款人收到法院送达的“停止支付通知书”时，按照法院的停止支付通知书办理止付；在12日期满后，付款人或代理付款人按票据的记载事项付款，发生冒领对其不承担责任。

## 六、委托收款结算方式及其核算

委托收款结算是收款人向银行提供收款依据，委托银行向付款人收取款项的一种结算方式。委托收款按款项划回的方式不同，分为邮寄和电报划回两种。收款人可根据具体情况选择使用。

委托收款结算不受金额起点限制，凡是在银行或其他金融机构开立账户的单位和个体经济户的各种款项均可采用这种结算方式。委托收款结算在同城和异地结算中均可使用。

委托收款结算主要分为“委托收款”和“付款”两个步骤。(1) 收款人按规定要求填制托收凭证，并在“托收凭证”的第二联上加盖收款人的印章后，将“托收凭证”和委托收款的依据一并送存开户银行。(2) 收款人开户银行审核无误后，在“托收凭证”的第一联加盖银行业务用章后退给收款人。(3) 付款人收到其开户银行转来的“托收凭证”第五联及相关单证后，应审核如下内容：本单位是否为付款人；凭证内容及所附的单证是否一致；填写内容是否完整正确；承付期限是否到期。(4) 审核无误后，付款人应在付款期内筹足款项，付款期为3天，从付款人开户行发出付款通知的次日算起。付款单位在付款期内未向银行提出异议，银行视为同意付款，并在付款期满的次日将款项直接划给收款人。

付款人审查有关单证后，认为所发货物的品种、规格、质量等与双方约定的不符，或其他原因，对收款单位委托收取的款项需要全部或部分拒付的，应在付款期内填制“委托收款结算全部或部分拒绝付款理由书”，连同开户银行转来的有关单证一并送开户银行。银行不审查拒付理由，只对有关内容进行核对，核对无误后办理相关手续。托收凭证及全部或部分拒绝付款理由书的格式如表2-10、表2-11所示。

**表2-10**

**托收凭证**（受理回单）　　1

委托日期　　年　　月　　日

<table>
<tr><td colspan="2">业务类型</td><td colspan="5">委托收款（□邮划、□电划）　托收承付（□邮划、□电划）</td></tr>
<tr><td rowspan="3">付款人</td><td>全称</td><td colspan="2"></td><td rowspan="3">收款人</td><td>全称</td><td></td></tr>
<tr><td>账号</td><td colspan="2"></td><td>账号</td><td></td></tr>
<tr><td>地址</td><td colspan="2">省　市/县　开户行</td><td>地址</td><td>省　市/县　开户行</td></tr>
<tr><td rowspan="2">金额</td><td colspan="5">人民币：<br>（大写）</td><td>亿 千 百 十 万 千 百 十 元 角 分</td></tr>
<tr><td>款项内容</td><td></td><td>托收凭据名称</td><td></td><td>附寄单证张数</td><td></td></tr>
<tr><td colspan="2">商品发运情况</td><td colspan="2"></td><td>合同名称号码</td><td colspan="2"></td></tr>
<tr><td colspan="2">备注：<br><br>复核　　记账</td><td colspan="3">款项收妥日期<br><br>年　月　日</td><td colspan="2">收款人开户银行盖章<br><br>年　月　日</td></tr>
</table>

表 2－11

托收承付/委托收款 结算 全部/部分 拒绝付款理由书 代通知或/收账通知 1

拒付日期 年 月 日 原托收号码

<table>
<tr><td rowspan="3">付款人</td><td>全 称</td><td colspan="3"></td><td rowspan="3">收款人</td><td>全 称</td><td colspan="11"></td></tr>
<tr><td>账 号</td><td colspan="3"></td><td>账 号</td><td colspan="11"></td></tr>
<tr><td>开户银行</td><td colspan="3"></td><td>开户银行</td><td colspan="11"></td></tr>
<tr><td rowspan="2">托收金额</td><td rowspan="2"></td><td rowspan="2">拒付金额</td><td rowspan="2" colspan="3"></td><td rowspan="2">部分付款金额</td><td>千</td><td>百</td><td>十</td><td>万</td><td>千</td><td>百</td><td>十</td><td>元</td><td>角</td><td>分</td></tr>
<tr><td></td><td></td><td></td><td></td><td></td><td></td><td></td><td></td><td></td><td></td></tr>
<tr><td colspan="2">附寄单证</td><td>张</td><td colspan="2">部分付款金额（大写）</td><td colspan="13"></td></tr>
<tr><td colspan="5">拒付理由：<br>付款人签章</td><td colspan="13"></td></tr>
</table>

**例题 2－17：**（1）A 村办加工厂向 B 村办加工厂销售产品一批，价款 100 000 元，增值税销项税额 17 000 元。根据银行退回的“托收凭证”第一联及发票，编制会计分录如下：

借：应收账款——B 村办加工厂　　117 000
　　贷：主营业务收入　　100 000
　　　　应交税费——应交增值税（销项税额）　　17 000

（2）银行转来“托收凭证”第四联，款项收妥入账，A 村办加工厂编制会计分录如下：

借：银行存款　　117 000
　　贷：应收账款——B 村办加工厂　　117 000

（3）B 村办加工厂接到银行转来“托收凭证”第五联，审核无误，承付款项，编制会计分录如下：

借：在途物资——A 村办加工厂　　100 000
　　应交税费——应交增值税（进项税额）　　17 000
　　贷：银行存款　　117 000

## 七、托收承付结算方式及其核算

托收承付结算是收款单位根据经济合同发货后，委托银行向异地付款单位收取款项的一种结算方式。托收承付结算适用于商品交易及因商品交易而产生的劳务供应款项的异地结算。托收承付按照结算凭证的传递方式不同，可分为邮划和电划两种。

托收承付结算的基本规定是：（1）结算金额起点为10 000元，新华书店系统每笔结算金额起点为1 000元。（2）托收承付的收付款单位必须是国有企业、供销合作社以及经营管理较好的经开户银行审查同意的集体所有制的工业企业。收付双方必须签有符合《经济合同法》的购销合同并在合同上订明使用托收承付结算方式。（3）有货物发运的证件。（4）托收承付验单付款期限3天，验货付款期限10天。（5）银行对付款单位账户不足支付的托收款项作逾期付款处理，并加收每日5‰的滞纳金。

托收承付结算和委托收款结算所使用单据、结算程序及账务处理方法基本相同。

托收承付方式和委托收款方式的主要区别如下：

1. 适用范围不同。托收承付方式适用于商品交易，以及因商品交易产生的劳务供应的结算；而委托收款方式不受限制。

2. 办理的资格不同。托收承付结算方式的收款单位和付款单位必须是国有企业、供销合作社以及经营管理较好，并经开户银行审查同意的城乡集体所有制工业企业；而委托收款方式不受此限制，任何在银行开户的单位或个人均可使用。

3. 办理条件不同。托收承付结算方式在办理时，必须签订经济合同，须提供商品发运证件，而委托收款方式不受此限制。

4. 金额起点不同。托收承付结算方式规定每笔金额起点为1万元，委托收款方式无金额起点限制。

5. 承担扣款责任不同。托收承付结算方式于承付到期日，如果款项不足或完全没有支付能力，付款人开户行必须承担扣款责任；而委托收款方式，付款人开户行只负责收回托收凭证，不承担扣款责任。

6. 承担审查拒付理由的义务不同。托收承付结算方式在承付期内，如果付款人提出全部或部分拒付，付款人开户银行必须履行审查责任，不符合拒付条件的，付款方开户银行应强行扣款；委托收款方式在发生拒付时，银行不审查拒付理由，只要求付款人退回票据。

7. 区域性限制不同。托收承付结算方式只能用于异地商品交易以及因交易产生的劳务供应；委托收款方式同城异地均可使用。

## 八、信用卡结算方式及其核算

信用卡是指商业银行向单位和个人发行的，凭以购物、消费和向银行存取现金且具有信用的特制载体卡片。信用卡按使用对象不同分为单位卡和个人卡；按信用等级不同分为金卡和普通卡。

凡在国内金融机构开立基本账户的单位均可申领单位卡。单位卡可申领若干张，持卡人资格由申领单位法定代表人或其委托的代理人书面指定或注销，持卡人不得出租或转借信用卡。

单位或个人申领信用卡，应按规定填制申请表，连同有关资料一并送交发卡银行。符合条件并按银行要求交存一定金额的备用金之后，银行即为申领人开立信用卡存款账户并发给信用卡。持卡人用信用卡购物或消费应在签购单上签字，商户根据签购单与商业银行进行结算。采用信用卡结算的有关规定如下：(1) 单位卡账户的资金一律从其基本账户转账存入，在使用过程中需要向其账户续存资金的，也一律从其基本账户转账存入，不得交存现金，不得将销售收入的款项存入其账户；(2) 单位卡一律不得用于10万元以上的商品交易、劳务供应款项的结算，不得支取现金；(3) 信用卡在规定的限额和期限内允许善意透支，透支额金卡最高不得超过10 000元，普通卡最高不得超过5 000元，透支期限为60天；(4) 如果信用卡遗失，持卡人应立即持有效证件向发卡银行或代办银行申请挂失。

**例题2-18**：(1) 某村办加工厂在办理信用卡后，将银行存款100 000元存入信用卡，根据信用卡有关单据，编制会计分录如下：

借：其他货币资金——信用卡存款　　100 000

　　贷：银行存款　　100 000

（2）该村办加工厂用信用卡支付业务招待费 3 500 元，根据有关消费发票，编制会计分录如下：

借：管理费用——业务招待费 3 500

　　贷：其他货币资金——信用卡存款 3 500

（3）该村办加工厂获得信用卡存款利息 100 元，根据利息入账通知编制会计分录如下：

借：其他货币资金——信用卡存款 100

　　贷：财务费用——利息 100

# 第三章　应收款项的核算

农村中小企业的应收款项主要包括应收账款、应收票据、预付账款和其他应收款。

## 第一节　应收账款的核算

应收账款是指农村中小企业在其正常的生产经营活动中，由于销售产品、商品或者提供劳务而向购货或者接受劳务的单位或者个人收取的款项，包括应向购货的客户或者接受劳务的客户收取的价款及其垫付的运杂费。应向客户收取的价款是指销售产品、商品开出销货发票或者提供劳务开出发票上面注明的货款、增值税；应向客户收取的代垫运杂费主要是包装费、运输费、保险费、装卸费等。

### 一、应收账款的入账价值

应收账款的入账价值包括销售产品、商品或者提供劳务而向购货或者接受劳务的单位或者个人收取的价款、增值税及其垫付的运输费、包装费、保险费等。在确认应收账款的入账价值时，应当考虑有关的折扣因素。

1. 商业折扣。商业折扣是指农村中小企业在产品或者商品销售时，根据市场供需关系，针对不同的客户，在商品或者产品的标价上面给予的折扣，是企业最常用的促销手段。商业折扣不需要在买卖双方中任何一方的账面上进行反映，对应收账款的入账价值没有什么实质性的影响。由于商业折扣在交易时即已确定，企业只需按照扣除商业折扣后的净额来确认应收账款。

2. 现金折扣。现金折扣是指农村中小企业在销售产品或者商品后为了鼓励客户及早偿付货款而向客户提供的债务扣除。现金折扣一般用“折扣率 / 付款期限”来表示债务人在不同的期限内付款可以享受不同比例的折扣。例如“2/10，1/20，n/30”的含义应理解为：买方在10天以内付款，可以享受2%的让利；买方在第11天至第20天以内付款，可以享受1%的让利；买方在第21天以后付款，将不能享受到现金折扣；信用期限为30天。在发生现金折扣的情况下，企业应将未扣除现金折扣前的金额作为应收账款的入账价值，而现金折扣实际上是销货企业为了尽快回笼资金而发生的理财费用，应在实际发生时计入“财务费用”科目。

## 二、应收账款的核算方法

为了反映企业应收账款的增减变动及其结存情况，企业应设置“应收账款”科目进行核算。“应收账款”科目属于资产类科目，借方登载应收账款的增加数额；贷方登载应收账款的收回及其确认的坏账损失；期末余额在借方，反映企业应收未收回的款项数额。应收账款明细账按照债务人的姓名或者名称设置。

1. 无销货折扣情况下。发生应收账款时，企业应该按照发生的应收货款的价值、增值税、代垫的运费和包装费等金额，借记“应收账款”科目，贷记“主营业务收入”科目、“应交税费——应交增值税（进项税额）”科目、“银行存款”科目。

**例题 3－1**：（1）某村办服装加工厂销售给外埠旅游商厦A产品一批，价款20 000元，增值税3 400元，采用托收承付结算方式。会计人员根据货物销售发票、运费凭证、出库单及托收凭证第一联（回单）等会计凭证编制会计分录如下：

借：应收账款——旅游商厦　　23 400

贷：主营业务收入　　　　　　　　　　　　　　20 000

应交税费——应交增值税（销项税额）　　3 400

（2）数日后，接到银行转来托收凭证第四联。款项已经受托入账。编制会计分录如下：

借：银行存款　　　　　　　　　　　　　23 400

贷：应收账款——旅游商厦　　　　　　　　　23 400

2. 存在商业折扣情况下。若存在商业折扣的话，销货企业应该按照扣除商业折扣以后的实际售价确定应收账款的入账价值。即企业应该按照扣除商业折扣后的应收货款的价值以及依此计算的增值税、代垫的运费和包装费等金额，借记“应收账款”科目，贷记“主营业务收入”科目、“应交税费——应交增值税（进项税额）”科目、“银行存款”科目。

**例题 3－2**：（1）某村办服装加工厂销售给外埠旅游商厦夏季连衣裙一批，原售价 20 200 元，扣除商业折扣 200 元后，实际价款 20 000 元，增值税 3 400 元，采用委托收款结算方式。会计人员根据货物销售发票、运费凭证、出库单及托收凭证第一联（回单）等会计凭证编制会计分录如下：

借：应收账款——旅游商厦　　　　　　　23 400

贷：主营业务收入　　　　　　　　　　　　　20 000

应交税费——应交增值税（销项税额）　　3 400

（2）数日后，接到银行转来托收凭证第四联。款项已经受托入账。编制会计分录如下：

借：银行存款　　　　　　　　　　　　　23 400

贷：应收账款——旅游商厦　　　　　　　　　23 400

3. 存在现金折扣情况下。若存在现金折扣的话，销货企业在产品或者商品销售时应该按照未扣除现金折扣的实际售价确定应收账款的入账价值。即企业应该按照未扣除现金折扣的应收货款的价值以及依此计算的增值税、代垫的运费和包装费等金额，借记“应收账款”科目，贷记“主营业务收入”科目、“应交税费——应交增值税（进项税额）”科目、“银行存款”科目。而购货方在规定的时限内承付货款后，销货企业应该按照原不含税的售价扣除现金折扣后的价格、增值税及其代垫运杂费项目金额确认应收账款的收回金额，借记“银行存款”科目；按照未扣除现金折扣的原应收账款入账价值贷记“应收账款”科目；对于购货方所享受的现金折扣应该按照融资费用处理，计入“财务费用”科目。

**例题3-3**：（1）某村办木器加工厂销售给外埠某建材城木地板一批，价款500 000元，增值税85 000元，购货方选择电汇结算方式付款。同时与购货方约定现金折扣条件为“2/10，1/20，n/30”，会计人员根据货物销售增值税专用发票、运费发票、出库单等会计凭证编制会计分录如下：

借：应收账款——×建材城　585 000

　　贷：主营业务收入　500 000

　　　　应交税费——应交增值税（销项税额）　85 000

（2）6日后，接到银行转来电汇凭证入账通知。款项已经受托入账。编制会计分录如下：

借：银行存款　575 000

　　财务费用——利息　10 000

　　贷：应收账款——旅游商厦　585 000

## 第二节　应收票据的核算

应收票据是指农村中小企业因销售产品、商品，或者提供劳务等收到的商业汇票而形成的应收款项。商业汇票是指由出票人签发的、委托付款人在指定日期无条件支付确定的金额给收款人或者持票人的票据。在银行开立存款账户的法人以及其他经济组织之间必须有真实的交易关系或者债权债务关系，才能使用商业汇票结算。商业汇票的付款期限由交易双方进行商定，但最长不得超过6个月。

## 一、应收票据的种类及其计价

商业汇票按照承兑人的不同，分为商业承兑汇票和银行承兑汇票。商业承兑汇票是指由付款人签发并承兑或者由收款人签发并经过付款人承兑的汇票。商业承兑汇票的付款人在收到开户银行的付款通知后，应在当日通知银行付款；付款人在接到通知日的次日起3日内（遇法定休假日顺延）未通知银行付款的，视同付款人承诺付款；银行在办理划款时，付款人存款账户不足以支付的，银行应填制付款人未付款通知书，连同商业承兑汇票通过收款人或者持票人开户银行转交收款人或者持票人。银行承兑汇票是指由在承兑银行开立存款账户的存款人（出票人）签发，并由其承兑银行到期承兑款项的票据。企业申请使用银行承兑汇票时，须与其开户银行签署银行承兑协议并按照规定缴存保证金款项，同时须向其承兑银行按照票面金额的万分之五缴纳手续费；承兑银行应在银行承兑汇票到期日或者到期日后见票当日将票款足额划给收款人收妥入账。

按照商业汇票是否计息，商业汇票还可分为带息商业汇票和不带息商业汇票两种。

## 二、应收票据的会计核算

为了核算应收票据的取得及其票款收回等情况，企业应设置“应收票据”会计科目。“应收票据”科目属于资产类科目，用来核算企业由于赊销业务而收到的商业汇票。该科目的借方登记企业取得的开出、承兑的商业汇票面值；贷方登记到期收回票款或者到期前向开户银行贴现的商业汇票以及到期不能收回票款而转出的商业汇票票面余额；期末余额在借方，反映企业持有的商业汇票票面金额。企业应该按照开出或者承兑商业汇票的单位名称设置明细科目进行明细核算。同时，企业还应设置“应收票据备查簿”，逐笔登记商业汇票的种类、号数、出票日、票面金额、交易合同号码、付款人、承兑人、背书人、到期日、背书转让日、贴现日、贴现率和贴现金额、收款日及收款金额、退票等资料。商业汇票到期结清票款或者退票后，应在备查簿中予以注销。

企业因销售产品、商品或者提供劳务而收到或者开出并经过付款人及其开户银行承兑的商业汇票时，按照商业汇票的票面金额借记“应收票据”科目，贷记“主营业务收入”、“应交税费——应交增值税（销项税额）”科目；如果属于债务前欠货款而取得的商业汇票，应按照应收账款的账面价值借记“应收票据”科目，贷记“应收账款”科目。

商业汇票到期，应按实际收到的金额，借记“银行存款”科目，按照商业汇票的票面金额，贷记“应收票据”科目。若商业承兑汇票到期，付款人存款账户不足以支付或者无力支付的，银行应填制付款人未付款通知书，连同商业承兑汇票通过收款人或者持票人开户银行转交收款人或者持票人。企业收到相关退回的单据时，按照到期票据的票面金额，借记“应收账款”科目，贷记“应收票据”科目。

企业收到带息应收票据，除了按照上面所述进行会计核算外，还应按照应收票据的票面价值和确定的利率计算票据应得利息，并在收到时列为当期损益，计入“财务费用”科目。应得利息计算公式如下：

应得利息＝票面金额×票面利率×票据期限

票据期限按日数表示时，应从出票日起按照实际经历天数计算。出票日和到期日中只能计算其中的一天，即“算头不算尾”或者“算尾不算头”，否则就出现了天数计算重复的问题。

企业收到商业汇票后，如在票据未到期前需要提前取得资金，可以持未到期的商业汇票向其开户银行申请贴现。贴现是农村中小企业将未到期的商业汇票经过背书后交给开户银行，开户银行受理后从票面金额中扣除按照银行规定的贴现率计算的贴现利息后的余额付给贴现企业。贴现业务是农村中小企业的短期融资业务。其中，贴现利息是企业付给银行的报酬；贴现金额是企业从银行获得的贴现所得，即票据到期值扣除贴现利息后的金额。相关计算公式如下：

贴现利息 = 票据到期值 × 贴现率 × 贴现期数

贴现金额 = 票据到期值 − 贴现利息

企业将未到期的不带息应收票据向开户银行贴现，应按实际收到的金额（即票据到期值减去贴现利息后的净额），借记“银行存款”科目；按应收票据的票面金额，贷记“应收票据”科目；按照两者的差额贷记“财务费用”科目。企业将未到期的带息应收票据向开户银行贴现，应按实际收到的金额（即减去贴现利息后的净额），借记“银行存款”科目；按应收票据的票面金额，贷记“应收票据”科目；由于贴现所得可能会大于或者小于票面金额，所以需按照两者的差额贷记（贴现所得大于票面金额）或者借记（贴现所得小于票面金额）“财务费用”科目。

**例题 3－4**：（1）某村办竹木器加工厂销售一批产品给市区内的某大型超市家具部，货物已经发出。货款 100 000 元，增值税 17 000 元。按照合同约定 3 个月后付款。该超市会计部门交给竹木器加工厂一张期限为 3 个月的商业承兑汇票，票面金额 117 000 元。编制会计分录如下：

借：应收票据——××超市　　117 000

　　贷：主营业务收入　　100 000

　　　　应交税费——应交增值税（销项税额）　　17 000

（2）3 个月后商业承兑汇票到期，竹木器加工厂根据银行转来的托收凭证第四联（入账通知），编制会计分录如下：

借：银行存款　　117 000

　　贷：应收票据——××超市　　117 000

（3）若 3 个月后商业承兑汇票到期时，该超市无力承付票款，竹木器加工厂根据银行退回的托收凭证及其商业承兑汇票，编制会计分录如下：

借：应收账款——××超市　　117 000

　　贷：应收票据——××超市　　117 000

（4）若竹木器加工厂在持有 2 个月后，将该商业承兑汇票交给开户银行进行贴现，贴现利率为 5%，根据银行转来的贴现凭证及其划款单据，计算并编制会计分录如下：

$$贴现利息 = 117\ 000 \times \frac{5\%}{12} \times 1 = 487.5\ （元）$$

$$贴现金额 = 117\ 000 - 487.5 = 116\ 512.5\ （元）$$

借：银行存款　116 512.50
　　财务费用——贴现利息　487.50
　　贷：应收票据——××超市　117 000.00

**例题 3-5**：（1）仍用例题 3-3 的资料：某村办竹木器加工厂销售一批产品给市区内的某大型超市家具部，货物已经发出。货款 100 000 元，增值税 17 000 元。按照合同约定 3 个月后付款。该超市会计部门交给竹木器加工厂一张期限为 3 个月的商业承兑汇票，票面金额 117 000 元。若该商业承兑汇票为带息票据，票面利率约定 3%，编制会计分录如下：

借：应收票据——××超市　117 000
　　贷：主营业务收入　100 000
　　　　应交税费——应交增值税（销项税额）　17 000

（2）3 个月后商业承兑汇票到期，竹木器加工厂根据银行转来的托收凭证第四联（入账通知），结算并编制会计分录如下：

$$票据应得利息 = 117\ 000 \times \frac{3\%}{12} \times 3 = 877.5\ （元）$$

借：银行存款　117 877.50
　　贷：应收票据——××超市　117 000.00
　　　　财务费用——利息　877.50

（3）若 3 个月后商业承兑汇票到期时，该超市无力承付票款，竹木器加工厂根据银行退回的托收凭证及其商业承兑汇票，编制会计分录如下：

借：应收账款——××超市　117 877.50
　　贷：应收票据——××超市　117 000.00
　　　　财务费用——利息　877.50

（4）若竹木器加工厂在持有 2 个月后，将该商业承兑汇票交给开户银行进行贴现，贴现利率为5%，根据银行转来的贴现凭证及其划款单据，计算并编制会计分录如下：

$$贴现利息 = 117\ 877.50 \times \frac{5\%}{12} \times 1 = 491.16\ (元)$$

$$贴现金额 = 117\ 877.50 - 491.16 = 117\ 386.34\ (元)$$

借：银行存款　　117 386.34

　　财务费用——贴现利息　　491.16

　　贷：应收票据——××超市　　117 877.50

## 第三节　预付账款和其他应收款的核算

### 一、预付账款的核算

预付账款是农村中小企业预付给供货方的款项。它的产生主要有两个方面的原因：当某种原材料或者商品供不应求时，企业为了及时掌握材料或者货源以保证正常的生产经营活动顺利进行，获得较好的经济效益，往往会应供货方的要求采取预付货款的方式，以求及时成交并保证货源；或者是按照购销合同的约定，企业需要预先支付一部分定金给供货方，供货方确认收到款项后发货，而后再进行余款的结算。预付账款是企业在购货过程中发生的一种特殊的应收款项，而与其他的应收款项所不同的是，未来应该收回的是实物资产而不是货币资产，如原材料、商品、周转材料等。

企业预付账款的业务应该通过“预付账款”科目进行。“预付账款”科目是资产类科目，用来核算企业预付账款的增减变化及其结存情况。该科目的借方登记企业预付的账款及其后期补付的价款；贷方登记采购货物时按照发票金额应冲销的预付账款数额，以及因预付款项多余而退回的款项数额；期末余额一般在借方，反映企业预付账款的实际数额；若期末余额在贷方，则反映企业尚未补付的款项。该科目应按供货单位的名称设置明细科目并进行明细核算。而预付账款不多的企业还可以将其并入“应付账款”科目进行核算。

企业根据购销合同的规定向供货单位预付款项时，按照预付的金额，借记“预付账款”科目，贷记“银行存款”科目。企业收到有关货物或者采购员寄回的发票单据时，按照发票及入库单所载货物金额，借记“原材料”或者“在途物资”科目、“应交税费——应交增值税（进项税额）”科目，贷记“预付账款”科目。当预付账款金额小于所采购的货物价值时，应将不足部分补付给供货方，按照差额借记“预付账款”科目，贷记“银行存款”科目；当预付账款金额大于所采购的货物价值时，多付部分从供货方收回，按照差额借记“银行存款”科目，贷记“预付账款”科目。

**例题 3-6**：（1）某村办工厂从利民纺织工贸公司采购服装用面料，按照合同规定需预先支付货款的30%即15 000元，其余款项待货到验收后进行补付。会计人员根据付款凭证编制会计分录如下：

借：预付账款——利民纺织工贸公司 15 000
　贷：银行存款 15 000

（2）该村办工厂收到利民纺织工贸公司发来服装用面料，价款50 000元，增值税8 500元，根据仓库转来的入库单及增值税专用发票编制会计分录如下：

借：原材料——原料及主要材料 50 000
　应交税费——应交增值税（进项税额） 8 500
　贷：预付账款——利民纺织工贸公司 58 500

（3）签发转账支票一张，补付不足款项43 500元。根据转账支票存根编制会计分录如下：

借：预付账款——利民纺织工贸公司 43 500
　贷：银行存款 43 500

## 二、其他应收款的核算

其他应收款是指除了应收账款、应收票据、预付账款、应收利息和应收股利之外的各种应收、暂付款项。主要包括：(1) 应收的各种赔款、罚款，如由于职工工作失职给企业造成一定损失而向职工收取的赔款，或由于企业财产遭受意外损失而向保险公司收取的赔款；(2) 应收出租包装物的租金；(3) 应向职工收取的各种垫付款项，如为职工垫付的水电费、应由职工负担的医药费、房租费等；(4) 定额及非定额制下的备用金款项；(5) 存出的保证金，如租入包装物或低值易耗品的押金款；(6) 预付账款的转入。

企业预付账款的业务应该通过“其他应收款”科目进行。“其他应收款”科目是资产类科目，用来核算企业除了应收账款、应收票据、预付账款、应收利息和应收股利之外的各种应收、暂付款项。该科目的借方登记企业其他应收款项的增加数额；贷方登记企业其他应收款项的减少数额；期末余额一般在借方，反映企业其他应收款项的实际数额。该科目应按其他应收款项的具体项目名称设置明细科目并进行明细核算。

企业发生其他应收款项增加业务，如确定职工或者保险公司的赔偿款项、对外存出押金款，以及拨付企业内部相关部门备用金款的时候，按照实际的金额，借记“其他应收款”科目，贷记“银行存款”或“库存现金”科目；企业发生其他应收款项减少业务，如结转应付职工工资代扣款项、收回对外存出押金款、收回向企业内部相关部门拨付的备用金款，按照实际的金额，借记“应付职工薪酬”、“银行存款”或“库存现金”科目，贷记“其他应收款”科目。

## 第四节　坏账准备的核算

### 一、坏账的确认条件及其计提范围

坏账是指农村中小企业无法收回或收回的可能性极小的应收与暂付款项。由于发生坏账而产生的损失，成为坏账损失。农村中小企业会计人员在确认坏账时，应认真分析应收与暂付款项的数额、信用期限、债务人的信誉及其所处的经营状况，认真加以审核。按照财政部所发布《企业财务通则》的规定，符合下列条件之一的应确认为坏账：债务人死亡，以其遗产清偿后仍然无法收回；债务人破产，以其破产财产清偿后仍然无法收回；债务人较长时间内未履行偿债义务，并有足够的证据表明无法收回或收回的可能性极小，如债务单位已经撤销、破产、资不抵债、现金流量严重不足、发生严重的自然灾害等导致停产而在短期内无法偿付债务等，以及期限在3年以上的应收款。

需要明确的是，对已经确认为坏账的应收款与暂付款项，并不意味着村集体放弃了追索权，一旦重新收回，应及时入账。

农村中型企业坏账准备的计提范围主要包括应收账款和其他应收款。如果应收票据到期有确凿证据证明不能收回应按照规定转为应收账款，预付账款到期有确凿证据表明不能收到货物应按照规定转为其他应收款；而转为应收账款和其他应收款后应按照规定计提坏账准备。

农村小型企业按照《小企业会计准则》的规定不采取计提坏账准备的办法。实际发生坏账损失时，将其实际损失金额计入企业的营业外支出项目，作为企业损失处理。

## 二、坏账准备的计提方法

坏账准备的计提方法是应收账款余额百分比法。应收账款余额百分比法是按照应收账款余额的百分比来估计坏账损失数额。采用这种方法，企业应该根据以往的经验和现在的状况来确定一个综合的坏账准备提取百分比，而后在每期期末根据这个坏账准备提取比例乘以应收账款的账面余额，来确定每期期末应提取的坏账准备数额。其计算公式如下：

$$\text{当期坏账准备应提取数} = \text{当期应收账款账面余额} \times \text{坏账准备提取率} - \text{坏账准备账户贷方余额}$$

或者：

$$\text{当期坏账准备应提取数} = \text{当期应收账款账面余额} \times \text{坏账准备提取率} + \text{坏账准备账户借方余额}$$

## 三、坏账的核算

农村中型企业发生的坏账损失应该采用备抵法进行核算。备抵法是指按期估计坏账损失并计入企业当期损益，同时形成企业的坏账准备金额。当某一应收款项的全部或者部分无法收回而被确认为坏账时，应根据其发生的金额冲减以前期限计提的坏账准备金额，同时转销已经确认为坏账的应收账款数额。

在备抵法下，为了核算企业坏账准备的提取、冲销及其结存的情况，企业应设置“坏账准备”科目。“坏账准备”科目属于资产类科目，用来核算企业计提的坏账准备及其发生的坏账损失。该科目的贷方登记企业计提的坏账准备数额以及收回的前期已经核销的坏账损失数额；借方登记企业实际发生的坏账损失数额；若期末余额在借方，表示本期发生的坏账损失超过坏账准备的数额；若期末余额在贷方，表示企业尚未核算的坏账准备数额。该科目不设置明细科目并进行明细核算。

企业计提坏账准备时，根据计算的当期坏账准备计提数额，借记“资产减值损失”科目，贷记“坏账准备”科目；或者根据计算的当期坏账准备冲销数额，借记“坏账准备”科目，贷记“资产减值损失”科目。企业发生坏账损失时，根据发生的坏账损失金额，借记“坏账准备”科目，贷记“应收账款”、“其他应收款”科目。若企业收回以前期限已经核销的坏账损失款项，应根据收回的款项数额，借记“应收账款”、“其他应收款”科目，贷记“坏账准备”科目；借记“银行存款”科目，贷记“应收账款”、“其他应收款”科目。

**例题 3－7：**（1）某村办企业采用应收账款余额百分比法计提坏账准备。2012 年末首次计提坏账准备时，“应收账款”账户借方余额是 400 000 元。该企业坏账准备的计提比率为 5%，计算应提取数额并编制会计分录如下：

应提取数 =400 000 ×5% =20 000（元）

借：资产减值损失　　20 000

　　贷：坏账准备　　20 000

（2）2013 年，该村办企业 5 月份发生并确认坏账损失数额 28 000 元。根据相关单据编制会计分录如下：

借：坏账准备　　28 000

　　贷：应收账款——×单位　　28 000

（3）2013 年末，企业“应收账款”账户借方余额为 600 000 元，“坏账准备”账户借方余额为 8 000 元（坏账准备账户本年贷方发生额 20 000 元与本年借方发生额 28 000 元相抵的结果）。计算应提取数额并编制会计分录如下：

应提取数 =600 000 ×5% +8 000 =38 000（元）

借：资产减值损失　　38 000

　　贷：坏账准备　　38 000

（4）2014 年，该村办企业 5 月份发生并确认坏账损失数额 24 000 元。7 月份收回以前年度已核销的坏账 15 000 元。根据坏账确认单据、银行入账通知编制会计分录如下：

借：坏账准备　　24 000

　　贷：应收账款——×单位　　24 000

借：应收账款——×单位　　15 000

　　贷：坏账准备　　15 000

借：银行存款　　15 000

　　贷：应收账款——×单位　　15 000

（5）2014 年年末，企业“应收账款”账户借方余额为 500 000 元，“坏账准备”账户贷方余额为 21 000 元（坏账准备贷方年初余额 30 000 元 + 本年贷方发生额 15 000 元 − 本年借方发生额 24 000 元）。计算应提取数额并编制会计分录如下：

应提取数 =500 000 ×5% −21 000 =4 000（元）

借：资产减值损失　　4 000

　　贷：坏账准备　　4 000

（6）2015年年末，企业“应收账款”账户借方余额为400 000元，“坏账准备”账户贷方余额为25 000元。计算应提取数额并编制会计分录如下：

应提取数 = 400 000 × 5% − 25 000 = −5 000（元）

借：坏账准备　　5 000

　　贷：资产减值损失　　5 000

农村小型企业采用直接法核算坏账。在实际坏账发生时，按照收回的入账数额，借记“银行存款”科目；按照原应收款项的账面金额，贷记“应收账款”、“预付账款”、“其他应收款”科目；按照两者的差额，借记“营业外支出”科目。

**例题3－8**：某村办小型酒厂原向某贸易公司销售白酒50箱，价款总计30 000元。由于该贸易公司已经破产倒闭，其破产财产拍卖所得只偿还13 000元并划入酒厂存款账户，其他部分款项经确认已经无法收回。根据银行划款通知及其坏账确认单据，编制会计分录如下：

借：银行存款　　13 000

　　营业外支出——坏账损失　　17 000

　　贷：应收账款——×贸易公司　　30 000

# 第四章 村办工厂主要业务的核算

## 第一节 材料采购与发出业务的核算

### 一、材料核算的内容

材料是指农村中小企业用于制造产品并构成产品实体的购入物品，以及购入的用于产品生产耗用但不构成产品实体的辅助性物资。材料按其内容不同主要有：

1. 原料及主要材料。原料及主要材料是指直接用于产品制造，经过加工后构成产品主要实体的各种原料和材料。原料是指直接取自于自然界的劳动对象，如纺纱用的棉花、炼铁用的矿石、制糖用的甘蔗等；材料是指已经被加工过的劳动对象，如织布用的棉纱、做车用的钢板等。

2. 辅助材料。辅助材料是指不构成产品的主要实体，但直接被用于产品生产、有助于产品形成的各种材料。具体包括：(1) 加入产品实体与主要材料相结合，或使主要材料发生变化，或给予产品某种性能，如染料、油漆、催化剂等；(2) 被劳动工具所消耗，如维护机器设备用的润滑剂、防锈剂等；(3) 为创造正常劳动条件而消耗的，如清洁工作地点的各种用具。

3. 外购半成品。外购半成品是指企业从外部购入，需要本企业进一步加工或者装配、已经完成一定生产步骤的半成品。对购入企业而言，外购半成品如同原材料。如果外购半成品数量不大，也可以列作原料及主要材料。

4. 修理用备件。修理用备件是指为了修理本企业的机器设备和运输工具而从企业外部购入的专用零配件，如轴承、齿轮等。如果数额不大，可以归入辅助材料核算。

5. 燃料。燃料是指工艺技术过程中用于燃烧取得热能的各种材料，包括各种固体、液体和气体燃料。

6. 包装材料。包装材料是指企业为了包装产品而购入的各种包装材料，如纸张、铁皮、纸箱等。如果数额不大，可以归入辅助材料核算。

## 二、材料采购的核算

### （一）实际成本法下的核算

原材料按照实际成本计价的核算特点是材料从收发凭证到明细分类账和总分类账全部按照实际成本计价核算。在实际核算中需要设置“原材料”和“在途物资”会计科目进行核算：

“原材料”科目属于资产类科目，用来核算农村中小企业库存的各种材料，包括原料及主要材料、辅助材料、外购半成品、修理用备件、燃料、包装材料的实际成本的增加、减少及其结存情况。该科目的借方登记验收入库的各种材料的实际成本；贷方登记发出的各种材料的实际成本；期末余额在借方，反映企业库存材料的实际成本。企业应该按照材料的类别、规格、名称或者存放地点设置明细科目进行明细核算。

“在途物资”科目属于资产类科目，用来核算农村中小企业已经支付货款而货物正在途中运输，或者已经运达企业但尚未验收入库的材料实际成本。企业承付货款或者开出并承兑商业汇票时，按照所付款项金额记入该科目的借方；企业验收入库材料的实际成本记入该科目的贷方；余额在借方，表示企业已经支付货款而货物正在途中运输，或者已经运达企业但尚未验收入库的材料实际成本。

企业应按照采购货物的名称或者供货单位的名称设置明细科目进行明细核算。

村办工厂材料的取得来源主要有购进、自制、投资者投入以及债务重组等渠道，材料的来源不同，其计价与会计处理方法不尽相同。对于购进入库的材料，其入账价值应该包括买价、货物运杂费、运输途中的合理损耗、入库前的挑选整理费、卖方必须支付的税金及其他费用；对于自制的材料，其入账价值主要包括材料费用、人工费用、燃料及其动力费用；对于投资者投入的材料，其入账价值为投资合同或协议中确认的价值；对于通过债务重组方式获得的库存物资，其入账价值包括应收债权的账面价值和应支付的相关费用。

材料在实际采购过程中，由于货物的运输需要通过专门的运输线路完成，而货款的结算是通过银行传递结算单据来完成的，因而结算单据到达企业的时间与采购物资到达企业的时间会出现不一致的问题，其核算方法有着具体的区别：

1. 货款已经支付或开出、承兑商业汇票，同时材料已验收入库。村办工厂采购材料，如果付款后随即收到相关材料，或货款支付或已经开出并承兑商业汇票与材料的验收入库基本上同时进行，则在业务发生后，即可根据银行结算凭证、发票、运费单据、收料单等单据确定材料成本，借记“原材料”科目，按照实际支付的款项，贷记“银行存款”或“应付账款”科目。

**例题 4－1**：某村办民族乐器加工厂购进甲材料 50 000 元，增值税 8 500 元，同时发生运输费 200 元，款项通过银行存款支付，材料验收入库。会计人员已经收到供货单位增值税专用发票、运输单位运费发票、仓库转来的收料单及转账支票存根。会计人员编制会计分录如下：

借：原材料——甲材料　　50 186

　　应交税费——应交增值税（进项税额）　　8 514

　　贷：银行存款　　58 700

增值税专用发票、运费发票及其收料单（入库单）的格式如表 4－1、表 4－2 及表 4－3 所示。

**表 4－1**

**增值税专用发票**

**发　票　联**

№ 11000345070

47000345890

开票日期：××年×月×日

| | | | |
|---|---|---|---|
| 购货单位 | 名　　称：北京朝阳美洁商贸有限责任公司<br>纳税人识别号：110097710054309<br>地址、电话：北京市朝阳区百子湾路 127 号　65170089<br>开户银行及账号：工商银行百子湾支行　776598001079 | 密码区 | 1 <003 +1 < +84362 −2 * 212 ><br><808 <0884 + /0 * 294 + < − <<br>78 >45 > − * 3/32 * 26 −844/0<br>01 −3018012 * 435 * >1 > >8<br>加密版本：01<br>1100051170<br>00496153 |

| 货物或应税劳务名称 | 规格型号 | 单位 | 数量 | 单价 | 金额 | 税率 | 税额 |
|---|---|---|---|---|---|---|---|
| 美洁净牌洗涤灵 | 120g | 箱 | 1 000 | 200 | 200 000.00 | 17% | 34 000.00 |
| 合　计 | | | | | ¥200 000.00 | 17% | ¥34 000.00 |
| 价税合计（大写） | ×佰贰拾叁万肆仟零佰零拾零元零角零分 | | | | （小写）¥234 000.00 | | |

| | | | |
|---|---|---|---|
| 销货单位 | 名　　称：北京市通县宋庄镇元村莉亚家用日化品厂<br>纳税人识别号：106570988340034<br>地址、电话：北京市通州区宋庄镇甲 5 号　61770097<br>开户银行及账号：招商银行宋庄支行　00970001241 | 备注 | |

收款人：刘丽　　复核：高雅　　开票人：马莉亚　　销货单位：（章）

表 4－2　×省地方税务局公路、内河货物运输业统一发票

发　票　联

开票日期：2012 年 7 月 25 日　　发票代码 204341110201　　发票号码 00535078

| | | | |
|---|---|---|---|
| 机打代码<br>机打号码<br>机器编号 | 234001110201<br>00535078<br>9291000046762 | 税控码 | 02 >9 +97 < +/65400 +18 <4 ∗081166 <3891 + − >4<br>01 ∗33/138/ < − − +/ <8430744/6981443 >/176<br>7 > +2322 >60 ∗3/05 >897157 <7600 +2 >45 > +/ ><br>7 +692/9 ∗052 − ∗ <57 − + +92 +8 </67273118 ∗80<br></ <13 >208 <5 <2 ∗7 +93010 +9 < ∗23 +22/ ∗ > −9 ∗ |
| 收货人及纳税人识别号 | 北城物美超市连锁店<br>101334578900001644 | 承运人及纳税人识别号 | 舒城县新腾运输车队<br>223017689440000017 |
| 发货人及纳税人识别号 | 北马庄新村制衣有限公司<br>403100005765400123 | 主管税务机关及其代码 | 舒城县地方税务局征收管理分局<br>234152310 |
| 运输项目及其金额 | 货物名称　数量　单位运价　计费里程　金额<br>开关柜　　3 700 | 其他项目及其金额 | 费用名称　金额<br>装卸费　300.00　　　备注 |
| 运费小计 | ¥3 700.00 | 运费小计 | ¥300.00 |
| 合计（大写） | 肆仟元整 | | （小写）4 000.00 |
| 代开单位及其代码 | 舒城县地方税务局征收管理分局<br>234152310 | 扣缴税额、税率<br>完税凭证号码 | 257.00　7%<br>2012100620457 |

代开单位盖章：　　　　开票人：程刚

表 4－3 **收料单（入库单）** 编号：

年 月 日

| 品 名 | 规 格 | 单 位 | 数 量 | 单 价 | 金 额 | 备 注 |
|---|---|---|---|---|---|---|
| | | | | | | |
| | | | | | | |
| | | | | | | |
| | | | | | | |
| 合计金额（人民币） | | | | | | |

会计： 审核： 保管：

村办工厂若为增值税小规模纳税人，则不能使用增值税专用发票，因而不能享受增值税进项税额，其所购进原材料验收入库后，编制会计分录如下：

借：原材料——甲材料 58 700

贷：银行存款 58 700

2. 货款已经支付或开出、承兑商业汇票，所购材料尚未到达或尚未验收入库。该项业务的产生，多数是村办工厂向外埠采购材料，发生结算凭证通过银行先到而承付货款或开出并承兑商业汇票，但所购材料仍在运输途中。会计人员对此项业务应该作为在途物资处理，即通过“在途物资”科目核算。

**例题 4－2**：（1）某村办工厂购进 A 种材料 40 000 元，B 种材料 60 000 元，两种材料的供货单价都是每公斤 1 元，增值税共计 17 000 元；同时发生运输费 1 000 元，装卸费 500 元。由于已经接到银行转来的付款结算单据及其所附的供货单位发票、运输企业运费发票，审核无误后，款项通过银行存款支付，所购材料尚未运达工厂仓库。运费按照两种材料的重量进行分摊。会计人员根据收到供货单位发票、运输单位运费发票及托收凭证付款通知联，编制会计分录如下：

借：在途物资——某供货单位 101 430

应交税费——应交增值税（进项税额） 17 070

贷：银行存款　118 500

若村办工厂为小规模纳税人，不能使用增值税专用发票，因而不能享受增值税进项税额，村办工厂承付款项后，应编制会计分录如下：

借：在途物资——某供货单位　118 500

贷：银行存款　118 500

（2）数日后，材料运达工厂并验收入库。会计人员根据仓库转来的收货单，编制会计分录如下：

借：原材料——A 材料　40 560

——B 材料　60 840

贷：在途物资——某供货单位　101 400

村办工厂若为增值税小规模纳税人，则不能使用增值税专用发票，因而不能享受增值税进项税额，其所购进原材料验收入库后，编制会计分录如下：

借：原材料——A 材料　47 400

——B 材料　71 100

贷：在途物资——某供货单位　118 500

3. 货到尚未付款，材料已经验收入库。村办工厂在材料采购过程中，若发生材料已经到达企业，而结算凭证未到或者村办工厂暂时无力支付的，所购材料应该办理入库手续，同时分别情况作相应的账务处理。

（1）若所购材料已经运达村办工厂并验收入库，同时收到供货单位的发票、运输单位的发票，只是银行结算凭证尚未转来，或者村办工厂虽然收到银行转来的结算单据，但在允许的账期内企业可以先不支付相关款项。会计人员根据相关的发票、运费单据、收货单等单据，借记“原材料”科目，同时根据产生的流动负债金额，贷记“应付账款”科目。

**例题 4－3**：某村办工艺品厂从 A 公司购进木材 1 000 立方米，价格 500 000 元，增值税 85 000 元，同时发生应该承担的运输费 3 000 元，材料已经运达企业并验收入库。会计人员收到供货单位随同木材一起转来的增值税专用发票、运费单据及收货单。其相关结算凭证尚未达到。编制会计分录如下：

借：原材料——木材 502 790

应交税费——应交增值税（进项税额） 85 210

贷：应付账款——A 公司 588 000

若村办企业为小规模纳税人，会计人员收到供货单位随同木材一起转来的发票、运费单据及收货单，编制会计分录如下：

借：原材料——木材 503 000

贷：应付账款——A 公司 503 000

（2）若所购物资已经运达村办工厂并验收入库，但是村办工厂并未收到供货单位转来的发票，应该继续等待发票及银行结算单据，不编制会计分录；待所有单据到齐后，借记“原材料”、“应交税费——应交增值税（进项税额）”科目，贷记“银行存款”科目。但如果到了月末仍未收到相关的发票、运费单据、银行结算凭证，因为实际的资产和负债已经增加，为了保证资产负债表的数据真实可靠，需要月末按照暂估数值，借记“原材料”科目，同时贷记“应付账款”科目。下月初再作相反的会计分录予以冲回。

**例题 4-4**：（1）某村办食品加工厂从 B 公司购入丁种罐头瓶一批已经验收入库，发票、运费单据尚未得到。至月末，根据估价，丁种罐头瓶价值 100 000 元，会计人员编制会计分录如下：

借：原材料——丁种罐头瓶 100 000

贷：应付账款——暂估应付款 100 000

（2）次月初，作红字的会计分录冲回原有记录如下：

借：原材料——丁种罐头瓶 [100 000]

贷：应付账款——暂估应付款 [100 000]

（3）银行转来丁种罐头瓶的结算凭证付款通知联、增值税专用发票及运输费单据。货物价值 100 000 元，增值税 17 000 元，运输费 300 元。审核无误，承付款项。会计人员编制会计分录如下：

借：原材料——丁种罐头瓶 100 240

应交税费——应交增值税（进项税额）　17 060
贷：银行存款　117 300

**例题 4-5**：某村办酒厂接受雅昌文化传媒有限公司投资转入的酒品材料，投资合同中确认价值2 000 000元，相关入库手续已经办妥。投资方转来增值税专用发票注明增值税340 000元。会计人员根据投资确认文件及入库单编制会计分录如下：

借：原材料——酒品材料　2 000 000
应交税费——应交增值税（进项税额）　340 000
贷：实收资本——雅昌文化传媒有限公司　2 340 000

（二）计划成本法下的核算

原材料按照计划成本计价的核算特点是材料从收发凭证到明细分类账和总分类账全部按照计划成本计价核算。在实际核算中需要设置“原材料”科目反映计划成本。材料的实际成本与计划成本的差异通过“材料成本差异”会计科目进行核算，月末终了，通过分配材料成本差异，将发出材料的计划成本调整成实际成本。在计划成本法下需要设置的材料核算的主要会计科目如下：

“材料采购”科目。属于资产类科目，用来核算农村中小企业材料采购的实际成本。借方登记外购材料的实际成本以及结转的实际成本小于计划成本的差异数额；贷方登记验收入库材料的计划成本以及结转的实际成本大于计划成本的差异数额；余额在借方，表示企业已经支付货款而货物正在途中运输，或者已经运达企业但尚未验收入库的材料实际成本。企业应按照采购货物的名称或者供货单位的名称设置明细科目进行明细核算。

“原材料”科目。属于资产类科目，在计划成本法下用来核算农村中小企业库存材料增加、减少及其结存计划成本情况。该科目的借方登记验收入库的各种材料的计划成本；贷方登记发出的各种材料的计划成本；期末余额在借方，反映企业库存材料的计划成本。企业应该按照材料的类别、规格、名称或者存放地点设置明细科目进行明细核算。

“材料成本差异”科目。属于资产类科目。用来核算企业各种材料实际成本与计划成本的差异。借方登记入库材料实际成本大于计划成本的差异；贷方登记实际成本小于计划成本的差异，发出材料应结转的实际成本与计划成本的差异（用蓝字表示超支差异，用红字表示节约差异）；期末余额在借方，反映库存材料的超支差异；期末余额在贷方，反映库存材料的节约差异。企业应按照原材料、周转材料等类别设置明细科目，进行材料成本差异明细分类核算。

1. 货款已经支付或开出、承兑商业汇票，同时材料已验收入库。村办工厂采购材料，如果付款后随即收到相关材料，或货款支付或已经开出并承兑商业汇票与材料的验收入库基本上同时进行，则在业务发生后，即可根据银行结算凭证、发票、运费单据、收料单等单据确定材料成本，借记“原材料”科目，按照实际支付的款项，贷记“银行存款”或“应付账款”科目。

**例题 4－6**：用例题 4－1 中的资料。某村办民族乐器加工厂购进甲材料 50 000 元，增值税 8 500 元，同时发生运输费 200 元，款项通过银行存款支付，材料验收入库。会计人员已经收到供货单位增值税专用发票、运输单位运费发票、仓库转来的收料单及转账支票存根。该批材料计划成本 50 000 元。会计人员编制会计分录如下：

| | | |
|---|---|---|
| 借：材料采购——甲材料 | 50 186 | |
| 　　应交税费——应交增值税（进项税额） | 8 514 | |
| 　　贷：银行存款 | | 58 700 |
| 借：原材料——甲材料 | 50 000 | |
| 　　贷：材料采购——甲材料 | | 50 000 |

2. 货款已经支付或开出、承兑商业汇票，所购材料尚未到达或尚未验收入库。该项业务的产生，多数是村办工厂向外埠采购材料，发生结算凭证通过银行先到而承付货款或开出并承兑商业汇票，但所购材料仍在运输途中。会计人员对此项业务应该按照实际成本，在“材料采购”科目借方核算。

**例题 4－7**：（1）上述村办民族乐器加工厂购进乙种材料 100 000 元，增值税 17 000 元；同时发生运输费 1 000 元，装卸费

500 元。接到银行转来的付款结算单据及其所附的供货单位发票、运输企业运费发票，审核无误后款项通过银行存款支付，所购材料尚未运达工厂仓库。运费按照两种材料的重量进行分摊。会计人员根据收到供货单位发票、运输单位运费发票及托收凭证付款通知联，编制会计分录如下：

借：材料采购——乙材料　101 430

　　应交税费——应交增值税（进项税额）　17 070

　　贷：银行存款　118 500

（2）数日后，材料运达工厂并验收入库。该批材料计划成本 110 000 元。会计人员根据仓库转来收货单，编制会计分录如下：

借：原材料——乙材料　110 000

　　贷：材料采购——乙材料　110 000

3. 货到尚未付款，材料已经验收入库。在计划成本法下，村办工厂在材料采购过程中，若发生材料已经到达企业，而结算凭证未到或者村办工厂暂时无力支付的，所购材料同样办理入库手续，同时分别情况作相应的账务处理。

（1）若所购材料已经运达村办工厂并验收入库，同时收到供货单位的发票、运输单位的发票，只是银行结算凭证尚未转来，或者村办工厂虽然收到银行转来的结算单据，但在允许的账期内企业可以先不支付相关款项。会计人员根据相关的发票、运费单据、收货单等单据，借记“材料采购”科目，同时根据产生的流动负债金额，贷记“应付账款”科目。

**例题 4－8：** 上述村办民族乐器加工厂从 A 公司购进丙材料 500 000 元，增值税 85 000 元，同时发生应该承担的运输费 3 000 元，材料已经运达企业并验收入库。会计人员收到供货单位随同木材一起转来的增值税专用发票、运费单据及收货单。其相关结算凭证尚未达到。该批材料计划成本 502 000 元。编制会计分录如下：

借：材料采购——丙材料　502 790

　　应交税费——应交增值税（进项税额）　85 210

　　贷：应付账款——A 公司　588 000

借：原材料——丙材料 502 000

贷：材料采购——丙材料 502 000

（2）若所购物资已经运达村办工厂并验收入库，但是村办工厂并未收到供货单位转来的发票，应该继续等待发票及银行结算单据，不编制会计分录；待所有单据到齐后，借记“原材料”、“应交税费——应交增值税（进项税额）”科目，贷记“银行存款”科目。但如果到了月末仍未收到相关的发票、运费单据、银行结算凭证，因为实际的资产和负债已经增加，为了保证资产负债表的数据真实可靠，需要月末按照计划成本数值，借记“原材料”科目，同时贷记“应付账款”科目。下月初再作相反的会计分录予以冲回。

**例题4-9**：（1）上述村办民族乐器加工厂从B公司购入丁材料一批已经验收入库，发票、运费单据尚未得到。至月末，根据计划成本，丁材料价值100 000元，会计人员编制会计分录如下：

借：原材料——丁材料 100 000

贷：应付账款——暂估应付款 100 000

（2）次月初，作红字的会计分录冲回原有记录如下：

借：原材料——丁材料 [100 000]

贷：应付账款——丁材料 [100 000]

（3）银行转来丁种罐头瓶的结算凭证付款通知联、增值税专用发票及运输费单据。货物价值100 000元，增值税17 000元，运输费300元。审核无误，承付款项。会计人员编制会计分录如下：

借：材料采购——丁材料 100 240

应交税费——应交增值税（进项税额） 17 060

贷：银行存款 117 300

借：原材料——丁材料 100 000

贷：材料采购——丁材料 100 000

4. 月末，结转全月入库材料实际成本与计划成本的差异。若入库材料实际成本大于计划成本，则应该借记“材料成本差异”科目，贷记“材料采购”科目；若入库材料实际成本小于计划成本，则应该借记“材料采购”科目，贷记“材料成本差异”科目。

**例题 4－10**：上述村办民族乐器厂月末根据入库甲、乙、丙材料的实际成本与计划成本差异，编制会计分录如下：

借：材料成本差异——原材料　976
　贷：材料采购——甲材料　186
　　　　　　　——丙材料　790

借：材料采购——乙材料　8 570
　贷：材料成本差异——原材料　8 570

### 三、材料发出的核算

（一）实际成本法下的核算

村集体的材料需要根据生产经营活动的不同需要发出，主要是生产领用和销售出库两种情况。材料发出的核算应根据一定的方法计算出发出材料的成本数额；同时，根据发出材料的不同用途，确定其减少的成本所应借记的成本、费用账户的数额。发出材料，材料的保管部门必须填制“出库单”，而其成本数额的计算关键之处是发出材料单位成本的计算确定。因为即使是同一种材料，同一时间从不同的地区来进货，或者同一采购地区但不同进货时间来组织进货，其进货的单位成本都是不一样的。与此同时，不同单位成本的材料其采购数量的不同、运输费用的不同、损耗率的不同，对单位成本的计算都会产生影响。材料发出成本计算的主要方法有：个别计价法、先进先出法、加权平均法及移动加权平均法。

（1）个别计价法。个别计价法也称分批实际进价法，是指每次领用材料的实际成本按其购入时的实际成本分别确定的方法。如果是整批购进整批领用的材料，以每批所领用材料的实际进价为依据来计算该批发出材料的成本；如果是整批购进分批发出时，即以各该批的实际进货单价乘以领用数量，即得出本次材料领用成本。采用个别计价法核算材料领用成本，要求原材料明细账按批次设置；分批次逐笔登记原材料的购进领用情况；仓库原材料的保管按购进批次存放。材料发出成本的计算公式如下：

本批次领用材料成本 = 本批次领用材料的数量 × 本批次材料的进货单位成本

采用个别计价法计算发出材料成本，优点是不需要计算单价，计算的领用材料成本准确，手续简便；缺点是同一材料同批次购进需分设账页、手续繁杂，如果进货批次较多，核算的工作量较大。个别计价法适用于整进整出或整进零出等购进、领用能分清批次的原材料，如果原材料用计算机进行管理，采用此种方法较为适宜。

（2）先进先出法。先进先出法是指以先购进的材料先发出的为假设前提，计算领用材料成本和结存物资成本的方法。先进先出法因为要按材料购入的先后顺序计算领用材料成本和期末库存材料的实际成本，所以发出量如果超过最先收进的那一批的批量时，超过部分要依次按下一批收进的单价计算。实务中采用此法可以逐笔（即每发出一次计算一次成本）计算成本；也可以月末一次计算领用材料成本。

**例题 4－11：**某村办工厂材料明细账资料如表 4－4 所示。

**表 4－4** **材料明细账**

类别：原材料及主要材料 （先进先出法） 连续第 页

品名：甲种物资 规格：0.5 寸 单位：公斤 第 页

| 2012 年 | | 凭证号数 | 摘要 | 收入 | | | 付出 | | | 结存 | | |
|---|---|---|---|---|---|---|---|---|---|---|---|---|
| 月 | 日 | | | 数量 | 单价 | 金额 | 数量 | 单价 | 金额 | 数量 | 单价 | 金额 |
| 8 | 1 | 略 | 上月结存 | | | | | | | 6 000 | 4.80 | 28 800 |
| | 3 | | 购　进 | 5 000 | 4.75 | 23 750 | | | | 6 000<br>5 000 | 4.80<br>4.75 | 28 800<br>23 750 |
| | 10 | | 领　用 | | | | 5 000 | 4.80 | 24 000 | 1 000<br>5 000 | 4.80<br>4.75 | 4 800<br>23 750 |
| | 15 | | 领　用 | | | | 1 000 | 4.80 | 4 800 | 5 000 | 4.75 | 23 750 |
| | 22 | | 购　进 | 5 500 | 4.70 | 25 850 | | | | 5 000<br>5 500 | 4.75<br>4.70 | 37 500<br>25 850 |
| | 27 | | 领　用 | | | | 5 000<br>500 | 4.75<br>4.70 | 23 750<br>2 350 | 5 000 | 4.70 | 23 500 |
| | 30 | | 本月合计 | 10 500 | | 49 600 | 11 500 | | 54 900 | 5 000 | | 23 500 |

根据资料按先进先出法计算其三次领用甲材料实际成本及月末结存材料成本如下：

10 日领用材料成本：$5\ 000 \times 4.8 = 24\ 000$（元）

15 日领用材料成本：$1\ 000 \times 4.8 = 4\ 800$（元）

27 日领用材料成本：$5\ 000 \times 4.75 + 500 \times 4.7 = 26\ 100$（元）

月末结存材料成本：$5\ 000 \times 4.7 = 23\ 500$（元）

采用先进先出法计算材料领用成本，优点是计算结果较为准确，符合材料保管规律（即先购进的材料先被领用），其不足是手续较为繁琐，工作量也较大。先进先出法适用于品种较少或收发次数不多的材料。如果库存材料用计算机进行管理，采用此种方法较为适宜。

（3）加权平均法。加权平均法亦称全月一次加权平均法，是指以本月全部收进数量与月初库存数量为权数，月末一次计算平均单价，据以计算材料领用成本和期末结存材料成本的方法。加权平均法计算材料领用成本的步骤及相关计算公式如下：

$$加权平均单价 = \frac{期初结存金额 + 本月收入金额}{期初结存数量 + 本月收入数量}$$

本月材料领用成本 = 本月领用材料数量 × 加权平均单价

月末结存材料成本 = 月末结存材料数量 × 加权平均单价

**例题 4－12**：仍以前例，以图表 4－4 所列示的甲材料收、发资料为例，采用加权平均法计算本月材料领用成本如下（见表 4－5）：

$$加权平均单价 = \frac{28\ 800 + 49\ 600}{6\ 000 + 10\ 500} = \frac{78\ 400}{16\ 500} = 4.75（元）$$

本月领用材料成本 $= 10\ 500 \times 4.75 = 54\ 650$（元）

月末库存材料成本 $= 5\ 000 \times 4.75 = 23\ 750$（元）

采用加权平均法计算材料领用成本，优点是材料领用成本比较均衡，且计价手续比较简便；缺点是平时从账面上反映不出材料的结存金额，不便于对日常材料的控制。加权平均法适用于前后进货价格相差幅度不大，品种不多的材料。

（4）移动加权平均法。移动加权平均法也称为移动平均法，是

**表 4-5** **材料明细账**

类别：原材料及主要材料 （加权平均法） 连续第 页

品名：甲材料 规格：0.5 寸 单位：公斤 第 页

| 2012 年 | | 凭证号数 | 摘要 | 收入 | | | 付出 | | | 结存 | | |
|---|---|---|---|---|---|---|---|---|---|---|---|---|
| 月 | 日 | | | 数量 | 单价 | 金额 | 数量 | 单价 | 金额 | 数量 | 单价 | 金额 |
| 8 | 1 | 略 | 上月结存 | | | | | | | 6 000 | 4.80 | 28 800 |
| | 3 | | 购进 | 5 000 | 4.75 | 23 750 | | | | 11 000 | | |
| | 10 | | 领用 | | | | 5 000 | | | 6 000 | | |
| | 15 | | 领用 | | | | 1 000 | | | 5 000 | | |
| | 22 | | 购进 | 5 500 | 4.70 | 25 850 | | | | 10 500 | | |
| | 27 | | 领用 | | | | 5 500 | | | 5 000 | | |
| | 30 | | 结转成本 | | | | | | 54 650 | 5 000 | 4.75 | 23 750 |
| | 30 | | 本月合计 | 10 500 | | 49 600 | 10 500 | | 54 650 | 5 000 | | 23 750 |

指在每次进货后，立即根据库存材料的数量和总成本，计算出新的平均单位成本，作为下次进货前发出材料的单位成本的一种方法。移动加权平均法与加权平均法的计算原理基本相同，只是要求在每次收进材料时重新计算加权平均单价，其计算公式如下：

$$加权平均单价=\frac{本次收入前结存金额+本次收入金额}{本次收入前结存数量+本次收入数量}$$

**例题 4-13**：仍以前例，以表 4-6 所列示的甲材料收、发资料为例，采用加权平均法计算本月材料领用成本如下：

$$8月3日进货后加权平均单价=\frac{28\ 800+18\ 800}{6\ 000+4\ 000}=\frac{47\ 600}{10\ 000}$$

$$=4.76（元）$$

8 月 10 日材料发出成本 $=5\ 000\times4.76=23\ 800$（元）

8 月 15 日材料发出成本 $=1\ 000\times4.76=4\ 760$（元）

$$8月22日进货后加权平均单价=\frac{19\ 040+28\ 960}{4\ 000+4\ 000}=\frac{48\ 000}{8\ 000}$$

$$=6.00（元）$$

8 月 27 日材料发出成本 $=5\ 000\times6.00=30\ 000$（元）

8 月末库存材料成本 = 3 000 × 6.00 = 18 000（元）

**表 4 – 6　　材料明细账**

类别：原材料及主要材料　　（移动加权平均法）　　连续第　页

品名：甲材料　　规格：0.5 寸　　单位：公斤　　第　页

| 2012 年 | | 凭证号数 | 摘要 | 收入 | | | 付出 | | | 结存 | | |
|---|---|---|---|---|---|---|---|---|---|---|---|---|
| 月 | 日 | | | 数量 | 单价 | 金额 | 数量 | 单价 | 金额 | 数量 | 单价 | 金额 |
| 8 | 1 | 略 | 上月结存 | | | | | | | 6 000 | 4.80 | 28 800 |
| | 3 | | 购进 | 4 000 | 4.70 | 18 800 | | | | 10 000 | 4.76 | 47 600 |
| | 10 | | 领用 | | | | 5 000 | 4.76 | 23 800 | 5 000 | 4.76 | 23 800 |
| | 15 | | 领用 | | | | 1 000 | 4.76 | 4 760 | 4 000 | 4.76 | 19 040 |
| | 22 | | 购进 | 4 000 | 7.24 | 28 960 | | | | 8 000 | 6.00 | 48 000 |
| | 27 | | 领用 | | | | 5 000 | 6.00 | 30 000 | 3 000 | 6.00 | 18 000 |
| | 30 | | 本月合计 | 10 500 | | 47 760 | 10 500 | | 58 560 | 3 000 | | 18 000 |

村办工厂生产过程中领用材料业务非常频繁，平时应根据领料单（或称做出库单，见表 4 – 8）逐笔登记库存材料明细账，以详细反映各种材料的收发和结存情况。月末，会计人员应该按照实际成本计价的领料单，按照领料部门和领料用途进行归类汇总后，编制“发出材料汇总表”，并借记“生产成本”和“管理费用”账户，贷记“库存材料”账户。

**例题 4 – 14**：某村办工厂本月各部门发料汇总如表 4 – 7 所示。

**表 4 – 7　　发料凭证汇总表**　　编号：×××

2012 年 7 月 31 日　　单位：元

| 应借账户 / 应贷账户 | 生产成本 | 制造费用 | 管理费用 | 销售费用 | 在建工程 | 其他业务成本 | 合计 |
|---|---|---|---|---|---|---|---|
| 原料及主要材料 | 43 430.00 | | | | | | 43 430.00 |
| 辅助材料 | 2 737.10 | 1 075.60 | 747.40 | | | | 4 560.10 |
| 外购半成品 | 7 615.40 | | | | | | 7 615.40 |
| 修理用备件 | 3 181.50 | | | | | | 3 181.50 |
| 燃料 | | | | | | | |
| 包装材料 | | | | | | | |
| 合　计 | 56 964.00 | 1 075.60 | 747.40 | | | | 58 787.00 |

会计主管：张树权　　记账：刘莉莉　　审核：王旺财　　制单：林二妹

根据发料凭证汇总表，会计人员编制会计分录如下：

借：生产成本——×种产品 56 964.00

制造费用——机物料消耗 1 075.60

管理费用——修理费 747.40

贷：原材料 58 787.00

**表4-8** **领料单（出库单）** 编号：

年 月 日

| 品 名 | 规 格 | 单 位 | 数 量 | 单 价 | 金 额 | 用 途 |
|---|---|---|---|---|---|---|
| | | | | | | |
| | | | | | | |
| | | | | | | |
| | | | | | | |
| 合计金额（人民币） | | | | | | |

会计： 领料： 保管：

（二）计划成本法下的核算

计划成本法下，月末需要根据材料发出汇总表中材料的计划成本，按照发出材料的用途进行计划成本的分配。而后结转本月发出材料应分配的成本差异额。发出材料应负担的成本差异额是根据发出材料的计划成本和材料成本差异率计算确定的，其分配的去向与计划成本的去向是一致的。结转发出材料的成本差异，无论是超支差异还是节约差异，均是材料成本差异的减少，即均应在“材料成本差异”科目的贷方反映。只不过超支差异用蓝字记载，节约差异用红字记载而已。计划成本法下“材料采购”明细账和“材料成本差异”明细账的格式如表4-9、表4-10所示。

材料采购明细账可以采用平行式账页格式。同一批外购材料的付款与入库业务在同一行中进行登记。登账的依据是审核后的发票及入库单等有关凭证。月终，将已在贷方栏登记的材料成本差异结转到“材料成本差异”明细账；而对于只有借方实际成本金额而无贷方金额记载的，即已经付款或者已经开出、承兑的商业汇票的尚

**表 4－9** **材料采购明细账**

账户名称：××材料

共××页
第××页

| 2012 年 | | 记账凭证 | 发票 | 供货单位名称 | 摘要 | 借方（实际成本） | | | | 2012 年 | | 记账凭证 | 收料凭证 | 摘要 | 贷方 | | |
|---|---|---|---|---|---|---|---|---|---|---|---|---|---|---|---|---|---|
| 月 | 日 | | | | | 买价 | 运杂费 | 税费 | 合计 | 月 | 日 | | | | 计划成本 | 成本差异 | 合计 |
| 4 | 5 | 记 7 | 0719 | 联盛农资 | 付款 | 25 600 | | | 25 600 | 4 | 9 | 记 31 | 0001 | 入库 | 25 000 | 600 | 25 600 |
| | 8 | 记 30 | 1165 | 荣升贸易 | 付款 | 46 000 | 400 | | 46 400 | 4 | 17 | 记 37 | 0002 | 入库 | 47 100 | [700] | 46 400 |
| | 20 | 记 41 | 7099 | 宏图原料 | 付款 | 30 000 | 500 | | 30 500 | | | | | | | | |
| | 30 | | | 本月合计 | | 101 600 | 900 | | 102 500 | | | | | | 72 100 | [100] | 72 000 |

**表 4－10　　材料成本差异明细账**　　共××页

账户名称：××材料　　第××页

| 2012 年 | | 凭证号数 | 摘要 | 收入 | | | 发出 | | | | 结存 | | |
|---|---|---|---|---|---|---|---|---|---|---|---|---|---|
| 月 | 日 | | | 计划成本 | 超支差额 | 节约差额 | 差异率（%） | 计划成本 | 超支差异 | 节约差异 | 计划成本 | 超支差额 | 节约差额 |
| 4 | 1 | | 期初结存 | | | | | | | | 27 900 | 500 | |
| | 31 | 记 55 | 入库 | 72 100 | | 100 | | | | | 100 000 | | 100 |
| | 31 | 记 61 | 发出 | | | | 0.4 | 60 000 | 240 | | 40 000 | 160 | |
| | 31 | | 本月合计 | 72 100 | | 100 | | 60 000 | 240 | | 40 000 | 160 | |

未验收入库的在途材料实际成本，表示期末材料采购明细账的借方余额。

为了计算各类材料成本差异率，反映每类材料实际发生的成本差异，将发出材料的计划成本调整为实际成本，应进行材料成本差异的明细核算。材料成本差异明细核算通过材料成本差异明细账进行，一般也是按照材料类别设置。其本月收入和发出材料的计划成本，以及本月收入和发出材料的成本差异，应分别根据收料凭证汇总表和发料凭证汇总表相关数据进行登记；实际成本大于计划成本的超支差异记在“超支差异”栏，实际成本小于计划成本的超支差异记在“节约差异”栏；发出材料的成本差异，应根据发出材料的计划成本乘以本月材料成本差异率计算得出，其有关的计算公式如下：

$$\text{本期材料成本差异率}=\frac{\text{期初结存材料成本差异}+\text{本期收入材料成本差异}}{\text{期初结存材料计划成本}+\text{本期收入材料计划成本}}$$

$$\text{本期发出材料应负担的成本差异}=\text{本期发出材料的计划成本}\times\text{本期材料成本差异率}$$

在实际计算过程中，若材料成本差异率为正数，则表示超支差异；若材料成本差异率为负数，则表示节约差异。实际计算时，材料成本差异率会遇到小数点以后保留位数多少的问题，应该尽可能多保留小数点以后位数，以保证材料成本差异数值尽可能贴近实际。若遇到平时需要结转材料成本差异的业务，应该选择上月的材料成本差异率进行计算。需要注意的是，本月收入材料的计划成本中，应该剔除发票账单未到并且款项未付因而其实际成本无法确定，但材料已经验收入库的计划成本数额。根据上述资料计算×本月材料成本差异如下：

$$本月×材料成本差异率=\frac{500-100}{279\ 00+72\ 100}\times 100\%=0.4\%$$

本月×材料发出应负担的成本差异＝60 000×0.4%＝240（元）

**例题4－15**：某村办工厂本月各部门领用材料汇总如表4－11所示。

**表4－11**　　**发料凭证汇总表**　　编号：×××

2012年6月30日　　单位：元

| 应借账户<br>应贷账户 | 生产成本 | 制造费用 | 管理费用 | 销售费用 | 在建工程 | 其他业务成本 | 合计 |
|---|---|---|---|---|---|---|---|
| 原料及主要材料 | 43 000.00 | | | | | | 43 000.00 |
| 辅助材料 | 2 700.00 | 1 070.00 | 740.00 | | | | 4 510.00 |
| 外购半成品 | | | | | | | |
| 修理用备件 | 3 100.00 | | | | | | 3 100.00 |
| 燃料 | | | | | | | |
| 包装材料 | | | | | | | |
| 计划成本 | 48 800.00 | 1 070.00 | 740.00 | | | | 50 610.00 |
| 差异率（%） | 2 | 2 | 2 | | | | |
| 成本差异 | 976.00 | 21.40 | 14.80 | | | | 1 012.20 |
| 实际成本 | 49 776.00 | 1 091.40 | 754.80 | | | | 51 622.20 |

会计主管：田树林　　记账：刘莉莉　　审核：未冉冉　　制单：王瑶妹

根据发料凭证汇总表中的发出材料计划成本及其成本差异数额，会计人员编制会计分录如下：

借：生产成本——×种产品　　48 800

　　制造费用——机物料消耗　　1 070

　　管理费用——修理费　　740

　　贷：原材料　　　　　　　　　　　　　　　　50 610
借：生产成本——×种产品　　　　　　　　976.00
　　制造费用——机物料消耗　　　　　　　　21.40
　　管理费用——修理费　　　　　　　　　　14.80
　　贷：材料成本差异——材料　　　　　　　　1 012.20

## 第二节　委托加工材料的核算

### 一、委托加工材料的核算内容及其计价

委托加工材料是指农村中小企业将自有的原材料、自制半成品委托外部生产单位进行加工，制造成具有企业所需要的特性和用途的新材料。这种原材料既可以继续生产，还可以自用。委托加工材料虽然存放在外单位，但其所有权仍属于委托企业，加工完成后还要收回。加工收回的材料不仅实物形态与性能会发生改变，而且在加工过程中还会消耗企业的原材料并支付加工费，从而使其价值相应增加。委托加工材料的实际成本包括：发出加工材料的实际成本、支付的加工费、委托加工材料往返运杂费、应负担的税款（主要是增值税和消费税）。

### 二、委托加工材料的核算

企业应设置“委托加工物资”科目，用来核算企业委托加工材料的实际成本。该科目属于资产类科目。借方登记发出加工材料的实际成本、支付的加工费、应负担的运杂费，以及企业应负担的增值税和消费税等金额；贷方登记加工完成收回材料和退回剩余材料的实际成本；期末余额在借方，反映企业委托外部生产单位加工但尚未完成加工过程的材料的实际成本。企业应按照委托加工材料的名称、规格、加工合同号码以及受托加工单位名称设置明细账户，并进行明细核算。

企业发出委托外单位加工的材料时，应将委托加工材料的实际成本从“原材料”科目转入“委托加工物资”科目，即借记“委托加工物资”科目，贷记“原材料”科目。如果发出的原材料采用计划成本法核算，除了按照计划成本结转“原材料”科目金额外，还应同时结转发出材料成本差异。若结转的是超支差异，则以蓝字借记“委托加工物资”科目，贷记“材料成本差异”科目；若结转的是节约差异，则以红字借记“委托加工物资”科目，贷记“材料成本差异”科目。

企业支付加工费和运杂费时，应将支付的金额计入委托加工材料的实际成本。若企业属于一般纳税人，则应该借记“委托加工物资”、“应交税费——应交增值税（进项税额）”科目，贷记“银行存款”科目；若企业属于小规模纳税人，则应借记“委托加工物资”科目，贷记“银行存款”科目。

对于支付的消费税额，一般由受托方在向委托方交货时代扣代缴，委托方应该分清以下两种情况进行处理：若加工收回的材料直接用于销售的，委托方应将受托方代扣代缴的消费税款随同支付的加工费一并计入企业委托加工材料的实际成本，借记“委托加工物资”科目，贷记“银行存款”科目；若加工收回的材料用于连续生产加工应税消费品的，委托方应将受托方代扣代缴的消费税款作为准予抵扣销售环节的消费税款处理，借记“委托加工物资”、“应交税费——应交消费税”科目，贷记“银行存款”科目。

委托加工收回材料或者收回剩余的材料时，应按照收回委托加工材料或者收回剩余的材料的实际成本，借记“原材料”科目，贷记“委托加工物资”科目。采用计划成本法核算的企业，企业应该按照收回材料的计划成本，借记“原材料”科目；按照收回材料的实际成本，贷记“委托加工物资”科目；按照材料的成本差异，借记或者贷记“材料成本差异”科目。

**例题 4－16：**某村办木器厂发出甲材料一批，委托兴盛木材加工厂加工成某种特殊高尔夫球具，所付出的甲材料实际成本 400 万元，支付的加工费 50 万元，材料的运输费 1 000 元。双方企业适用增值税税率17%，受托方转来消费税代扣代缴金额70 000元（依税率10%计算）。所有的加工费用均通过银行存款支付，其账务处理如下：

（1）拨付原材料时，根据出库单编制会计分录如下：

借：委托加工物资——高尔夫球具　　4 000 000

　　贷：原材料——甲材料　　4 000 000

（2）支付加工费和运输费时，根据兴盛木材加工厂开具的加工费发票及其运费发票、消费税代扣代缴单据，编制会计分录如下：

借：委托加工物资——高尔夫球具　　500 930

　　应交税费——应交增值税（进项税额）　　85 070

　　　　——应交消费税　　70 000

　　贷：银行存款　　656 000

（3）委托加工的高尔夫球具完工收回，根据入库单编制会计分录如下：

借：原材料——高尔夫球具　　4 500 930

　　贷：委托加工物资——高尔夫球具　　4 500 930

## 第三节　材料清查业务的核算

农村中小企业的库存材料在日常收发过程中可能由于计量错误、计算错误、自然因素影响，或者是存储过程中的霉变、贪污盗窃等情况发生而造成实存数量与账存数量不相符的问题。为了及时掌握企业的库存情况，保证企业的材料安全，保证企业材料明细记录的真实，需要企业定期或者不定期地对库存的材料进行清查盘点。

### 一、材料清查的主要方法及其手续

材料清查主要采用实地盘点法。即通过对原材料实物的点数、过磅、测量、计算等方法点清材料库存数量，并鉴定其质量；而对露天堆放或者用大容器散装的材料，可以采用技术推算的方法确定其实存数量。盘点的结果应该填写在材料盘点表中，若发现实存与账存数量不一致，应进行复盘，并最终确定是否发生盘点溢余或短缺。盘点溢余与短缺需要单独填制“盘点溢余（短缺）报告单”这一重要单据，详细列明溢缺材料的品名、规格、数量、单价、溢缺原因及其处理意见等信息，并要履行相关的重要手续后才能作为入账依据。材料盘点表和盘点溢余（短缺）报告单的格式如表4－12、表4－13所示。

**表4－12　　材料盘点表**

商品类别：　　2012年6月25日　　第×页共×页

| 材料品名及规格 | 计量单位 | 单价 | 账面结存 | | 实际盘存 | | 账存与实存差异 | |
|---|---|---|---|---|---|---|---|---|
| | | | 数量 | 金额 | 数量 | 金额 | 数量 | 金额 |
| 15#－Y圆钢 | 台 | 100 | 50 | 5 000 | 50 | 5 000 | | |
| F45－10方钢 | 台 | 120 | 50 | 6 000 | 49 | 5 880 | －1 | －120 |
| T35－1S钢板 | 台 | 150 | 50 | 7 500 | 52 | 7 800 | 2 | 300 |
| | | | | | | | | |
| 合　计 | | | | 390 000 | | 390 180 | | 180 |

部门负责人：李莉　　监盘人：张欣然　　实物负责人：董兴旺　　制表：刘文学

## 二、材料清查的核算

农村中小企业在财产清查过程中对于发现的溢余或者短缺问题及其处理，需要设置“待处理财产损溢”科目。该科目属于资产类科目。发现溢余原因待查，或者原因已经查明而处理意见领导尚未批示时的数额记在该科目的贷方，转销溢余时的数额记在该科目的借方；发现短缺原因待查，或者原因已经查明而处理意见领导尚未批示时的数额记在该科目的借方，转销短缺时的数额记在该科目的贷方；若余额在借方，表示待处理财产的净损失，应在期末前转入“其他应收款”、“营业外支出”或者“管理费用”科目；若余额在贷方，表示待处理财产的净收益，应在期末前冲减“管理费用”或

**表 4－13　　库存材料溢余（短缺）报告单**

2012 年 6 月 25 日

<table>
<tr><th>材料名称</th><th>规　格</th><th>账存数量</th><th>实存数量</th><th>结存单价</th><th>账存金额</th><th>实存金额</th><th>差额</th></tr>
<tr><td>F45－10 方钢</td><td>直径 45mm</td><td>50</td><td>49</td><td>120</td><td>6 000</td><td>5 880</td><td>－120</td></tr>
<tr><td>T15－1S 钢板</td><td>厚度 15mm</td><td>50</td><td>52</td><td>150</td><td>7 500</td><td>7 800</td><td>300</td></tr>
<tr><td></td><td></td><td></td><td></td><td></td><td></td><td></td><td></td></tr>
<tr><td></td><td></td><td></td><td></td><td></td><td></td><td></td><td></td></tr>
<tr><td></td><td></td><td></td><td></td><td></td><td></td><td></td><td></td></tr>
<tr><td colspan="5">合　　计</td><td>13 500</td><td>13 680</td><td>180</td></tr>
<tr><td colspan="4">溢余短缺原因：F45－10 方钢短缺属于责任事故；T15－1S 钢板溢余属于付货时少付造成。<br>处理意见建议：F45－10 方钢短缺由责任人王强赔偿；T15－1S 钢板溢余冲减企业管理费用。</td><td colspan="4">负责人批示：<br>F45－10 方钢短缺由责任人王强赔偿；T15－1S 钢板溢余冲减企业管理费用。<br>签字：张德江<br>2012 年 6 月 27 日</td></tr>
</table>

财务负责人：王永宏　　会计：习粉莲　　复核：江春江　　保管：祝家乐

者转入“营业外收入”科目；企业应设置“待处理流动资产损溢”、“待处理固定资产损溢”明细科目进行明细核算。

企业在材料盘点过程中发现材料实存数量大于账存数量，即盘点发生溢余时，在原因不明或者原因虽查清而处理意见领导未作批示的，应按照溢余的金额，借记“原材料”科目，贷记“待处理财产损溢——待处理流动资产损溢”科目；待原因查明、处理意见领导已作批示时，若属于正常升溢范围之内的，按照溢余的金额，借记“待处理财产损溢——待处理流动资产损溢”科目，贷记“管理费用”科目；若属于非正常升溢范围之内的，按照溢余的金额，借记“待处理财产损溢——待处理流动资产损溢”科目，贷记“营业外收入”科目。

企业在材料盘点过程中发现材料实存数量小于账存数量，即盘点发生短缺时，在原因不明或者原因虽查清而处理意见领导未作批示的，应按照短缺的金额，借记“待处理财产损溢——待处理流动资产损溢”科目，贷记“原材料”、“应交税费——应交增值税（进项税额转出）”科目（若属于正常损耗范围之内，不需要进行增值税进项税额转出）；待原因查明、处理意见领导已作批示时，若属于正常损耗范围之内的，按照短缺的金额，借记“管理费用”科目，贷记“待处理财产损溢——待处理流动资产损溢”科目；若属于非正常短缺范围之内的，按照短缺的金额，借记“营业外支出”科目，贷记“待处理财产损溢——待处理流动资产损溢”科目；若查明属于责任事故造成，按照短缺的金额，借记“其他应收款——×责任人”科目，贷记“待处理财产损溢——待处理流动资产损溢”科目。

**例题 4－17**：某村办工厂月末进行材料盘点时，发现甲材料溢余 15 公斤，价值 300 元。原因未查明，根据材料盘点表编制会计分录如下：

借：原材料——甲材料　300

　　贷：待处理财产损溢——待处理流动资产损溢　300

经查，溢余甲材料属于自然升溢造成，经批准作冲减管理费用处理，根据盘点溢余（短缺）报告单编制会计分录如下：

借：待处理财产损溢——待处理流动资产损溢　300

　　贷：管理费用——存货损耗　300

**例题 4－18**：某村办工厂月末进行材料盘点时，发现乙材料短缺 5 公斤，价值 100 元。原因查明属于自然因素影响，根据材料盘点表编制会计分录如下：

借：待处理财产损溢——待处理流动资产损溢　100

　　贷：原材料——甲材料　100

经查，短缺乙材料金额经批准作管理费用开支处理，根据盘点溢余（短缺）报告单编制会计分录如下：

借：管理费用——存货溢缺　300

　　贷：待处理财产损溢——待处理流动资产损溢　300

**例题 4－19**：某村办工厂月末进行材料盘点时，发现乙材料短缺20公斤，价值200元。原因查明属于责任事故造成，根据材料盘点表编制会计分录如下：

借：待处理财产损溢——待处理流动资产损溢　　234

　　贷：原材料——甲材料　　200

　　　　应交税费——应交增值税（进项税额转出）　　34

经查，短缺乙材料金额经批准由责任者张军赔偿，赔偿款尚未收到。根据盘点溢余（短缺）报告单编制会计分录如下：

借：其他应收款——张军　　234

　　贷：待处理财产损溢——待处理流动资产损溢　　234

若企业材料核算采用计划成本法，则盘盈和盘亏的材料数额应按照计划成本借记或贷记“待处理财产损溢”及“原材料”科目，同时结转材料成本差异数额。

## 第四节　周转材料收发的核算

### 一、周转材料的核算范围

周转材料是指农村中小企业的包装物、低值易耗品，以及建造承包商的钢模板、木模板、脚手架等。其中，包装物是指为了包装本企业产品而储备的各种包装容器，如桶、箱、袋等。具体有：(1) 生产过程中用于包装产品作为产品组成部分的包装物品；(2) 随同产品出售而不单独计价的包装物品；(3) 随同产品出售而单独计价的包装物品；(4) 出租出借给购货单位使用的包装物品。需要说明的是，下列各项不属于包装物核算的范围：(1) 使用一次就消耗掉的包装材料，如包装纸、包装绳、铁丝、铁皮等，应在“原材料——辅助材料”科目核算；(2) 用于储存和保管产品、材料而不对外出售的包装用品，若其价值较高并且使用期限在1年以上，应该列作“固定资产”科目。

低值易耗品的低值与易耗是相对于固定资产而言的，其确认可以依据是否符合固定资产标准来判断，不符合固定资产条件标准的劳动资料可以确认为低值易耗品。低值易耗主要有以下几类物品：(1) 一般工具，指生产中常用的工具，如刀具、量具、夹具、装配工具等。(2) 专用工具，只用于制造某一特定产品或者某一特定工序上面使用的工具、专用模具等。(3) 替换设备，指容易磨损或为了制造不同产品需要替换使用的各种设备。(4) 管理用具，指在管理过程中使用的各种家具。(5) 劳动保护用品，指为了安全生产而发给职工用做劳动保护的工作服、工作鞋及其他防护用品。

## 二、周转材料的核算

为了监督检查周转材料的收入、领用、摊销及其结存情况，企业应设置“周转材料”科目进行核算。“周转材料”科目属于资产类科目。该科目的借方登记企业购进、自制、委托外单位加工收回、接受投资转入，以及盘盈的周转材料的实际成本或者计划成本；贷方登记企业领用、摊销、盘亏的周转材料的实际成本或计划成本；期末余额在借方，表示企业在库的周转材料的实际成本或计划成本，以及在用的周转材料的摊余价值。企业应设置“在库”、“在用”和“摊销”三个明细科目并进行明细核算。

企业购进、自制、委托外单位加工收回并已经入库的周转材料，按其实际成本或者计划成本数额，借记“周转材料——在库”、“应交税费——应交增值税（进项税额）”科目，贷记“银行存款”、“生产成本”、“委托加工物资”科目。采用一次摊销法的，于领用时应按其账面价值，借记“管理费用”、“生产成本”、“销售费用”科目，贷记“周转材料——在库”科目。周转材料报废时，应按照报废的周转材料残料价值，借记“原材料”科目，贷记“管理费用”、“生产成本”、“销售费用”科目。而采用其他摊销法的，于领用时应按其账面价值，借记“周转材料——在用”科目，贷记“周转材料——在库”科目；同时，借记“管理费用”、“生产成本”、“销售费用”科目，贷记“周转材料——在用”科目。摊销时，按照摊销额，借记“周转材料——摊销”科目，贷记

“周转材料——在用”科目。周转材料报废时，应补提摊销额，借记“管理费用”、“生产成本”、“销售费用”科目，贷记“周转材料——摊销”科目。同时，按照报废的周转材料残料价值，借记“原材料”科目，贷记“管理费用”、“生产成本”、“销售费用”科目。转销全部已提摊销额时，借记“周转材料——摊销”科目，贷记“周转材料——在用”科目。

周转材料采用计划成本法核算的，发出周转材料时，应该同时接转材料成本差异。

**例题 4-20**：某村办工厂生产车间领用生产工具一批，实际成本 4 000 元。该企业采用一次摊销法核算周转材料。根据领用单编制会计分录如下：

借：生产成本——基本生产成本（×产品）　　4 000

　　贷：周转材料——在库　　4 000

若报废时该批生产工具残料价值 200 元，根据入库单编制会计分录如下：

借：原材料——修理用备件　　200

　　贷：生产成本——基本生产成本（×产品）　　200

**例题 4-21**：某村办工厂管理部门领用工具一批，实际成本 2 000 元，使用期限是 10 个月。该企业采用分期摊销法核算周转材料。根据领用单编制会计分录如下：

借：周转材料——在用　　2 000

　　贷：周转材料——在库　　2 000

借：管理费用——周转材料摊销　　200

　　贷：周转材料——摊销　　200

以后按月摊销时，根据摊销计算表编制会计分录如下：

借：管理费用——周转材料摊销　　200

　　贷：周转材料——摊销　　200

若报废时该批生产工具残料价值 200 元，根据入库单编制会计分录如下：

借：原材料——修理用备件　　200

　　贷：管理费用——周转材料摊销　200
借：周转材料——摊销　2 000
　　贷：周转材料——在库　2 000

## 第五节　生产费用归集的核算

### 一、生产费用的核算内容及其核算科目

农村中小企业的生产费用主要是指直接形成产品生产成本的费用开支，主要是直接材料、直接人工和制造费用。其中，直接材料是指用于产品生产并构成产品实体的原材料及主要材料、外购半成品、包装物以及有助于产品形成的辅助材料等。直接人工是指直接从事产品生产的职工薪酬，包括工资以及按照生产工人工资总额和规定比率计算提取的职工福利费。制造费用是指企业各个生产单位（生产车间）为了组织和管理生产所发生的各种间接费用，如车间管理部门人员薪酬、折旧费、修理费、办公费及水电费等。它一般不能直接计入某个产品的生产成本，而需要采取一定的方法分配计入有关产品的成本。

农村中小企业可以结合自身生产特点和成本管理要求，对成本核算项目进行适度的调整。如燃料和动力费用在产品成本中所占比例较大或者需要单独核算，则企业可以设置“燃料和动力”成本项目；若企业在生产过程中废品的发生率较高，其废品损失需要单独核算，则企业可以设置“废品损失”成本项目；同样，领用自制半成品较多的企业可以开设“自制半成品”成本项目，等等。

按照《企业会计准则——应用指南》和《小企业会计准则》的规定，农村中小企业应设置“生产成本”和“制造费用”会计科目进行企业产品成本核算。

“生产成本”科目属于成本类科目，用来核算企业生产成本的归集及其分配业务。该科目的借方登记企业为了进行基本生产和辅

助生产而发生的各项费用；贷方登记完工入库产品的生产成本及其辅助生产费用；期末余额在借方，表示期末在产品的成本及其尚未分配的辅助生产费用。企业应在“生产成本”科目下面设置“基本生产成本”和“辅助生产成本”两个明细科目进行明细分类核算。其中，“基本生产成本”明细科目用来核算企业进行产品生产而发生的各项生产费用及计算产品成本而设置的明细科目。借方登记企业为进行产品生产而发生的各项费用；贷方登记完工入库产品的成本；期末余额在借方，表示期末在产品的生产产品。企业可以在“基本生产成本”子目下面按照产品品种、产品批次、生产步骤等产品成本计算对象开设细目，进行明细核算。而“辅助生产成本”明细科目用来核算企业辅助生产而发生的各项生产费用及计算劳务成本而设置的明细科目。借方登记企业辅助生产而发生的各项费用；贷方登记完工入库辅助生产成本和分配转出的劳务费用；期末余额在借方，表示期末辅助生产在产品成本。企业可以在“辅助生产成本”子目下面按照辅助生产车间、辅助生产产品或者提供劳务的产品名称开设细目，进行明细核算。

在实际工作中，企业还可将“基本生产成本”和“辅助生产成本”两个明细科目提升到一级会计科目来使用，以简化会计核算工作量。

“制造费用”科目属于成本类科目，用来核算农村中小企业基本生产车间范围内为了产品生产而发生的各项间接费用。该科目的借方登记企业为了生产产品而发生的各项间接费用，如基本生产车间管理人员的工资及其福利费、劳动保护费；车间管理部门的办公费；生产车间的设备维修费和生产车间的折旧、应负担的水电费、季节性和修理性原因的停工损失等；贷方登记期末分配转入“生产成本——基本生产成本”科目的间接费用数额。该科目期末一般无余额。若有余额在借方，表示企业尚未分配转出的间接费用数额。企业应按照间接费用的具体项目或者生产车间的名称设置明细科目，并进行明细核算。

## 二、要素费用的核算

农村中小企业需要归集和分配的要素费用主要有材料、外购动力、工资及其福利、折旧等项目。各项要素费用的归集和分配都应根据要素费用原始业务资料编制相应的费用分配表，并据以编制记账凭证，登载“生产成本”和“制造费用”明细账。

（一）材料费用的归集和分配

材料费用主要包括原料及主要材料、辅助材料、燃料、外购半成品、修理用备件等。若材料费用可以直接计入产品的生产成本，则应该根据材料发出凭证汇总表，按照发出材料的实际成本，借记“生产成本”、“制造费用”、“管理费用”、“销售费用”等科目，贷记“原材料”科目。若企业采用计划成本法核算，则按照计划成本借记“生产成本”、“制造费用”、“管理费用”、“销售费用”等科目，贷记“原材料”科目；同时还需要结转发出材料应负担的成本差异数额。借记“生产成本”、“制造费用”、“管理费用”、“销售费用”等科目，贷记“材料成本差异”科目。

**例题 4－22**：某村办工厂本月各部门领用材料汇总如表 4－14 所示。

**表 4－14**　　**发料凭证汇总表**　　编号：×××

2012 年 5 月 31 日　　单位：元

| 应借账户／应贷账户 | 基本生产成本（甲产品） | 制造费用（基本生产车间） | 管理费用 | 销售费用 | 其他业务成本 | 合　计 |
|---|---|---|---|---|---|---|
| 原料及主要材料 | 53 000 | | | | | 53 000 |
| 辅助材料 | 2 700 | 1 060 | 540 | 208 | | 4 508 |
| 外购半成品 | | | | | | |
| 修理用备件 | 3 100 | | | | | 3 100 |
| 燃料 | | | | | | |
| 成本合计 | 58 800 | 1 060 | 540 | 208 | | 60 608 |

会计主管：田树林　　记账：刘莉莉　　审核：未冉冉　　制单：王瑶妹

根据发料凭证汇总表中的发出材料实际成本数额，编制会计分录如下：

借：生产成本——基本生产成本（甲产品） 58 800
　　制造费用——机物料消耗 1 060
　　管理费用——修理费 540
　　销售费用——修理费 208
　　贷：原材料 60 608

若生产产品领用的材料为多种产品所共同耗用，材料费用需要按照一定的标准和方法分配计入各个产品成本之中。在能取得较准确的材料消耗定额的情况下，企业可以选择采用材料定额耗用量比例法或者材料定额费用比例法进行材料费用分配。其中，材料定额耗用量是指一定产品产量与其单位产品材料消耗定额的乘积。采用定额消耗量比例分配共同消耗材料费用的基本思路是：（1）计算各产品的材料定额耗用量；（2）计算材料耗用量分配率；（3）计算各个产品应分配的材料实际耗用量；（4）计算各产品应负担的材料费用。其计算公式如下：

$$\text{某种产品材料定额耗用量}=\text{该种产品的实际产量}\times\text{单位产品材料消耗定额}$$

$$\text{产品材料耗用量分配率}=\frac{\text{产品材料实际耗用总量}}{\text{产品材料定额耗用总量}}$$

某种产品应分配材料实际耗用量 = 该种产品的材料定额耗用量 × 产品材料耗用量分配率

某种产品应分配材料费用 = 该种产品应分配材料实际耗用量 × 材料单价

**例题 4 - 23：** 某村办工厂生产甲、乙两种产品需要 A 材料 2 875 公斤，每公斤单位成本 30 元。本月生产甲产品 400 件、乙产品 500 件。其中，甲产品单位材料消耗定额是 2.5 公斤，乙产品单位材料消耗定额是 3 公斤。其材料费用分配计算如下：

（1）甲产品材料定额耗用量 = 400 × 2.50 = 1 000（公斤）

乙产品材料定额耗用量 = 500 × 3.00 = 1 500（公斤）

（2）材料耗用量分配率 $=\dfrac{2\ 875}{1\ 000+1\ 500}=1.15$

（3）甲产品应分配的材料实际耗用量 $=1\ 000\times1.15=1\ 150$（公斤）

乙产品应分配的材料实际耗用量 $=1\ 500\times1.15=1\ 725$（公斤）

（4）甲产品应分配的材料费用 $=1\ 150\times30=34\ 500$（公斤）

乙产品应分配的材料费用 $=1\ 725\times30=51\ 750$（公斤）

材料定额费用比率是材料实际费用总额与各种产品材料定额费用之和之比。材料定额费用比例法适用于多种产品共同耗用多种材料的情况。其计算公式如下：

$$\text{某种产品材料定额费用}=\text{该种产品产量}\times\text{单位产品材料消耗定额}\times\text{材料单价}$$

$$\text{材料费用分配率}=\frac{\text{材料实际费用总额}}{\text{各种产品材料定额费用总额}}$$

$$\text{某种产品应分配的材料费用}=\text{该种产品材料定额费用}\times\text{材料费用分配率}$$

**例题 4-24**：某村办工厂生产甲、乙两种产品需要 B、C 两种材料共计 306 300 元。本月生产甲产品 400 件、乙产品 600 件。其中，甲产品单位材料消耗定额是 B 材料 2.5 公斤，C 材料 3 公斤；乙产品单位材料消耗定额是 B 材料 2.75 公斤，C 材料 3.25 公斤。B 材料的单位成本是 25 元，C 材料的单位成本是 60 元。其材料费用分配计算如下：

（1）甲产品材料定额费用 $=400\times2.50\times25+400\times3.00\times60=97\ 000$（元）

乙产品材料定额费用 $=600\times2.75\times25+600\times3.25\times60=158\ 250$（元）

（2）材料费用分配率 $=\dfrac{306\ 300}{97\ 000+158\ 250}=1.20$

（3）甲产品应分配的材料费用 $=97\ 000\times1.20=116\ 400$（元）

乙产品应分配的材料费用 $=158\ 250\times1.20=189\ 900$（元）

在实际工作中，企业一般是在期末根据领料、退料凭证编制材料费用分配汇总表来完成材料费用的归集和分配。材料费用分配汇总表的格式如图表4－15所示。

**表4－15　　材料费用分配汇总表**　　共×页

2012年7月27日　　第×页

| 产品或部门 | 产量（件） | 共同耗用原材料的分配（材料单位：公斤） | | | | 直接耗用材料 | 耗用材料总计 |
|---|---|---|---|---|---|---|---|
| | | 单耗定额 | 定额耗用量 | 分配率 | 分配材料费用 | | |
| 甲产品 | 600 | 2.75 | 1 650 | | 53 625 | 24 000 | 77 625 |
| 乙产品 | 500 | 3.20 | 1 600 | | 52 000 | 20 000 | 72 000 |
| 小　计 | 1 100 | | 3 250 | 32.5 | 105 625 | 44 000 | 149 625 |
| 机修车间 | | | | | | 1 825 | 1 825 |
| 供电车间 | | | | | | 1 400 | 1 400 |
| 车间管理部门 | | | | | | 2 025 | 2 025 |
| 销售部门 | | | | | | 1 200 | 1 200 |
| 行政管理部门 | | | | | | 1 925 | 1 925 |
| 合　计 | | | | | | 52 375 | 158 000 |

会计主管：王春森　　记账：韩向南　　审核：刘广表　　制单：贺南志

根据材料费用分配汇总表的发出材料实际成本数额，编制会计分录如下：

借：生产成本——基本生产成本（甲产品）　77 625
　　　　　　——基本生产成本（乙产品）　72 000
　　　　　　——辅助生产成本（机修车间）　1 825
　　　　　　——辅助生产成本（供电车间）　1 400
　　制造费用——机物料消耗　2 025
　　管理费用——修理费　1 925
　　销售费用——修理费　1 200
　　贷：原材料　158 000

（二）外购动力费用的归集和分配

外购的动力费用主要是指农村中小企业从事生产而外购的生产用电。生产用电与照明用电的付费单价并不相同，但如果将其严格分开，核算会加大生产车间产品生产成本核算的复杂性。因而在照明用电费用开支不大的条件下，将动力和照明用电费用放在一起进行核算是大多数农村中小企业的做法。外购动力费用在支付款项时按暂付款处理，借记“应付账款——外购动力”、“应交税费——应交增值税（进项税额）”科目，贷记“银行存款”科目；月末按照外购动力的用途和数量进行动力费用分配时，借记“生产成本——辅助生产成本”、“制造费用”、“管理费用”或者“销售费用”等科目，贷记“应付账款——外购动力”科目。这样做的理由是，外购动力费用一般不是在每月月末支付，而是在每月下旬的某一日支付。如果支付时直接借记“生产成本——辅助生产成本”、“制造费用”、“管理费用”或者“销售费用”等科目会引发如下的问题：该日计入的动力费用并不完全是当月的动力费用，而是上月付款日的次日至本月付款日这一期间的动力费用开支，而正确计算当月动力费用，必须计算扣除上月付款日次日至上月末已经支付的动力费用，还要分配补记当月付款日次日至月末的应付未付动力费用，其核算的工作量非常大。若通过“应付账款——外购动力”科目进行核算，可免除这些繁琐的工作，每月月末只需分配一次动力费用即可。此时，“应付账款——外购动力”科目的月末余额若是借方，则表明实际支付数大于应分配数，即多付了动力费用；若月末余额是贷方，则表明实际支付数小于应分配数，即应付未付动力费用。

如果每月支付动力费用的日期基本固定，而且每月付款日次日到月末的应付动力费用相差不多，可以不通过“应付账款——外购动力”科目，而将每月支付的动力费用作为应付动力费用处理，即在付款时直接借记“生产成本——辅助生产成本”、“制造费用”、“管理费用”或者“销售费用”等科目，贷记“银行存款”科目。这样做的理由是，每月付款日次日到月末的应付动力费用可以相互抵消，不会影响各月动力费用核算的正确性。

实际分配动力费用时，应按照各个生产车间的仪表所示耗电数量以及动力费用分配率进行计算。计算公式如下：

$$\text{动力费用分配率}=\frac{\text{应分配动力费用总额}}{\text{各个生产车间、部门动力和照明用电度数之和}}$$

某车间或部门应分配动力费用 = 该车间、部门动力及照明用电度数 × 动力费用分配率

**例题 4－25**：某村办机械加工厂某月初接到银行转来托收无承付电费支付结算凭证，需要支付外购动力费用总额 11 998 元，增值税 2 039.66 元。月末，会计人员根据车间及其相关部门用电量统计资料，编制动力费用分配表资料如表 4－16 所示。

**表 4－16　　外购动力费用分配表**

某村办机械加工厂　　2012 年 7 月 25 日

| 应借科目 | | 成本项目 | 动力费用分配 | | 费用分配 | |
|---|---|---|---|---|---|---|
| | | | 工时 | 分配金额（分配率 1.3） | 度数 | 分配金额（分配率 0.2） |
| 基本生产成本 | 甲产品 | 外购动力 | 4 130 | 5 369 | | |
| | 乙产品 | 外购动力 | 1 370 | 1 781 | | |
| | 小　计 | | 5 500 | 7 150 | | |
| 辅助生产成本 | 机修车间 | 外购动力 | 1 100 | 1 430 | | |
| 制造费用 | | 照明费 | | | 12 750 | 2 550 |
| 管理费用 | | 照明费 | | | 4 340 | 868 |
| 合　　计 | | | 6 600 | 8 580 | 17 090 | 3 418 |

会计主管：张培功　　记账：白勇路　　复核：王三喜　　制单：林磊

（1）月初，会计人员根据托收无承付电费支付结算凭证，编制会计分录如下：

借：应付账款——外购动力　　11 998.00
　　应交税费——应交增值税（进项税额）　2 039.66
　　贷：银行存款　　14 037.66

（2）月末，会计人员根据外购动力分配表的数据，编制会计分录如下：

借：生产成本——基本生产成本（甲产品）　　5 369

——基本生产成本（乙产品） 1 781
——辅助生产成本（机修车间） 1 430
制造费用——照明费 2 550
管理费用——照明费 868
贷：应付账款——外购动力 11 998

（三）工资及福利费的归集和分配

农村中小企业发生的工资及其提取的福利费用，应该按其用途进行归集和分配。直接从事产品生产的职工的工资及其福利费，应计入产品生产成本；辅助生产车间生产人员与管理人员的工资及其福利费，应计入辅助生产成本；基本生产车间管理人员的工资及其福利费，应计入制造费用；厂级管理部门人员的工资及其福利费，应计入管理费用；销售部门人员的工资及其福利费，应计入销售费用；福利部门人员的工资应计入应付职工薪酬，而其福利费则计入管理费用。

对于从事产品生产的工人工资费用及其福利费开支，若只为一种产品的生产发生，则直接计入该产品的生产成本；若为多种产品发生，则工资及其福利费须在多种产品成本之间按照一定的标准进行分配。在实际工作中，多采用以产品的生产工时作为分配的标准，其计算公式如下：

$$生产工人工资费用分配率=\frac{生产工人工资费用总额}{各种产品生产工时之和}$$

某种产品应分配的工资费用=该种产品的生产工时×生产工人工资费用分配率

工资福利费是按照职工工资总额的14%提取并用于职工福利的专项资金来源。主要用以下方面的开支：职工及其家属医药费；职工生活困难补助；职工因公负伤赴外埠就医的路费；企业福利部门人员的工资；医务室购买药品的经费；职工食堂购买炊事用具及其修理费的开支。

在实际工作中，工资及福利费的分配是根据工资结算汇总表编制的工资及福利费分配表进行的。工资及福利费分配表的格式如表

4－17 所示。

表 4－17 **工资及福利费分配表**

2012 年 7 月 30 日

| 产品或部门 | 生产工时 | 应分配工资费用 | | 应提取福利费（14%） | 应借科目 | |
|---|---|---|---|---|---|---|
| | | 分配率 | 分配额 | | 工资费用 | 福利费 |
| 甲产品 | 9 000 | | 58 500 | 8 190 | 基本生产成本 | 基本生产成本 |
| 乙产品 | 10 500 | | 68 250 | 9 555 | 基本生产成本 | 基本生产成本 |
| 小计 | 19 500 | 6.5 | 126 750 | 17 745 | | |
| 机修车间 | | | 3 250 | 455 | 辅助生产成本 | 辅助生产成本 |
| 供电车间 | | | 3 400 | 476 | 辅助生产成本 | 辅助生产成本 |
| 车间管理人员 | | | 2 000 | 280 | 制造费用 | 制造费用 |
| 厂级管理人员 | | | 24 000 | 3 360 | 管理费用 | 管理费用 |
| 福利部门人员 | | | 2 200 | 308 | 应付职工薪酬 | 管理费用 |
| 合计 | | | 161 600 | 22 624 | | |

**例题 4－26**：某村办工厂月末根据工资及福利费分配表的相关数据（见表 4－17）编制会计分录如下：

借：生产成本——基本生产成本（甲产品） 58 500
——基本生产成本（乙产品） 68 250
——辅助生产成本（机修车间） 3 250
——辅助生产成本（供电车间） 3 400
制造费用——职工薪酬 2 000
管理费用——职工薪酬 24 000
应付职工薪酬——职工福利 2 200
贷：应付职工薪酬 161 600

借：生产成本——基本生产成本（甲产品） 8 190
——基本生产成本（乙产品） 9 555
——辅助生产成本（机修车间） 455
——辅助生产成本（供电车间） 476
制造费用——职工薪酬 280

管理费用——职工薪酬　3 668

贷：应付职工薪酬　22 624

（四）折旧费用的归集和分配

折旧费用应按照固定资产的使用车间、部门及用途进行归集和分配。对于基本生产车间固定资产提取的折旧，应该计入制造费用；对于辅助生产车间固定资产提取的折旧，应该计入辅助生产成本；对于行政管理部门固定资产提取的折旧，应该计入管理费用；对于销售部门固定资产提取的折旧，应该计入销售费用。在实际工作中，折旧费用的归集与分配是通过编制固定资产折旧计算分配表进行的。固定资产折旧计算分配表的格式如表 4－18 所示。

**表 4－18　　固定资产折旧计算分配表**

2012 年 7 月 30 日

| 使用的车间及部门 | 上月固定资产计提折旧 | 上月增加固定资产折旧 | 上月减少固定资产折旧 | 本月应提固定资产折旧 |
|---|---|---|---|---|
| 基本生产车间 | 5 150 | 1 300 | | 6 450 |
| 辅助生产车间 | | | | |
| 机修车间 | 1 400 | 400 | 100 | 1 700 |
| 供电车间 | 1 500 | | | 1 500 |
| 厂行政管理部门 | 1 200 | 300 | 150 | 1 350 |
| 销售部门 | 1 000 | | | 1 000 |
| 合　　计 | 10 250 | 2 000 | 250 | 12 000 |

**例题 4－27**：某村办工厂月末根据固定资产折旧计算分配表的相关数据（见表 4－18）编制会计分录如下：

借：生产成本——辅助生产成本（机修车间）　1 700

　　　　　　——辅助生产成本（供电车间）　1 500

　　制造费用——折旧费　6 450

　　管理费用——折旧费　1 350

　　销售费用——折旧费　1 000

　　贷：累计折旧　12 000

## 三、综合费用的核算

### （一）预付费用的归集和分配

预付费用是指农村中小企业已经支付，但应由企业本期和以后各期负担的，期限在1年以内（包括1年）的各项费用，如企业预付的财产保险费等。企业发生的摊销期限在1年以上的各项费用，应作为长期待摊费用处理。企业预付费用款项时，借记"预付账款"科目，贷记"银行存款"科目；本期或者以后各期分摊费用开支时，借记"生产成本——辅助生产成本"、"制造费用"、"管理费用"、"销售费用"科目，贷记"预付账款"科目。

**例题4-28：**某村办工厂7月初以转账支票结算方式支付下半年财产保险费31 200元，分6个月分摊完毕。每个月应摊销金额5 200元。企业编制财产保险费分配表如表4-19所示。会计人员编制会计分录如下：

借：生产成本——辅助生产成本（机修车间）　1 100
　　　　　　——辅助生产成本（供电车间）　950
　　制造费用——财产保险费　2 600
　　管理费用——财产保险费　200
　　销售费用——财产保险费　350
　　贷：预付账款——财产保险费　5 200

**表4-19　财产保险费分配表**

2012年7月28日

| 车间或部门 | 费用项目 | 金额 | 应借科目 |
|---|---|---|---|
| 基本生产车间 | 财产保险费 | 2 600 | 制造费用——财产保险费 |
| 辅助生产车间—机修 | 财产保险费 | 1 100 | 生产成本——辅助生产成本（机修车间） |
| 辅助生产车间—供电 | 财产保险费 | 950 | 生产成本——辅助生产成本（供电车间） |
| 厂级管理部门 | 财产保险费 | 200 | 管理费用——财产保险费 |
| 销售部门 | 财产保险费 | 350 | 销售费用——财产保险费 |
| 合计 | | 5 200 | |

（二）废品损失费用的归集和分配

村办工厂生产中的废品，是指不符合规定的技术标准，不能按照原定用途使用，或者需要加工修理才能使用的在产品、半成品和产成品。不论是在生产过程中发现的废品，还是在入库后发现的废品，都应包括在内。废品分为可修复废品和不可修复废品两种。其中，可修复废品是指经过修理可以使用，而且所花费的修复费用在经济上是合算的废品；不可修复废品是指不能修复，或者所花费的修复费用在经济上并不合算的废品。

废品损失是指在生产过程中或入库后发现的不可修复废品的生产成本以及可修复废品的修复费用，在扣除回收的废品残料价值和应收的责任赔款后的损失。

经过质检员鉴定不需要返修、可以降价出售的不合格品的成本与合格品的成本是相同的，其降价损失体现在销售损益中，不应作为废品损失处理；产成品入库后由于管理问题带来的产品损坏变质，在规定的损耗率之内的损失，应该作为村办工厂的管理费用处理，不作为废品损失处理；村办工厂产品出售后发现的废品，其修理、换货、退回所连带产生的费用开支属于管理费用列支。

质检人员发现废品时，应该填制“废品通知单”，列明废品的种类、数量、产生废品的原因及过失人。会计人员据此填制“废品损失计算表”并作为废品核算的依据。

由于废品从发现到处理完毕需要有一个过程，因而需要设置一个临时性的会计科目“废品损失”来归集和分配废品损失。不可修复废品的生产成本和可修复废品的修复费用，都应在本科目的借方进行归集，而废品残料和回收以及应收责任赔款在本科目的贷方反映。结转废品损失前，借方发生额大于贷方发生额的差额是本月废品损失数额，应从本科目贷方分配转入本月不同产品的生产成本中去；结转废品损失后，本科目月末应无余额。

**例题 4 - 29**：某村办机械加工厂某月的废品损失计算表如表 4 - 20 所示。

根据废品损失计算表中的废品成本相关数据，编制会计分录如下：

表 4-20 废品损失计算表

产品：甲产品 2012 年 7 月

| 项　　目 | 数量（件） | 原材料 | 生产工时 | 工资及福利费 | 固定资产折旧 | 成本合计 |
|---|---|---|---|---|---|---|
| 生产成本（合格品和废品） | 200 | 250 000 | 3 250 | 10 075 | 49 400 | 309 475 |
| 费用分配率 | | 1 250 | | 3.1 | 15.2 | |
| 废品生产成本 | 20 | 25 000 | 240 | 744 | 3 648 | 29 392 |
| 减：残料价值 | | 300 | | | | 300 |
| 应收责任赔偿款 | | | | | | 600 |
| 废品损失 | | | | | | 28 492 |
| 单位负责人批示 | ××× | | | | | |

会计主管：张培玲　　记账：白勇　　复核：殷力宏　　制单：王淑琴

借：废品损失——甲产品　　29 392

　　贷：生产成本——基本生产成本（甲产品）　　29 392

根据废品损失计算表中的废品残料价值相关数据，编制会计分录如下：

借：原材料——×材料　　300

　　贷：废品损失——甲材料　　300

根据废品损失计算表中的应收责任赔款相关数据，编制会计分录如下：

借：其他应收款——应收责任人赔款　　600

　　贷：废品损失——甲材料　　600

根据废品损失计算表中的废品损失相关数据，编制结转废品损失会计分录如下：

借：生产成本——基本生产成本（甲产品）　　28 492

　　贷：废品损失——甲材料　　28 492

（三）辅助生产费用的归集和分配

村办工厂的辅助生产是为了基本生产提供服务而进行的产品生产和劳务供应，如为基本生产过程提供的专用工具、卡具、模具及其修理用备件的生产，为基本生产、行政管理和其他辅助生产车间提供的供电、供水、供气、运输等的劳务服务，都属于辅助生产的内容。

辅助生产费用通过“生产成本——辅助生产成本”科目进行归集，并按照辅助生产车间的产品或者劳务的名称、辅助车间的名称设置明细核算科目（细目）进行明细核算。辅助生产车间发生的材料、人工、折旧、修理等费用开支，在发生时记入该科目的借方；该科目的贷方反映分配完工转出的辅助生产费用。除了提供产品的辅助生产外，大多数情况下，该明细科目期末应无余额。辅助生产明细账的格式如表4－21所示。

**表4－21　　辅助生产成本明细账**　　共×页

辅助车间名称：机修车间　　第×页

| 2012年 | | 凭证号数 | 摘　要 | 费用项目 | | | | | | | 合计 |
|---|---|---|---|---|---|---|---|---|---|---|---|
| 月 | 日 | | | 材料费 | 工资及福利费 | 折旧费 | 办公费 | 水电费 | 修理费 | 其他 | |
| 3 | 10 | （略） | 支付办公费 | | | | 225 | | | | 225 |
| | 23 | | 支付修理费 | | | | | | 400 | | 400 |
| | 31 | | 分配材料费 | 1 825 | | | | | | | 1 825 |
| | 31 | | 分配工资 | | 3 250 | | | | | | 3 250 |
| | 31 | | 分配福利费 | | 455 | | | | | | 455 |
| | 31 | | 计提折旧 | | | 1 750 | | | | | 1 750 |
| | 31 | | 分配水电费 | | | | | 3 640 | | | 3 640 |
| | 31 | | 分配保险费 | | | | | | | 455 | 455 |
| | 31 | | 本月合计 | 1 825 | 3 705 | 1 750 | 225 | 3 640 | 400 | 455 | 12 000 |
| | 31 | | 分配转出 | 1 825 | 3 705 | 1 750 | 225 | 3 640 | 400 | 455 | 0 |

辅助生产费用的分配因辅助生产的类型不同，其分配程序和方法也不相同。提供产品的辅助生产费用，可比照基本生产产品成本的计算方法，计算出辅助生产产品的成本，而后按照各基本产品、车间及部门使用辅助生产产品的数量来确定应分配的辅助生产费用；提供劳务的辅助生产费用要结合企业的实际，按照一定的方法在受益产品和部门之间进行分配。对提供劳务的辅助生产费用的分配主要有直接分配法和交互分配法。

1. 直接分配法。直接分配法是将各辅助生产车间发生的费用直接分配给除辅助生产车间以外的各受益单位。在这种分配方法下，辅助生产车间之间相互提供的劳务可以忽略不计，即辅助生产车间之间不相互分配费用。其计算公式如下：

$$\text{某辅助生产费用分配率}=\frac{\text{待分配的某项辅助生产费用数额}}{\text{该辅助车间提供的劳务总量}-\text{提供给其他辅助生产车间的劳务量}}$$

某受益部门应分配的辅助生产费用＝该受益部门耗用的劳务数量×该辅助生产费用分配率

**例题4－30**：某村办工厂有修理和运输两个辅助生产部门。该企业2012年7月份在分配辅助生产费用之前，修理车间发生的费用开支4 773元，由于修理所用材料不多，其修理费用需要按照工时进行分配；而该车间7月份提供的修理劳务工时统计为2 010小时，其中为运输部门提供的修理工时48小时，为第一基本生产车间提供的修理工时850工时，为第二基本生产车间提供修理工时812工时，为厂部提供的修理工时300工时。运输部门发生的费用为7 324元，运输部门统计的劳务数量为7 400吨公里，其中为修理车间提供运输200吨公里，为第一生产车间提供运输4 250吨公里，为第二生产车间提供运输1 850吨公里，为厂部提供运输1 100吨公里。该企业辅助生产费用不通过“制造费用”科目核算。采用直接分配法分配辅助生产费用如表4－22所示。

会计人员根据辅助生产费用分配表编制会计分录如下：

借：制造费用——第一基本生产车间（修理费）

2 067.81

——第二基本生产车间（修理费）

1 975.37

——第一基本生产车间（运输费）

4 323.19

——第二基本生产车间（运输费）

1 881.86

管理费用——修理费 729.82

——运输费 1 118.95

**表 4－22　　辅助生产费用分配表（直接分配法）**

2012 年 7 月 29 日　　单位：元

| 辅助生产车间名称 | | | 修理车间 | 运输部门 | 合计 | 应借会计科目 |
| --- | --- | --- | --- | --- | --- | --- |
| 待分配辅助生产费用 | | | 4 773.00 | 7 324.00 | 12 097.00 | |
| 辅助车间提供劳务总量 | | | 2 010 | 7 400 | | |
| 向其他辅助车间提供劳务量 | | | 48 | 200 | | |
| 向辅助生产车间以外部门提供的劳务量 | | | 1 962 | 7 200 | | |
| 费用分配率（单位成本） | | | 2.4327217 | 1.0172222 | | |
| 基本生产车间耗用 | 第一基本生产车间 | 耗用数量 | 850 | 4 250 | | 制造费用—修理费 |
| | | 分配金额 | 2 067.81 | 4 323.19 | 6 391.00 | 制造费用—运输费 |
| | 第二基本生产车间 | 耗用数量 | 812 | 1 850 | | 制造费用—修理费 |
| | | 分配金额 | 1 975.37 | 1 881.86 | 3 857.23 | 制造费用—运输费 |
| | 分配金额小计 | | 4 043.18 | 6 205.05 | 10 248.23 | |
| 厂部耗用 | 耗用数量 | | 300 | 1 100 | | 管理费用—修理费 |
| | 分配金额 | | 729.82 | 1 118.95 | 1 848.77 | 管理费用—运输费 |
| 分配金额合计 | | | 4 773.00 | 7 324.00 | 12 097.00 | |

贷：生产成本——辅助生产成本（修理车间）

4 773.00

——辅助生产成本（运输部门）

7 324.00

直接分配法下，各辅助生产费用只对外进行分配，且分配一次，计算工作非常简便，但分配结果不太贴近实际，宜在辅助生产部门相互之间提供劳务或者产品不多，不进行费用的交互分配对辅助生产成本和企业产品成本影响不大的农村中小制造厂商采用。

2. 交互分配法。交互分配法是指企业先根据各辅助生产车间、部门相互提供的劳务或者产品的数量和交互分配前的费用分配率进行一次交互分配，而后将各辅助生产车间、部门交互分配后的实际费用，即交互分配前的费用加上交互分配转入的费用，减去交互分配转出的费用，再按照提供劳务或者产品的数量，在辅助生产车间、部门以外的各收益单位之间进行分配。其分配程序及其计算公式如下：

（1）在辅助生产车间之间进行一次交互分配。

$$\text{某辅助生产费用分配率}=\frac{\text{待分配某项辅助生产费用数额}}{\text{该辅助车间提供的劳务总量}}$$

交互分配后某项辅助生产费用数额 = 待分配某项辅助生产费用 + 受益其他辅助车间提供的劳务量 × 该辅助车间费用分配率 − 向其他辅助车间提供的劳务量 × 本辅助车间费用分配率

（2）将交互分配后的辅助费用向辅助车间以外的单位进行分配。

$$\text{某辅助生产费用分配率}=\frac{\text{交互分配后的某项辅助生产费用数额}}{\text{该辅助车间提供的劳务总量}-\text{提供给其他辅助生产车间的劳务量}}$$

某受益部门应分配的辅助生产费用 = 该受益部门耗用的劳务数量 × 该辅助生产费用分配率

**例题 4 −31：** 仍用例题 4 −30 例题资料。若采用交互分配法进行该村办工厂辅助车间费用的分配。其交互分配的数据资料如表 4 −23 所示。

**表 4 −23　　辅助生产费用分配表（交互分配法）**

2012 年 7 月 29 日　　单位：元

| 辅助生产费用分配程序 | | | 相互交互分配 | | | 对外直接分配 | | |
|---|---|---|---|---|---|---|---|---|
| 辅助生产车间名称 | | | 修理车间 | 运输部门 | 合　计 | 修理车间 | 运输部门 | 合　计 |
| 待分配辅助生产费用 | | | 4 773.00 | 7 324.00 | 12 097.00 | 4 856.96 | 7 240.04 | 12 097 |
| 辅助车间提供劳务总量 | | | 2 010 | 7 400 | | 1 962 | 7 200 | |
| 费用分配率（单位成本） | | | 2.3746 | 0.9897 | | 2.4755 | 1.0056 | |
| 辅助生产车间耗用 | 修理车间 | 耗用数量 | | 200 | | | | |
| | | 分配金额 | | 197.94 | 197.94 | | | |
| | 运输部门 | 耗用数量 | 48 | | | | | |
| | | 分配金额 | 113.98 | | 113.98 | | | |
| | 分配金额小计 | | 113.98 | 197.94 | 311.92 | | | |
| 基本生产车间耗用 | 第一基本生产车间 | 耗用数量 | | | | 850 | 4 250 | |
| | | 分配金额 | | | | 2 104.18 | 4 273.63 | 6 377.81 |
| | 第二基本生产车间 | 耗用数量 | | | | 812 | 1 850 | |
| | | 分配金额 | | | | 2 010.11 | 1 860.29 | 3 870.40 |
| | 分配金额小计 | | | | | 4 114.29 | 6 133.92 | 10 248.21 |
| 厂部耗用 | 耗用数量 | | | | | 300 | 1 100 | |
| | 分配金额 | | | | | 742.67 | 1 106.12 | 1 848.79 |
| 分配金额合计 | | | | | | 4 856.96 | 7 240.04 | 12 097 |

会计人员根据辅助生产费用分配表编制会计分录如下：

借：生产成本——辅助生产成本（修理车间）197.94
　　　　　　——辅助生产成本（运输部门）113.98
　　贷：生产成本——辅助生产成本（运输部门）197.94
　　　　　　　　——辅助生产成本（修理车间）113.98

借：制造费用——第一基本生产车间（修理费）
　　　　　　　　　　　　　　　　　　2 104.18
　　　　　　——第二基本生产车间（修理费）
　　　　　　　　　　　　　　　　　　2 010.11
　　　　　　——第一基本生产车间（运输费）
　　　　　　　　　　　　　　　　　　4 273.63
　　　　　　——第二基本生产车间（运输费）
　　　　　　　　　　　　　　　　　　1 860.29
　　管理费用——修理费　　　　　　　742.67
　　　　　　——运输费　　　　　　　1 106.12
　　贷：生产成本——辅助生产成本（修理车间）
　　　　　　　　　　　　　　　　　　　　4 856.96
　　　　　　　　——辅助生产成本（运输部门）
　　　　　　　　　　　　　　　　　　　　7 240.04

交互分配法下，由于辅助生产内部相互提供劳务全部进行了交互分配，因而提高了分配结果的正确性。但是，由于需要进行两次辅助费用的分配，因而其计算工作量较直接分配法有所增加。由于交互分配的费用分配率是根据交互分配前的待分配费用进行计算的，并非各辅助生产费用的实际单位成本，因而其分配结果仍与实际情况保持着距离。在企业各月辅助生产费用水平相差不大的情况下，为了简化计算工作，企业可采用上月辅助生产费用分配率作为本月的辅助生产费用分配率进行辅助费用的分配。

（四）制造费用的归集和分配

制造费用是农村中小企业为生产产品或者提供劳务而发生的各项间接费用，包括车间管理人员的工资及福利费、折旧费、修理费、办公费、水电费、机物料消耗、劳动保护费、季节性和修理期间的停工损失等。制造费用作为企业生产成本的构成项目直接影响着产品成本的计算。

制造费用的归集和分配是通过制造费用明细账进行的。在采用三栏式明细账页的条件下，借方登记基本生产车间或者辅助生产车间发生的车间管理人员的工资及福利费、折旧费、修理费、办公费、水电费、机物料消耗、劳动保护费、季节性和修理期间的停工损失的金额；贷方登记分配转出的金额；期末结转后一般无余额，若有余额则表示期末在产品应保留的制造费用数额。在实际核算中，农村中小企业也可采用多栏式账页进行制造费用的归集和分配。企业应按照制造费用发生的车间或者具体开支项目进行明细科目设置并进行明细核算。实际使用的制造费用明细账的格式如表4－24所示。

**表4－24　制造费用明细账**　共×页

车间名称：第一基本生产车间　第×页

| 2012年 | | 凭证号数 | 摘　要 | 费用项目 | | | | | | | 合计 |
|---|---|---|---|---|---|---|---|---|---|---|---|
| 月 | 日 | | | 机物料消耗 | 工资及福利费 | 折旧费 | 办公费 | 水电费 | 修理费 | 其　他 | |
| 3 | 10 | （略） | 支付办公费 | | | | 1 479 | | | | 1 479 |
| | 23 | | 支付修理费 | | | | | | 2 840 | | 2 840 |
| | 31 | | 分配材料费 | 2 025 | | | | | | | 2 025 |
| | 31 | | 分配工资 | | 3 400 | | | | | | 3 400 |
| | 31 | | 分配福利费 | | 476 | | | | | | 476 |
| | 31 | | 计提折旧 | | | 6 450 | | | | | 6 450 |
| | 31 | | 分配水电费 | | | | | 3 250 | | | 3 250 |
| | 31 | | 分配保险费 | | | | | | | 1 250 | 1 250 |
| | 31 | | 分配辅助费用 | | | | | | | 6 830 | 6 830 |
| | 31 | | 本月合计 | 2 025 | 3 876 | 6 450 | 1 479 | 3 250 | 2 840 | 7 080 | 28 000 |
| | 31 | | 分配转出 | 2 025 | 3 876 | 6 450 | 1 479 | 3 250 | 2 840 | 7 080 | 0 |

制造费用分配是指将企业一定时期发生的制造费用总额分配转入产品成本中去。如果企业某一基本生产车间只生产一种产品，那

么所归集的制造费用应全部计入该产品的生产成本中；如果某一基本生产车间生产两种或者两种以上的产品，则所归集的制造费用应按照一定的标准和方法在两种或者两种以上的产品中进行分配。在实际工作中，制造费用的分配标准有生产工时、机器工时、生产工人的工资等，并通过编制制造费用分配表进行制造费用分配。制造费用分配表的格式如表4－25所示。

**表4－25　　制造费用分配表**

2012年7月30日

| 车间或部门名称 | 应借会计科目 | 分配标准（生产工时） | 分配率 | 分配金额 |
|---|---|---|---|---|
| 基本生产车间 | 基本生产成本（甲产品） | 9 000 | | 12 960 |
| 基本生产车间 | 基本生产成本（乙产品） | 10 500 | | 15 040 |
| 合　计 | | 19 500 | 1.44 | 28 000 |

**例题4－32**：某村办工厂会计人员根据制造费用分配表（见表4－25）中的数据资料，编制会计分录如下：

借：生产成本——基本生产成本（甲产品）　12 960
　　　　　　——基本生产成本（乙产品）　15 040
　贷：制造费用　　　　　　　　　　　　　28 000

## 第六节　生产费用分配的核算

生产费用的分配是指企业所形成的当期生产费用总额在完工产品和在产品之间进行分配。企业通常会采用的分配方法有：在产品不计算成本法、在产品按固定成本计价法、在产品按所耗原材料费用计价法、约当产量比例法、在产品按完工产品计算法、在产品按定额成本计价法。

### 一、在产品不计算成本法

村办工厂采用这种分配方法时，虽然有月末在产品，但不计算成本。这种方法适用于各月月末在产品数量很小的产品。从实际计算来看，本月完工产品的费用应是本月发生的生产费用加上月初在产品的费用减去月末在产品的费用。可以看出，如果各月月末在产品的数量很小，那么月初和月末在产品的费用就会很小，月初在产品和月末在产品费用的差额更小，是否计算各月在产品的费用对于完工产品费用的影响会很小。所以，为了简化产品成本的计算工作，实际工作中可以不计算在产品成本。换句话说，这种产品每月发生的生产费用，全部应由当月完工产品成本负担，其每月的生产费用之和就是每月完工产品成本。例如村办煤矿由于工作面小，在产品数量很小，月末在产品就可以不计算成本。

## 二、在产品按固定成本计价法

村办工厂采用这种方法时，各月末在产品的成本固定不变。这种方法适用于各月末在产品的数量较小，或者在产品的数量虽大，但各月之间变化不大的产品。这是因为，若月末在产品的数量不是很小而是较大，仍然不计算在产品成本会使产品成本核算反映的资金占用出现不实的问题。从另一角度看，这些在产品不计价入账，成为账外财产，还会影响到对这些财产实施有效的会计监督问题。对于月末在产品的数量较小的产品来说，由于月初和月末在产品的费用很小，月初与月末在产品费用的差额也会很小，是否计算月末在产品费用的差额对完工产品费用的影响并不大；而对于各月末在产品数量较大的产品来说，月初和月末在产品费用虽然很大，但由于各月末在产品的数量变化并不大，因而月初和月末在产品费用的差额仍然不大，是否计算各月末在产品费用的差额对于完工产品费用的影响仍然不大。为了简化产品成本计算工作，上述两种情况下产品的每月在产品成本都可以固定不变。

采用在产品按固定成本计价法分配成本的产品，其每月发生的生产费用之和就是每月该种完工产品的成本。但在年末，应该根据实际盘点的在产品数量，具体计算在产品成本，并据以计算 12 月份完工产品成本，同时将计算出的年末在产品成本作为下一年度各月固定的在产品成本，以避免相隔时间过长之后在产品成本与实际出入会较大的问题发生，从而影响到产品成本计算的正确性。村办化工和炼铁企业的产品，由于高炉和化学反应装置的容积比较固定，在产品成本就可以采用这种方法进行计算。

### 三、在产品按所耗原材料费用计价法

村办工厂如果采用这种方法，月末在产品只计算其所消耗的原材料费用，不计算工资及福利费等加工费用。换句话说，产品的加工费用全部由完工产品成本负担。这种方法适用于各月末在产品数量较大且变化也较大，但原材料费用在产品成本中所占比例较高的产品。这是因为，各月末在产品数量较大且变化也较大的产品，虽然既不能采用前面第一种方法，也不能采用第二种方法，而需要必须具体计算每月末的在产品成本。但是，由于该种产品的原材料费用比重较大，因而工资及福利费等加工费用会占有较低比重。而在产品成本中的加工费用，以及月初和月末在产品加工费用差额不大的话，其月初与月末在产的加工费用基本上是可以相互抵消的。所以，为了简化计算工作，在产品可以不计算加工费用。这时，该种产品的全部生产费用，减去按所耗原材料费用计算的在产品成本，就是该种完工产品的成本。村办造纸、纺织和酿酒企业的产品，其原材料费用的比重相对来说都较大，可以采用这种分配方法。

假定某种产品的原材料费用比重较大，在产品只计算原材料费用。该种产品月初在产品的原材料费用8 270元，本月发生的原材料费用25 105元，完工产品980件，月末在产品250件。若原材料在生产开始时一次性投入，则不论完工产品还是月末在产品，也不论月末在产品完工程度大小，每件完工产品和在产品所消耗的原材料数量相同。原材料费用按完工产品和月末在产品的数量分配如下：

$$原材料费用分配率=\frac{8\ 720+25\ 105}{980+250}=27.5$$

$$完工产品原材料费用=980\times 27.5=26\ 950（元）$$

月末在产品原材料费用 = 250 × 27.5 = 6 875（元）

若月末在产品分布在多个生产工序上面，而且在每个工序都有一定的消耗，则这时应将每道工序在产品的原材料数量进行还原、折合成未经加工的原材料数量以后，再乘以原材料单价，计算出在产品原材料费用。原材料消耗量的计算公式如下：

$$原材料消耗量 = \frac{月末在产品数量}{1 - 原材料损耗率}$$

用还原后的原材料消耗量乘以原材料单价，即为该道工序在产品的原材料费用；而各道工序在产品的原材料费用之和，即为该产品全部月末在产品的原材料费用，即该产品的全部在产品成本。假定某村办纺纱厂清花工序材料的损耗率为 3%，月末在产品数量 24 250 公斤，则该工序在产品还原为原棉的数量是 25 000 公斤（24 250 ÷ 97%）；若其原棉的单价是 3 元，则该工序在产品的原材料费用是 75 000 元（25 000 × 3）。由于上一生产步骤所生产的半成品就是下一生产步骤的原材料，因而下一步骤的在产品成本可以按其所耗上一生产步骤的半成品费用计算，如织布车间的在产品成本可以按照其所耗半成品纱的费用进行计算。

## 四、约当产量比例法

村办工厂在采用约当产量比例法下，应在每月月末将月末在产品数量按照完工程度折算为相当于完工产品的数量，即约当产量，然后按照完工产品产量（即完工程度为 100% 的约当产量）与月末在产品约当产量的比例分配计算完工产品成本和月末在产品成本。这种方法适用于月末在产品数量较大且各月末在产品数量变化也较大，在产品成本中原材料费用、工资及福利费等加工费用开支相差不多的产品，如村办食品加工厂的产品就适宜采用这种方法。

具体在计算时，若原材料在生产开始时一次性投入的，完工产品与月末在产品的原材料成本分配数额，按它们的数量比例分配计算；而完工产品与月末在产品的各项加工费用，则按约当产量比例分配计算。若原材料不是在生产开始时一次性投入，而是随着生产进度在每一工序陆续投入，并且是在每一工序开始时一次性投入，则原材料成本也应按照约当产量比例法进行分配。其相关计算公式如下：

在产品约当产量＝在产品数量×完工百分比

$$某项费用分配率=\frac{该项费用总额}{完工产品产量+在产品约当产量}$$

完成产品应分配该项费用金额＝完工产品产量×该项费用分配率

在产品应分配该项费用金额＝在产品约当产量×该项费用分配率

或＝该项费用总额－完工产品该项费用金额

**例题 4－33**：某村办食品厂某种产品月末盘点后本月完工 180 件，月末在产品 40 件；在产品完工程度为 50%；月初在产品和本月发生的工资及福利费 16 000 元，固定资产折旧 1 000 元；原材料是在生产开始时一次性投入，共计发生 55 000 元。分配计算如下：

月末在产品约当产量＝40×50%＝20（件）

$$原材料费用分配率=\frac{55\ 000}{180+40}=250$$

$$工资及福利费、固定资产折旧分配率=\frac{17\ 000}{180+20}=85$$

完工产品应负担费用数额＝180×250＋180×85＝60 300（元）

月末在产品应负担费用数额＝40×250＋20×85＝11 700（元）

若原材料是在随着生产过程陆续投入，且各生产工序的投料程度与产品的完工程度基本相同，原材料费用仍是发生 55 000 元。则其分配计算如下：

月末在产品约当产量＝40×50%＝20（件）

$$产品费用分配率=\frac{55\ 000+16\ 000+1\ 000}{180+20}=360$$

完工产品应负担费用数额＝180×360＝64 800（元）

月末在产品应负担费用数额＝20×360＝7 200（元）

在实际操作中，可以根据各工序的累计工时定额数占完工产品工时定额的比率，事先确定各工序在产品的完工率。在产品完工率的计算公式为：

$$\frac{某道工序在}{产品的完工率}=\frac{\frac{前面各道工序}{工时定额之和}+\frac{本工序工}{时定额}\times 50\%}{产品工时定额}\times 100\%$$

在上面的公式中，本工序（即在产品所在工序）的工时定额乘以 50% 是因为该工序中各件在产品的完工程度不同，而为了简化完工率的计算，都按平均完工 50% 计算。在产品从上一道工序转入下一道工序时，其上一道工序已经完工，因而前面各道工序的工时定额应按 100% 来计算。

**例题 4-34**：某种产品的工时定额是 25 小时，分别经过三道工序才能制成，其各工序的工时定额分别是 8 小时、10 小时、7 小时。各工序的完工率计算确定如下：

$$第一道工序完工率=\frac{8\times 50\%}{25}\times 100\%=16\%$$

$$第二道工序完工率=\frac{8+10\times 50\%}{25}\times 100\%=52\%$$

$$第三道工序完工率=\frac{8+10+7\times 50\%}{25}\times 100\%=86\%$$

若三道工序月末在产品的数量分别为：第一道工序 1 200 件、第二道工序 1 500 件、第三道工序 1 100 件，则该种产品约当产品计算如下：

第一道工序在产品约当产量 = 1 200 × 16% = 192（件）

第二道工序在产品约当产量 = 1 500 × 52% = 780（件）

第三道工序在产品约当产量 = 1 100 × 86% = 946（件）

月末在产品约当产量 = 192 + 780 + 946 = 1 918（件）

若该种产品月初在产品原材料费用 24 340 元、工资及福利费 7 610 元、制造费用 27 890 元；本月发生的原材料费用 62 280 元、工资及福利费 13 130 元、制造费用 28 230 元；完工产品数量 8 082 件。计算分配产品费用如下：

$$原材料费用分配率=\frac{24\ 340+62\ 280}{8\ 082+1\ 918}=8.6620$$

$$工资及福利费分配率=\frac{7\ 610+13\ 130}{8\ 082+1\ 918}=2.0740$$

$$制造费用分配率=\frac{27\ 890+28\ 230}{8\ 082+1\ 918}=5.6120$$

月末在产品应负担费用＝1 918×（8.6620＋2.0740＋5.6120）
＝31 355.46（元）

完工产品应负担的费用＝（24 340＋7 610＋27 890＋62 280
＋13 130＋28 230）－31 355.46
＝163 480－31 355.46＝132 124.54（元）

## 五、在产品按定额成本计价法

在采用在产品按定额成本计价法下，月末在产品的各项费用按各费用定额计算，即月末在产品的成本按其数量和单位定额成本计算。某种产品的全部生产费用减去按定额单位成本计算的月末在产品成本，其余额作为完工产品成本。换句话说，每月生产费用脱离定额的差异都须计入当月完工产品成本。这种生产费用分配方法适用于管理基础较好、各项消耗定额或者费用定额比较准确和稳定，且各月末在产品数量变动不大的产品。对于这种产品来说，不仅月初和月末单件在产品费用脱离定额的差异都不会大，而且月初与月末在产品费用脱离定额的差异也不会大，因而月末在产品按定额成本计价，不计算成本差异，其对完工产品成本的影响不大。为了简化产品成本计算工作，在实际工作中可以采取这种做法。

**例题4－35**：某种产品所消耗的原材料是在生产开始时一次性投入，产品的材料费用定额是75元。月末在产品的数量是250件。定额工时共计1 340小时，其每工时费用定额为：工资及福利费1.1元，制造费用3.2元。全月生产费用合计是：原材料费用49 630元、工资及福利费4 460元、制造费用12 580元，全月生产费用总计66 670元。其产品费用计算如下：

月末在产品费用＝250×75＋1 340×（1.1＋3.2）＝24 512（元）

完工产品费用＝66 670－24 512＝42 158（元）

采用这种分配方法，在修订消耗定额和费用定额的月份，其月末在产品按新的定额成本计算所发生的差额须计入当月完工产品的成本中。例题4－35中如果月末在产品定额成本由于消耗定额降低而减少为23 000元，则按照新的定额成本计价所发生的差额1 512（24 512－23 000）元，应该计入当月完工产品成本，其数额变为43 670（42 158＋1 512）元。需要强调的是，采用这种分配方法时，如果产品成本中原材料费用所占比重较大，或者原材料费用与工资及福利费之和所占比重较大，为了简化计算，月末在产品成本也可以只按定额原材料费用，或者只按定额原材料和工资及福利费之和计算。就是说，月末在产品的原材料费用，或者与工资及福利费之和脱离定额的差异，甚至还有其他费用，都可以计入完工产品。

## 六、完工产品成本结转

企业根据所选用的生产费用计算方法，计算确定完工产品应负担的费用以及月末在产品应负担的费用，编制产品成本计算表，编制完工产品结转的记账凭证，并据以登载产品成本明细账。产品成本计算表和产品成本明细账的格式如表4－26、表4－27所示。

**表4－26 产品成本计算表（在产品按所耗原材料计算）**

完工产量1 400千克

产品名称：甲产品　　2012年7月30日　　在产品数量600千克

| 项　目 | 直接材料 | 直接人工 | 制造费用 | 合计 |
|---|---|---|---|---|
| 月初在产品成本 | 12 000 | 0 | 0 | 12 000 |
| 本月发生生产费用 | 38 000 | 2 240 | 3 360 | 43 600 |
| 小　计 | 50 000 | 2 240 | 3 360 | 55 600 |
| 单位成本 | 25.00 | 1.60 | 2.40 | 29.00 |
| 完工成本 | 35 000 | 2 240 | 3 360 | 40 600 |
| 月末在产品成本 | 15 000 | 0 | 0 | 15 000 |

会计人员根据产品成本计算表编制会计分录如下：

借：库存商品——甲产品　　40 600

　　贷：生产成本——基本生产成本（甲产品）　　40 600

表 4-27　**产品成本明细账**　共×页

车间名称：第一基本生产车间　产品名称：甲产品　规格：45#　第×页

| 2012年 月 | 日 | 凭证号数 | 摘要 | 产量 | 直接材料 | 燃料及动力 | 工资及福利费 | 制造费用 | 废品损失 | 成本合计 |
|---|---|---|---|---|---|---|---|---|---|---|
| 7 | 1 | （略） | 月初在产品成本 | | 4 800 | 520 | 715 | 1 365 | | 7 400 |
| | 31 | | 发料凭证汇总表 | | 16 700 | | | | | 16 700 |
| | 31 | | 工资费用分配表 | | | | 6 612 | | | 6 612 |
| | 31 | | 外购动力分配表 | | | 5 040 | | | | 5 040 |
| | 31 | | 制造费用分配表 | | | | | 10 150 | | 10 150 |
| | 31 | | 本月发生生产费用 | | 16 700 | 5 040 | 6 612 | 10 150 | | 38 502 |
| | 31 | | 全月生产费用累计 | | 21 500 | 5 560 | 7 327 | 11 515 | | 45 902 |
| | 31 | | 完工产品成本 | 300 | 14 300 | 4 744 | 5 389 | 9 373 | | 33 806 |
| | 31 | | 单位产品成本 | | 47.67 | 15.81 | 17.96 | 31.25 | | 112.69 |
| | 31 | | 月末在产品成本 | | 7 200 | 816 | 1 938 | 2 142 | | 12 096 |

# 第五章　村办商贸公司主要业务的核算

村办商贸公司主要是从事商品批发业务的农村经济组织。在核算方法方面主要采用数量进价金额核算。数量进价金额核算法以实物数量和进价金额两种计量单位，反映其所经营商品的进、销、存情况的一种商品核算方法。其基本特点如下：

1. 财会部门设置“库存商品”的总账、类目账和明细账，统一按进价记账。总账反映库存商品的进价总值变化及其结果，类目账反映各类库存商品的进价金额变化及其结果，明细分类账按商品的编号、品名、规格、等级分户，反映各种商品的实物数量和进价金额变化及其结果。

2. 业务部门和仓库保管部门按商品的品名、规格和等级分户设置实物保管账，记载各种商品的收、发及结存的数量变化，不反映金额指标。

3. 财会、业务和仓库保管部门的账簿记录，要定期进行数量与金额的核对，并定期或不定期地展开实物清查，以确保账账、账实相符。

4. 根据商品经营特点和管理的需要，采用适当的方法，随时或定期计算和结转已销商品的进价成本。

采用这种核算方法的优点是全面反映各种商品进、销、存的数量和金额，便于对库存商品的管理和控制。但由于每笔进、销业务都按数量、金额逐笔登记明细账，使得记账工作量较大，且手续繁多。

# 第一节　商品购进的核算

## 一、商品购进核算科目设置

商品购进主要通过设置和运用“在途物资”和“库存商品”两个科目进行核算。其中，“在途物资”科目属于资产类科目，用于核算购入商品的采购成本，其借方反映已经支付的商品价款数额；贷方反映购入已验收入库的商品数额。该科目的期末余额一般在借方，反映企业已经支付货款而商品正在途中运输，或者已经运达企业尚未验收入库商品的采购成本，其明细科目应按供货单位或商品的类别设置。

在途物资明细账根据在途物资明科目设置，一般采用三栏式或平行式账页，其三栏式明细账格式如表 5－1 所示。

**表 5－1　　在途物资明细账**

明细科目：美大工厂

| ××年 | | 凭证号 | 摘要 | 借方 | | | | | | | | 贷方 | | | | | | | | 借或贷 | 余额 | | | | | | | |
|---|---|---|---|---|---|---|---|---|---|---|---|---|---|---|---|---|---|---|---|---|---|---|---|---|---|---|---|---|
| 月 | 日 | | | 十 | 万 | 仟 | 佰 | 十 | 元 | 角 | 分 | 十 | 万 | 仟 | 佰 | 十 | 元 | 角 | 分 | | 十 | 万 | 仟 | 佰 | 十 | 元 | 角 | 分 |
| | | | 承前页 | | | | | | | | | | | | | | | | | 借 | | 3 | 4 | 6 | 0 | 0 | 0 | 0 |
| 2 | 24 | 52 | 货到入库 | | | | | | | | | | 3 | 4 | 6 | 0 | 0 | 0 | 0 | 平 | | | | | | 0 | | |
| | | | …… | | | | | | | | | | | | | | | | | | | | | | | | | |
| | | | | | | | | | | | | | | | | | | | | | | | | | | | | |

“库存商品”科目是资产类科目，用于核算企业库存商品的实际成本。借方登记企业购入并已验收入库、加工收回、盘盈、销货退回的商品的实际成本数额；贷方登记商品销售（结转销售成本）、进货退出、加工拨付、盘亏的商品实际成本数额。该科目的期末余额在借方，表示结存库存商品的实际成本。库存商品明细科目按商品的类别、品种和规格设置。采用数量进价金额核算的企业，应按

商品的实际采购成本和实际验收入库的数量记载库存商品明细账。库存商品明细账的账页格式采用数量金额式，具体如表5-2所示。

**表5-2　　库存商品明细账**

类别：家电类　　连续第　页

品种：夏华彩电　规格：29英寸　　单位：台

| ××年 | | 凭证号数 | 摘要 | 收入 | | | | 付出 | | | | 结存 | | |
|---|---|---|---|---|---|---|---|---|---|---|---|---|---|---|
| 月 | 日 | | | 购进数量 | 其他数量 | 单价 | 金额 | 销售数量 | 其他数量 | 单价 | 金额 | 数量 | 单价 | 金额 |
| 4 | 1 | 略 | 上月结存 | | | | | | | | | 30 | 2 000 | 60 000 |
| | 10 | | 购进 | 500 | | 2 050 | 1 025 000 | | | | | 530 | | |
| | 25 | | 销售 | | | | | 400 | | | | 130 | | |
| | | …… | | | | | | | | | | | | |

由于一般纳税人销售货物要缴纳增值税，并实行销项税额抵扣进项税额的纳税办法，所以核算时，还要设置"应交税费——应交增值税"明细科目，用以核算应交增值税的主要业务。按照该明细科目设置的"应交税费——应交增值税"明细账采用多栏式专用账页，如表5-3所示。

**表5-3　　应交税费——应交增值税明细账**　　共×页　第×页

| ××年 | | 凭证号数 | 摘要 | 借方 | | | | 贷方 | | | 借或贷 | 余额 |
|---|---|---|---|---|---|---|---|---|---|---|---|---|
| 月 | 日 | | | 借方合计 | 进项税额 | 已交税额 | 出口退税 | 贷方合计 | 销项税额 | 进项税额转出 | | |
| 4 | 10 | （略） | 购进 | 174 250 | 174 250 | | | | | | 借 | 174 250 |
| | 25 | | 销售 | | | | | 340 000 | 340 000 | | 贷 | 165 750 |
| | | | …… | | | | | | | | | |

## 二、一般纳税人商品购进基本业务的核算

商品购进中由于结算单证与商品到达购货单位的时间不可能完

全一致，实际中会出现三种情况：两者同时到达（简称“单货同到”）；结算单证先到，商品后到（简称“单到货未到”）；商品先到而结算单证后到（简称“货到单未到”）。

（一）货款结算与商品验收入库同时完成

**例题5－1：**村办翔宏商贸公司为增值税一般纳税人，从本市莉亚日化厂购入洗衣粉500箱，单价200元，商品价款100 000元，增值税进项税额17 000元，合同约定厂家送货，商品验收无误后，以转账支票结清货款。当日，仓库转来验收单如表5－4所示，同时取得供货方增值税专用发票。

**表5－4**　　**购进商品验收单**

供货单位：北京莉亚日化厂　　日期：××年×月×日

| 编号 | 品名 | 规格 | 单位 | 应收数 | 实收数 | 单价 | 金额 |
|---|---|---|---|---|---|---|---|
| vh45－1010 | 芦欣牌洗衣粉 | 2.5kg×10 | 箱 | 1 000 | 1 000 | 200.00 | 200 000.00 |
| | | | | | | | |
| 合计 | | | | 1 000 | 1 000 | 200.00 | ¥ 200 000.00 |
| 备注 | | | 发票号码 | 11000345070 | | 合同号码 | KS0605007 |

验收：黄历　　制单：武鸣

财会部门审核单据无误后，按合同约定签发转账支票付款。财会部门根据增值税专用发票、商品入库单、转账支票存根编制会计分录如下：

借：库存商品——洗涤类　　200 000
　　应交税费——应交增值税（进项税额）　　34 000
　　贷：银行存款　　234 000

同时，根据商品验收单登记“库存商品明细账”。

（二）结算货款在前，商品验收入库在后

**例题5－2：**开户银行转来河北容发公司托收洗衣皂货款50 000元，增值税进项税额8 500元及代垫运输费200元的结算单证及其增值税专用发票、运输发票等单据。经有关部门审核无误，同意付款，编制会计分录如下：

借：在途物资——河北容发公司 50 186

应交税费——应交增值税（进项税额） 8 514

贷：银行存款 58 700

4 天后，仓库通知河北容发公司购进商品到货入库，财会部门根据验收单，编制会计分录如下：

借：库存商品——洗涤类 50 186

贷：在途物资——河北容发公司 50 186

（三）商品验收入库在前结算货款在后

**例题 5-3**：仓库通知重庆霍达公司发来洗涤类洗衣液一批，根据随货同行增值税专用发票点验入库，其总进价为 40 000 元，增值税 6 800 元。经有关部门审核符合购销合同，有关单据转财会部门处理。

借：库存商品——洗涤类 40 000

应交税费——应交增值税（进项税额） 6 800

贷：应付账款——重庆霍达公司 46 800

若在收到货物时尚未收到增值税专用发票，可暂不入账，并将有关单证妥善保管，待结算凭证到达后再作付款处理。到月末如果结算凭证仍未到达，为了使期末报表真实反映企业存货情况，应对该商品估价入账，编制会计分录如下：

借：库存商品——洗涤类 40 000

贷：应付账款——暂估应付账款 40 000

下月初，用红字冲回，编制会计分录如下：

借：库存商品——洗涤类 [40 000]

贷：应付账款——暂估应付账款 [40 000]

次月某日，银行转来重庆霍达公司相关结算凭证，托收商品货款 40 000 元，增值税进项税额 6 800 元及代垫运杂费 720 元，其中 500 元为货物运输费开支。经审核无误后，立即承付全部款项 47 520 元，并据以编制会计分录如下：

借：库存商品——洗涤类 40 685
　　应交税费——应交增值税（进项税额） 6 835
　　贷：银行存款 47 520

## 三、一般纳税人商品购进非基本业务的核算

在购进商品过程中，受到多种因素的影响，可能会出现一些非正常的业务，如商品溢缺、进货退出等。相关人员要认真负责，及时处理好这些特殊业务。

（一）商品购进发生溢余、短缺的核算

商品检验入库时，出现实收数量多于或少于原购进数量的情况，即为购进商品的溢余或短缺。购进商品发生溢余或短缺的原因主要有：商品在运输过程中因性能或自然条件等原因而发生溢余或损耗；运输部门运输途中出现问题；供货单位发货的差错；本企业相关人员的过失等。因此，相关人员在点验商品入库时，应会同运输部门及本单位相关工作人员做好验收商品详细记录，明确相关的责任人，以便及时客观地记录和处理进货溢余和短缺业务。

发生进货溢缺时，要填制“商品溢余（短缺）报告单”（见表5-5）以如实反映进货溢余或短缺发生情况。

**表5-5　　购进商品溢余（短缺）报告单**

供货单位：永昌公司　　　201×年×月×日

| 货号 | 品名 | 规格 | 单位 | 应收数量 | 实收数量 | 溢缺数量 | 单价 | 金额 |
|---|---|---|---|---|---|---|---|---|
| ×× | 洗衣皂 | 180克 | 箱 | 200 | 201 | 1 | 400 | 400.00 |
| | | | | | | | | |
| 附件 | 张 | 合计 | | 200 | 201 | 1 | 400 | ¥400.00 |

| | |
|---|---|
| 短缺原因：原因待查。 | 备注： |
| 查实短缺原因：×× | |
| 经办人意见：×× | |
| 单位负责人处理意见：×× | |
| 财会部门意见：×× | 保管组长：于谦 |

购进商品发生溢余或短缺，在未处理以前应通过“待处理财产损溢”科目核算，原因查明后，再按处理意见从该科目转出。

1. 购进商品溢余核算

**例题 5－4**：村办翔宏商贸公司从石家庄永昌公司购进洗衣皂200箱，单价400元，价款80 000元，增值税进项税额13 600元。合同约定采用商业承兑汇票方式结算全部款项，编制会计分录如下：

借：在途物资——永昌公司　　80 000
　　应交税费——应交增值税（进项税额）　　13 600
　　贷：应付票据——永昌公司　　93 600

商品点验入库时，实收201箱，溢余一箱，原因待查。仓库转来“商品验收单”及“购进商品溢余（短缺）报告单”单据。

财会部门根据“商品验收单”、“增值税专用发票”、“购进商品溢余（短缺）报告单”等相关原始凭证编制会计分录如下：

借：库存商品——洗涤类　　80 400
　　贷：待处理财产损溢——待处理流动资产损溢　　400
　　　　在途物资——永昌公司　　80 000

查明原因后，根据批复意见，再进行相应账务处理如下。

**原因1**：若上项溢余商品属运输途中的自然升溢，应冲减“销售费用”，编制会计分录如下：

借：待处理财产损溢——待处理流动资产损溢　　400
　　贷：销售费用——商品损耗　　400

**原因2**：若上项溢余商品属供货方多发，经协商后同意补作购进，取得补开的增值税专用发票，汇付价款及进项税额，编制会计分录如下：

借：在途物资——永昌公司　　400
　　应交税费——应交增值税（进项税额）　　68
　　贷：银行存款　　468

同时：

借：待处理财产损溢——待处理流动资产损溢　　400

贷：在途物资——永昌公司　400

**原因3**：若对上项供方多发商品不同意补作购进，则将商品暂作代管商品处理，冲销“库存商品”原有记录，同时在备查账上进行登记。编制会计分录如下：

借：待处理财产损溢——待处理流动资产损溢　400

贷：库存商品——洗涤类　400

2. 购进商品短缺核算

**例题5－5**：村办翔宏商贸公司从四达公司购进牙膏100箱，单价200元，计价款20 000元，增值税进项税额3 400元，合同约定采用银行汇票结算付款。翔宏商贸公司收到销货方开具的增值税专用发票及相关单证，审核无误付款，编制会计分录如下：

借：在途物资——四达公司　20 000

应交税费——应交增值税（进项税额）　3 400

贷：其他货币资金——银行汇票存款　23 400

商品运到点验入库时，实收洗衣粉99箱，短缺1箱，原因待查。仓库部门转来了“商品验收单”及“商品溢余或短缺报告单”。财会部门编制会计分录如下：

借：库存商品——洗涤类　19 800

待处理财产损溢——待处理流动资产损溢　200

贷：在途物资——四达公司　20 000

查明原因后，根据批复意见，再进行相应账务处理如下：

**原因1**：若短缺系运输途中自然损耗，一般计入“管理费用”。根据批复意见，编制会计分录如下：

借：管理费用—— 商品损耗　200

贷：待处理财产损溢——待处理流动资产损溢　200

**原因2**：若上项查明原因系供方少发，经联系洽谈，供方补发来的商品，根据有关单证编制会计分录如下：

借：库存商品——洗涤类　200

贷：待处理财产损溢——待处理流动资产损溢　200

**原因3**：若查明原因属运输部门责任事故，运输部门同意赔偿商品货款及税款，根据有关单证编制会计分录如下：

借：其他应收款——保险公司　　234

　　贷：待处理财产损溢——待处理流动资产损溢　　200

　　　　应交税费——应交增值税（进项税转出）　　34

**原因4：**若短缺商品属于自然灾害造成，并已向保险公司投保，保险公司同意赔付受灾金额的60%，根据有关单证编制会计分录如下：

借：其他应收款——保险公司　　140.40

　　营业外支出——非常损失　　93.60

　　贷：待处理财产损溢——待处理流动资产损溢

　　　　　　200.00

　　　　应交税费——应交增值税（进项税转出）　　34.00

（二）进货退出的核算

企业购进商品过程中，由于某些原因会出现进货退出的情况，比如品种、规格与合同不符或商品出现质量问题等。当需要退货的情况出现后，应及时与供货单位联系，协商解决退货的相关问题。与此同时，如果涉及会计处理问题，会计部门应及时进行退货的账务处理。

1. 收到销货方开具的增值税发票，在入账前出现退货。因为没有根据增值税专用发票作商品购进的账务处理，所以将增值税专用发票的抵扣联、记账联，退还给销货方即可。

2. 收到销货方开具的增值税专用发票并已入账后出现退货。因为已根据增值税专用发票作商品购进的账务处理，无法将增值税专用发票退还给销货单位，所以应取得购货单位所在地主管税务机关开具的进货退出证明单，并送交销货单位，销货单位凭此开具销项负数增值税专用发票，财会部门根据销货方销项负数增值税专用发票及本企业红字商品验收单进行账务处理。

**例题5-6：**村办翔宏商贸公司从捷达公司购进洗衣粉100箱，单价200元，计价款20 000元，增值税进项税额3 400元，合同约定货到后以转账支票付款。收到销货方开具的增值税专用发票及相关单证，审核无误付款，编制会计分录如下：

借：库存商品——洗涤类　20 000

　应交税费——应交增值税（进项税额）　3 400

　贷：银行存款　23 400

仓库复查时，发现洗衣粉品牌与合同不符，经协商作退货处理，翔宏商贸公司取得所在地主管税务机关开具的进货退出证明单，并送交销货单位，销货单位凭此开具销项负数增值税专用发票，同时收到销货方退还全部货款的转账支票，财会部门根据销货方销项负数增值税专用发票、进账单及本企业红字商品验收单进行账务处理如下：

借：银行存款　23 400

　应交税费——应交增值税（进项税额）　3 400

　贷：库存商品——洗涤类　20 000

同时，仓储部门根据业务部门填制的红字收货单退货；库存商品三级账、保管账也要作进货退出处理。

## 四、一般纳税人农副产品购进业务的核算

**例题 5－7**：翔宏商贸公司从农民手中购进绿豆5 000千克，单价6元，价款30 000元。双方约定货到验收入库后，使用现金结算货款。其准予抵扣的进项税额＝买价×扣除率＝30 000×13%＝3 900（元），同时编制会计分录如下：

借：库存商品——豆类　26 100

　应交税费——应交增值税（进项税额）　3 900

　贷：库存现金　30 000

## 五、小规模纳税人商品购进业务的核算

小规模纳税人购入货物无论是否取得增值税专用发票，其支付的增值税额均不计入进项税额，不得由销项税额抵扣，而是计入购入货物的成本。相应的其他企业从小规模纳税人企业购入的货物或应税劳务支付的增值税额，如果不能取得增值税专用发票，也不能

作为进项税额抵扣，而应计入购入货物的成本。小规模纳税人不需要单独设置“进项税额”、“进项税额转出”、“销项税额”等项目。而只需要设置“应交税费——应交增值税”明细科目核算增值税应交税金、已交税金的数额。该科目借方记录已交增值税，贷方核算应交增值税，期末借方余额反映多交的增值税，贷方余额反映应交增值税。

**例题 5-8：** 村办宏达贸易公司为增值税小规模纳税人，2012 年 6 月 12 日购进服装 100 件，全部价款 4 000 元，以转账支票支付，同时用现金支付运杂费 30 元，服装验收入库。

| | | |
|---|---|---|
| 借：库存商品——服装类 | 4 030 | |
| 贷：银行存款 | | 4 000 |
| 库存现金 | | 30 |

# 第二节 商品销售业务的核算

## 一、商品销售核算科目设置

企业实现的商品销售收入是通过设置“主营业务收入”科目进行核算的。该科目是损益类科目，企业确认商品销售收入时记入贷方，月末结转本年利润时记入借方，月末该科目应无余额。该账户按主营业务收入的种类设置明细科目。根据明细科目设置的“主营业务收入”明细账的格式，一般采用三栏式或贷方多栏式账。确认收入的同时要计算增值税销项税额，并在“应交税费——应交增值税”明细账户反映向购买者收取的销项税额。

## 二、一般纳税人商品销售的核算

（一）同城商品销售的核算

同城商品销售的特点是：商品的交接工作和货款的结算工作，一般在销售商品的当日或近期都能办妥。

**例题 5－9**：村办翔宏商贸公司销售给北京美丽园化妆品公司洗面奶 300 箱，单位售价 200 元，商品价款 60 000 元，增值税销项税额 10 200 元，合同约定，商品自提，转账支票结算货款。翔宏商贸公司开具增值税专用发票和商品提货单，北京美丽园化妆品公司交来转账支票，商品提出运回。翔宏公司会计部门根据转账支票的进账单、增值税专用发票编制会计分录如下：

借：银行存款　　70 200

　贷：主营业务收入　　60 000

　　　应交税费——应交增值税（销项税额）　　10 200

企业每天销售的商品数量较多、品种规格也较为复杂，要开出大量的发货票，如果按销货发票逐笔记账，势必带来较繁重的工作量，所以实际工作中一般多采用每日终了根据销货发票和结算单据汇总编制“销售日报表”集中进行核算的办法。销售日报表的格式如表 5－6 所示。

**表 5－6**　　**商品销售日报表**　　第××页

部门名称：洗涤部　　2012 年 6 月 19 日　　单位：元

| 商品名称 | 发票张数 | 商品销售收入 | 销项税额 | 结算方式 | 金额 | 附单据张数 | 备注 |
|---|---|---|---|---|---|---|---|
| 1. 商品甲 | 12 | 428 000 | 72 760 | 转账支票 | 1 262 000 | 19 | |
| 2. 商品乙 | 20 | 872 700 | 148 359 | 应收账款 | 129 000 | 8 | |
| 3. …… | | | | 应收票据 | 130 819 | 4 | |
| | …… | | | | | | |
| 合　计 | 32 | ¥ 1 300 700 | ¥221 119 | | ¥1 521 819 | 35 | |

部门经理：王安顺　　会计：米娜　　审核：孙力盛　　制表：黄芮

**例题 5－10**：村办翔宏商贸公司洗涤部商品销售业务共 16 笔，合计销售额为 428 000 元，销项税额为 72 760 元，总计 500 760 元。业务部门根据当天的发货票汇总编制“销售日报表”。财会部门根据审核无误的销售日报表及其所附销售结算单证，编制会计分录如下：

借：银行存款　　1 262 000

　应收账款——×单位　　129 000

　应收票据——×单位　　130 819

　贷：主营业务收入——洗涤类　　1 300 700

　　应交税费——应交增值税（销项税额）　　221 119

（二）异地商品销售业务的核算

异地商品销售的特点是：商品的交接工作和货款的结算工作一般不能同时完成，所以就会出现先发货后收款或收款在先商品交接在后的情况。

**例题5－11**：（1）村办翔宏商贸公司3月10日销售给湖南英达公司洗发水1 000箱，单价400元，计价40 000元，增值税销项税额6 800元。合同约定采用托收承付结算方式收款，运输部门向仓库提货办理发运手续，取得运费发票，在发运商品时签发支票代垫运杂费800元。根据转账支票存根编制会计分录如下：

借：应收账款——英达公司　　800

　贷：银行存款　　800

（2）办妥托收手续时，根据托收凭证第一联（回单联）、增值税专用发票编制会计分录如下：

借：应收账款——英达公司　　47 600

　贷：主营业务收入　　40 000

　　应交税费——应交增值税（销项税额）　　6 800

　　应收账款——英达公司　　800

（3）接到银行转来托收凭证第四联（入账通知联），上项托收的货款及代垫运费已如数收回，根据托收凭证入账通知联编制会计分录如下：

借：银行存款　　47 600

　贷：应收账款——英达公司　　47 600

（三）预收货款商品销售的核算

为了保证商品的货源，对于一些供不应求的紧俏商品，企业应用销售策略，向购货单位预先收取货款，即以“预收货款”的形式销售商品。企业预收的款项通过设置“预收账款”科目核算，预收货款时贷记该科目，发出商品实现销售时，借记该科目。购货单位补付或向其退回多付货款时，分别贷记或借记该科目。该科目的余额在贷方，表示已预收货款但尚未向对方发货的数额；该科目的余额在借方，表示已发货数额大于预收货款的数额，即尚未向对方结算的款项。

以“预收货款”形式销售商品，在预收货款时，由于还没有转移商品的所有权，所以不应确认销售收入，只有在发出商品的时候，才能确认销售收入。如果企业预收账款不多，可不使用“预收账款”科目，并入“应收账款”科目核算。

**例题 5－12**：（1）村办翔宏商贸公司根据合同约定，采用预收货款的方式向河北华光百货商场销售化妆品500箱。4月18日，收到开户银行转来信汇凭证收账通知联，河北华光百货商场预付商品货款50 000元，编制会计分录如下：

借：银行存款　　50 000

　　贷：预收账款——华光百货商场　　50 000

（2）4月25日，向华光百货商场开出提货单，500箱商品自提，每箱实际售价为100元，增值税销项税额为17元，该商场收货后立即汇来余款8 500元，根据有关增值税专用发票及结算凭证编制会计分录如下：

借：预收账款——华光百货商场　　58 500

　　贷：主营业务收入　　50 000

　　　　应交税费——应交增值税（销项税额）　　8 500

同时：

借：银行存款　　8 500

　　贷：预收账款——华光百货商场　　8 500

（四）销售折扣与销售折让的核算

1. 销售折扣的核算。销售折扣是指企业为了推销商品和及早收回销货款，而给予购货方一定的价格折扣。销售折扣包括商业折扣和现金折扣两种形式。

（1）商业折扣的核算。商业折扣是指企业为促进商品销售而在商品的标价方面给予的价格扣除。销售商品涉及的商业折扣，应当按照扣除商业折扣的金额确定销售商品收入的金额。商业折扣的目的是为了鼓励客户多购商品，购销双方应按实际成交价格结算货款，并确认销售收入。

**例题 5－13**：翔宏商贸公司销售洗衣粉的标价是每箱 300 元（不含增值税销项税额），如果购买数量 1000 箱以上，折扣 2%，即每箱 294 元。销售给本市美琪公司 1 500 箱，商品价款 441 000 元，增值税销项税额 74 970 元。合同约定，货到验收后采用转账支票结算。财会部门根据增值税专用发票、进账单编制会计分录如下：

借：银行存款　　515 970

　　贷：主营业务收入　　441 000

　　　　应交税费——应交增值税（销项税额）　　74 970

（2）现金折扣的核算。现金折扣是指债权人为鼓励债务人在规定的期限内付款而向债务人提供的债务折扣。销售商品涉及的现金折扣，应按照“总价法”进行核算，即按照扣除现金折扣前的金额确定销售商品收入的金额。现金折扣在实际发生时计入“财务费用”科目。现金折扣常用表示形式“2/20、1/30、N/40”，其意义表示是购货方在 20 天内付款，销货方将按售价的 2% 给予折扣；购货方超过 20 天，未超过 30 天的期限内付款，销货方将按售价的 1% 给予折扣；购货方超过 30 天，未超过 40 天的期限内付款，购货方将付全部款项。

**例题 5－14**：（1）村办翔宏商贸公司向莉华公司销售化妆品 100 箱，每箱 200 元，发票金额为 40 000 元，增值税销项税额 6 800 元，付款条件为“2/10、N/30”。发出商品确认收入时，编制会计分录如下：

借：应收账款——莉华公司　　46 800

　　贷：主营业务收入　　40 000

　　　　应交税费——应交增值税（销项税额）　　6 800

（2）若购货方收货后在 10 天内支付货款，应根据实收款项编制会计分录如下：

借：银行存款　46 000

　　财务费用　800

　　贷：应收账款——莉华公司　46 800

（3）若购货方在超过 10 天承付了货款，则不能取得折扣，应编制会计分录如下：

借：银行存款　46 800

　　贷：应收账款——莉华公司　46 800

2. 销售折让的核算。销售折让是指企业因销售商品质量不合格等原因而在售价上给予的减让。实质上就是降低所售商品的销售价格。企业已经确认销售商品收入的售出商品发生折让的，应在发生时冲减当期销售商品的收入。

**例题 5－15：**（1）村办翔宏商贸公司向艾丽丝贸易公司销售洗发水 300 箱，每箱 200 元，金额为 60 000 元，增值税销项税额为 10 200 元，商品自提。收到转账支票存入银行，根据进账单及增值税专用发票编制会计分录如下：

借：银行存款　70 200

　　贷：主营业务收入　60 000

　　　　应交税费——应交增值税（销项税额）　10 200

（2）购方在验收商品时，发现商品存在质量问题，经协商按原售价的 4% 折让销售，翔宏商贸公司开具负数增值税专用发票后，编制会计分录如下：

借：主营业务收入　2 400

　　应交税费——应交增值税（销项税额）　408

　　贷：银行存款　2 808

如果销售折让时间超过税务部门规定的期限，应根据购货方主管税务机关开出的“企业进货退出与索取折让证明单”（见表 5－7）为依据开出负数增值税专用发票，向对方退款或者抵减对方的货款。

**表 5－7　　企业进货退出及索取折让证明单　　No. 09887700994**

<table>
<tr><td rowspan="2">销货单位</td><td>全　　称</td><td colspan="4">××翔宏商贸公司</td></tr>
<tr><td>税务登记号</td><td colspan="4">110097710054309</td></tr>
<tr><td rowspan="3">进货退出</td><td>货物名称</td><td>单 价</td><td>数 量</td><td>货 款</td><td>税 额</td></tr>
<tr><td></td><td></td><td></td><td></td><td></td></tr>
<tr><td></td><td></td><td></td><td></td><td></td></tr>
<tr><td rowspan="3">索取折让</td><td>货物名称</td><td>单 价</td><td>税 额</td><td>折让金额</td><td>折让税额</td></tr>
<tr><td>洗 发 水</td><td></td><td></td><td>2 400. 00</td><td>408. 00</td></tr>
<tr><td></td><td></td><td></td><td></td><td></td></tr>
<tr><td>退货或索取折让理由</td><td colspan="2">洗发水外包装存在部分破损问题。<br>经办人：胡歌<br>单位签章：<br>×年×月×日</td><td>税务征收机关签章</td><td colspan="2">经办人：李萌<br>×年×月×日</td></tr>
<tr><td rowspan="2">购货单位</td><td>全　　称</td><td colspan="4">镇江艾丽丝贸易公司</td></tr>
<tr><td>税务登记号</td><td colspan="4">110045000001033</td></tr>
</table>

### （五）销售退回的核算

销售退回是指企业售出的商品由于质量、品种不符合要求等原因而发生的退货。企业已经确认销售商品收入的售出商品发生退回的，不论是本期还是以前，各期销售的商品发生退回，均冲减退回当期的销售商品的收入。

如例题 5－15：村办翔宏商贸公司向艾丽丝公司销售洗发水 300 箱，在购货方验收商品时，品牌不符，经协商全部予以退货，翔宏商贸公司依据购货方交来的“进货退出与索取折让证明单”（具体手续与商品销售折让相同），开具负数增值税专用发票后，编制会计分录如下：

借：主营业务收入　　60 000

　　应交税费——应交增值税（销项税额）　　10 200

　　贷：银行存款　　70 200

如果该商品已经结转商品销售成本，还要作冲减销售成本的账务处理。

（六）委托代销商品的核算

商品流通企业除自身销售商品外，还可委托其他单位代为销售。代销前，企业与受托单位签订委托代销合同，订明代销商品的品种、规格、数量、售价、结算时间、结算方式及保管商品责任等方面的内容。

企业发出代销商品，致使商品存放地点的转移，不转移商品所有权，不作销售处理，只在“发出商品”科目中核算。“发出商品”科目中属于资产类科目；企业将委托代销商品发交受托代销单位时，按实际成本，借记本科目，贷记“库存商品”科目；收到代销单位报来的代销清单时，按代销商品的实际成本，借记“主营业务成本”科目，贷记本科目；期末借方余额反映企业委托其他单位代销商品的实际成本。本科目按受托单位设置明细科目。

**例题 5－16**：村办翔宏商贸公司委托临安双全商场家具组代销藤制品 100 套，每套进价 200 元，双全商场接收价 250 元。

（1）发出代销商品，编制会计分录如下：

借：发出商品——双全商场　20 000

　　贷：库存商品——家具类　20 000

（2）收到双全商场代销商品清单，代销商品全部售出，开具增值税专用发票，收到代销款项存入银行，编制会计分录如下：

借：银行存款　29 250

　　贷：主营业务收入　25 000

　　　　应交税费——应交增值税（销项税额）　4 250

同时：

借：主营业务成本　20 000

　　贷：发出商品——双全商场　20 000

（七）受托代销商品的核算

**例题 5－17**：村办翔宏商贸公司接受红星电器公司委托代销 3 000 件电熨斗产品，接收价 30 000 元，销售价 50 000 元。

（1）接收代销商品，编制会计分录如下：

借：库存商品——红星电器公司　　30 000

　　贷：应付账款——红星电器公司　　30 000

（2）商品售出，根据出库单、销货日报表及增值税专用发票，编制会计分录如下：

借：银行存款　　58 500

　　贷：主营业务收入　　50 000

　　　　应交税费——应交增值税（销项税额）　　8 500

同时：

借：主营业务成本　　30 000

　　贷：库存商品——红星电器公司　　30 000

（3）签发转账支票，支付代销商品款，根据付款凭证及对方开来的增值税专用发票编制会计分录如下：

借：应付账款——红星电器公司　　30 000

　　应交税费——应交增值税（进项税额）　　5 100

　　贷：银行存款　　35 100

（八）分期收款商品销售的核算

所谓分期收款商品销售，是先将货物发出，然后按规定的期限分期收回货款。分期收款商品销售具有融资性质，应当按照应收的合同或协议价款的公允价值确定商品销售收入，应收的合同或协议价款与其公允价值之间的差额，在合同或协议期间内采用实际利率法进行摊销，计入当期损益。按照实际利率法摊销与直线法摊销结果相差不大的，也可以采用直线法进行摊销。

**例题 5-18**：村办蓝星汽车贸易公司向新丽贸易商行销售轿车 20 辆，并约定采用分期收款方式从当年末开始分 5 年分期收款，每年 200 万元，共计 1 000 万元。若新丽贸易商行在销售当日能够支付全部货款，则只需要 800 万元即可。若价款均含增值税，则具体计算如下：

（1）计算名义金额折算为当前售价的利率如下：

$800 = 200 \times (p/A,i,5)$ $(p/A,i,5) = 4$ 用内插法求得 $i = 7.93\%$

（2）计算各期利息收益和本金收现，如表 5－8 所示。

表 5－8　**未确认融资收益摊销表**　单位：元

| | 应收款项 | 本期应冲减财务费用 | 应收款项减少额 | 摊余成本 |
|---|---|---|---|---|
| | (1) | (2) = (4) × 7.93% | (3) = (1) － (2) | (4) = 期初(4) － (3) |
| 销售日 | | | | 8 000 000 |
| 第一年年末 | 2 000 000 | 634 400 | 1 365 600 | 6 634 400 |
| 第二年年末 | 2 000 000 | 526 108 | 1 473 892 | 5 160 508 |
| 第三年年末 | 2 000 000 | 409 228 | 1 590 772 | 3 569 736 |
| 第四年年末 | 2 000 000 | 283 080 | 1 716 920 | 1 852 816 |
| 第五年年末 | 2 000 000 | 147 184 | 1 852 816 | 0 |
| 合　计 | 10 000 000 | 2 000 000 | 8 000 000 | |

（3）销售日编制会计分录如下：

借：长期应收款——新丽贸易商行　10 000 000

　　贷：主营业务收入　6 837 607

　　　　应交税费——应交增值税（销项税额）1 162 393

　　　　未实现融资收益　2 000 000

（4）第一年年末收到车款时编制会计分录如下：

借：银行存款　2 000 000

　　贷：长期应收款——新丽贸易商行　2 000 000

借：未实现融资收益　634 400

　　贷：财务费用　634 400

（5）第二年年末收到车款时编制会计分录如下：

借：银行存款　2 000 000

　　贷：长期应收款——新丽贸易商行　2 000 000

借：未实现融资收益　526 108

　　贷：财务费用　526 108

……

### 三、小规模纳税人商品销售的核算

小规模纳税人销售货物或提供应税劳务在一般情况下不能开具增值税专用发票，只能开具普通发票；小规模商业企业纳税人销售货物或提供应税劳务，实行简易办法计算增值税额，按销售额的3%计算应交增值税额。

**例题 5－19**：村办宏达公司系增值税小规模纳税人，2012 年 8 月 18 日，销售服装 100 件，取得不含税收入 5 600 元，增值税 168 元。收到转账支票存入银行。根据销售发票及进账单回单联等单据，编制会计分录如下：

借：银行存款　　5 768

　　贷：主营业务收入　　5 600

　　　　应交税费——应交增值税　　168

## 第三节　商品销售成本的计算与结转

商品销售成本的计算和结转是指按照商品的进价来计算已售出商品的成本，并将其结转到当期损益，通过收入和费用的配比，正确确定企业经营损益。

### 一、商品销售成本的计算方法

商品销售成本是指已销售商品的实际成本，在实行进价核算的企业，商品销售成本一般是指所售商品的采购成本。在实际工作中，企业经营销售的商品不是一次购入的，商品购进是分期分批多次进行的，即使同一种商品，因为进货批次不同，进货的单价也就不尽相同。企业要采用恰当的方法来计算已销商品的进价成本，从而正确反映库存商品价值和一定时期的经营成果。商品销售成本计算的主要方法有个别计价法、先进先出法、加权平均法、移动加权平均法和毛利率法。由于个别计价法和移动加权平均法前面已有详细介绍，本处不再赘述。

（一）先进先出法

先进先出法是指以先购进的商品先售出的为假设前提，计算售出商品成本和结存商品成本的方法。先进先出法因为要按商品购入的先后顺序计算商品销售成本和期末库存商品的实际成本，所以发出量如果超过最先收进的那一批的批量时，超过部分要依次按下一批收进的单价计算。实务中采用此法可以逐笔（即每发出一次计算一次成本）计算成本；也可以月末一次计算销售成本。

**例题 5－20**：村办翔宏商贸公司商品的明细账资料如表 5－9 所示：

**表 5－9　　库存商品明细账（先进先出法）**

类别：护发类　　　　　　　　　　　　　　连续第×页

品名：洗发水　　规格：400ml　　单位：瓶　　　　第××页

| ××年 | | 凭证号数 | 摘　要 | 收　入 | | | | 付　出 | | | | 结　存 | | |
|---|---|---|---|---|---|---|---|---|---|---|---|---|---|---|
| 月 | 日 | | | 购进数量 | 其他数量 | 单价 | 金额 | 销售数量 | 其他数量 | 单价 | 金额 | 数量 | 单价 | 金额 |
| × | 1 | 略 | 上月结存 | | | | | | | | | 6 000 | 4.80 | 28 800 |
| | 3 | | 购进 | 5 000 | | 4.75 | 23 750 | | | | | 6 000<br>5 000 | 4.80<br>4.75 | 28 800<br>23 750 |
| | 10 | | 销售 | | | | | 5 000 | | 4.80 | 24 000 | 1 000<br>5 000 | 4.80<br>4.75 | 4 800<br>23 750 |
| | 15 | | 加工付出 | | | | | | 1 000 | 4.80 | 4 800 | 5 000 | 4.75 | 23 750 |
| | 22 | | 购进 | 5 500 | | 4.70 | 25 850 | | | | | 5 000<br>5 500 | 4.75<br>4.70 | 37 500<br>25 850 |
| | 27 | | 销售 | | | | | 5 000<br>500 | | 4.75<br>4.70 | 23 750<br>2 350 | 5 000 | 4.70 | 23 500 |
| | 30 | | 本月合计 | 10 500 | | | 49 600 | 10 500 | 1 000 | | 54 900 | 5 000 | | 23 500 |

根据资料按先进先出法计算其三次发出商品实际进价成本及月末结存商品成本如下：

10 日销售成本：5 000×4.8 ＝ 24 000（元）

15 日销售加工付出成本：1 000 ×4.8 = 4 800（元）

27 日销售成本：5 000 ×4.75 + 500 ×4.7 = 26 100（元）

期末结存成本：5 000 ×4.7 = 23 500（元）

采用先进先出法计算商品销售成本，优点是计算结果较为准确，符合商品保管规律，便于日常库存成本的管理和控制；不足是手续较为繁琐，工作量也较大。先进先出法适用于品种较少或收发次数不多的商品。

（二）加权平均法

加权平均法，亦称全月一次加权平均法，是指以本月全部收进数量与月初库存数量为权数，月末一次计算平均单价，据以计算商品销售成本和期末结存商品成本的方法。加权平均法计算商品销售成本的步骤如下：

1. 根据库存商品明细账资料，计算加权平均单价。库存商品加权平均单价的计算公式是：

$$\text{加权平均单价}=\frac{\text{期初结存金额}+\text{本月收入金额}-\text{本期非销售付出金额}}{\text{期初结存数量}+\text{本月收入数量}-\text{本月非销售付出数量}}$$

其中：本月非销售付出金额 = 本月非销售付出数量 × 期初库存商品平均单价；

2. 计算期末库存商品结存金额。其计算公式是：期末库存商品结存金额 = 期末结存数量 × 加权平均单价；

3. 计算本月商品销售成本。其计算公式是：商品销售成本 = 本期商品销售数量 × 加权平均单价。或者采用倒挤法计算本月商品销售成本。其计算公式是：商品销售成本 = 期初结存商品金额 + 本期收入商品金额 - 本期商品非销售付出金额 - 期末结存商品金额。

**例题 5 -21**：仍以前例，表 5 -9 所列示的商品进销存资料为例，采用加权平均法计算本月商品销售成本如下（见表 5 -10 所示）：

1. 计算加权平均单价：$=\frac{6\ 000\times4.80+(5\ 000\times4.75+5\ 500\times4.71)-1\ 000\times4.80}{6\ 000+(5\ 000+5\ 500)-1\ 000}$

$=73\ 600\div15\ 500=4.75$（元）

2. 计算期末库存商品结存金额：5 000×4.75＝23 750（元）

3. 计算本期商品销售成本：28 800＋49 600－4 800－23 750
＝49 850（元）

**表 5－10　　库存商品明细账（加权平均法）**

类别：护发类　　　　　　　　　　　　　　　　连续第×页

品名：洗发水　　规格：400ml　　单位：瓶　　　　第××页

| 2012 年 | | 凭证号数 | 摘　要 | 收　入 | | | | 付　出 | | | | 结　存 | | |
|---|---|---|---|---|---|---|---|---|---|---|---|---|---|---|
| 月 | 日 | | | 购进数量 | 其他数量 | 单价 | 金额 | 销售数量 | 其他数量 | 单价 | 金额 | 数量 | 单价 | 金额 |
| × | 1 | 略 | 上月结存 | | | | | | | | | 6 000 | 4.80 | 28 800 |
| | 3 | | 购进 | 5 000 | | 4.75 | 23 750 | | | | | 11 000 | | |
| | 10 | | 销售 | | | | | 5 000 | | | | 6 000 | | |
| | 15 | | 加工付出 | | | | | | 1 000 | 4.80 | 4 800 | 5 000 | | |
| | 22 | | 购进 | 5 500 | | 4.70 | 25 850 | | | | | 10 500 | | |
| | 27 | | 销售 | | | | | 5 500 | | | | 5 000 | | |
| | 30 | | 结转成本 | | | | | | | | 49 850 | 5 000 | 4.75 | 23 750 |
| | 30 | | 本月合计 | 10 500 | | | 49 600 | 10 500 | 1 000 | | 54 650 | 5 000 | | 23 750 |

商品销售成本也可以用加权平均单价乘本期商品销售数量计算。但在实际工作中，计算加权平均单价往往不能整除，又不能把小数位数计算过多，为了避免尾差的影响，通常先计算出期末库存商品金额，然后倒挤商品销售成本，即将尾差的影响消化在商品销售成本之内。

采用加权平均法计算商品销售成本，优点是商品销售成本比较均衡，且计价手续比较简便；缺点是平时从账面上反映不出商品的结存金额，不便于日常商品的控制。加权平均法适用于前后进货价格相差幅度不大，品种不多的商品。

（三）毛利率法

毛利率法是以本月商品销售额，按照上季度实际毛利率计算出本月销售毛利，再据以计算商品销售成本的一种方法。它是一种简化的成本计算方法。其计算公式是：

$$毛利率 = \frac{商品销售毛利}{商品销售额} \times 100\%$$

本月商品销售毛利 = 本月商品销售额 × 上期实际（或本期计划）毛利率

本月商品销售成本 = 本月商品销售总额 - 本月商品销售毛利
= 本月商品销售额 ×（1 - 上季度毛利率）

**例题 5-22**：村办翔宏商贸公司洗涤类商品销售额 4 月份为 6 567 200 元，5 月份为 6 851 400 元，一季度实际毛利率为 30%。根据上述资料，用毛利率法计算 4、5 月份商品销售成本如下：

4 月份商品销售成本 = 6 567 200 ×（1 - 30%）= 1 970 160（元）

5 月份商品销售成本 = 6 851 400 ×（1 - 30%）= 2 055 420（元）

实际工作中，企业经营的商品品种很多，毛利率高低不同，且本期经营品种也经常发生变动，用上季度的毛利率来匡算本期的毛利，往往与本季实际毛利不一致，计算结果不够准确，所以采用这种方法，一般在每个季度的前两个月使用，季度第三个月应按季末各种商品实际结存数和最后一次进货单价，先确定季末库存商品价值，再在类目账上用“倒挤法”计算本季商品销售总成本；然后从销售总成本中扣除前两个月的销售成本即为季度内第三个月应结转的商品销售成本。按毛利率法计算季末商品销售成本的步骤如下：

1. 在库存商品明细账上汇总季初商品大类结存金额、季内商品大类中购进的金额、季内商品大类非商品销售付出金额；

2. 计算商品大类季末结存金额：商品大类季末结存金额 = 各种商品季末实际结存数量 × 最后一次进货单价

3. 计算本季度商品销售成本：本季度商品销售成本 = 该类商品季初结存的金额 + 该类商品本季度购进金额 - 该类商品本季度非销售付出金额 - 该类商品季末结存金额

4. 计算季末月份商品销售成本：季末月份商品销售成本 = 本季度商品销售成本 - 本季度前两月已结转商品销售成本

**例题 5-23**：村办翔宏商贸公司第二季度初洗涤类商品结存金

额为976 000元；该类商品季内总购进金额为6 046 000元；非商品销售付出金额为6 000元，季末结存金额869 000元。根据以上资料，6月份商品销售成本如下：

第二季度商品销售成本为：976 000 + 6 046 000 − 6 000 − 869 000 = 6 147 000（元）

6月份商品销售成本为：6 147 000 −（1 970 160 + 2 055 420）= 2 121 420（元）

经过这样调整计算以后，该类商品的库存商品价值和销售进价成本就与实际基本符合。这种方法计算简便，但结果不够准确，只适用于各季度实际毛利率差别不大、品种较多、按月计算销售成本有困难的商品。

以上计算期末库存商品金额和商品销售成本的方法各有特点，企业应按照本企业经营商品的具体情况，从中选用适用的方法，使计算结果尽可能符合实际。

## 二、商品销售成本的结转

所谓商品销售成本的结转，是指将计算出来的已销商品进价成本，从“库存商品”科目转入“主营业务成本”科目。按其结转时间的不同可分为逐笔结转和定期结转；按其结转方式不同可分为分散结转和集中结转。

在实务中，逐笔结转主要适用于整批进成批出的商品销售；定期结转则广泛用于日常的商品销售业务，并且多是在月末进行，在方式上既可采用分散结转方式，也可采用集中结转方式。其中，分散结转是在库存商品明细账上计算每种已销售商品的成本和期末结存金额，并在每一账户的付出商品金额内登记结转数。然后将各户的商品销售成本加总，求得全部商品销售成本后，在类目账和总账上予以结转。而集中结转在库存商品明细账上只计算每种商品的期末结存数量及金额，不计算每种商品的销售成本，把各户结存商品金额加总或按大类商品加总，得出期末库存商品总金额或大类商品结存金额，然后根据总账或类目账的资料，倒挤出本月已销售商品的成本。

不论是采用分散结转还是集中结转，商品销售成本的核算都是通过设置和运用“主营业务成本”科目进行的。该科目是损益类科目，用于核算企业的已销商品进价成本。采用进价核算商品的企业，按规定的方法计算并结转商品销售成本时，借记“主营业务成本”科目、贷记“库存商品”；月终，应将本月发生的商品销售成本全部转出，并借记“本年利润”，贷记“主营业务成本”科目；“主营业务成本”科目月末结转后应无余额。

**例题 5－24**：村办翔宏商贸公司洗涤类商品有洗发水、润发露两个品种，月末按加权平均法计算库存商品结存金额，有关两种商品的进销资料如表 5－10 和表 5－11 所示。

**表 5－11　　库存商品明细账（加权平均法）**

类别：洗涤类　　连续第×页

品种：洗发露　规格：400ml　单位：瓶　　第 ×× 页

| 2012 年 | | 凭证号数 | 摘要 | 收入 | | | | 付出 | | | | 结存 | | |
|---|---|---|---|---|---|---|---|---|---|---|---|---|---|---|
| 月 | 日 | | | 购进数量 | 其他数量 | 单价 | 金额 | 销售数量 | 其他数量 | 单价 | 金额 | 数量 | 单价 | 金额 |
| × | 1 | 略 | 上月结存 | | | | | | | | | 3 000 | 2.00 | 6 000 |
| | 10 | | 购进 | 7 500 | | 2.05 | 15 375 | | | | | 10 500 | | |
| | 25 | | 销售 | | | | | 5 500 | | | | 5 000 | | |
| | 30 | | 本月结存 | | | | | | | | | 5 000 | 2.04 | 10 200 |

若采用集中结转方式，商品销售成本的计算与结转过程如下：

1. 在库存商品明细账（见表 5－10 和表 5－11）内，用加权平均法计算并登记月末商品结存金额。

2. 以库存商品明细账和“库存商品类目账”（见表 5－12）为依据，编制“商品销售成本计算表”（见表 5－13）。将两种商品月末结存金额合计 33 950 元和类目账结转成本前金额 94 975 元，填入“表 5－13”相关栏次，同时计算出已销售商品进价成本为 61 025（即 94 975－33 950）元。

**表 5 －12　库存商品类目账**

类别：洗涤类　　第 ××页

| 2012 年 | | 凭证 | | 摘要 | 借方 | 贷方 | 借或贷 | 余额 |
|---|---|---|---|---|---|---|---|---|
| 月 | 日 | 字 | 号 | | | | | |
| × | 1 | （略） | （略） | 期初余额 | | | 借 | 34 800 |
| | 3 | | | 购进洗发水 | 23 750 | | 借 | 58 550 |
| | 10 | | | 购进洗发露 | 15 375 | | 借 | 73 925 |
| | 15 | | | 加工付出洗发水 | | 4 800 | 借 | 69 125 |
| | 22 | | | 购进洗发水 | 25 850 | | 借 | 94 975 |
| | 30 | | | 结转销售成本 | | 61 025 | 借 | 33 950 |
| | 30 | | | 本月合计 | 64 975 | 65 825 | 借 | 33 950 |

**表 5 －13　商品销售成本计算表**

单位名称：××翔宏商贸公司　　2012 年×月 30 日

| 商品类别 | 库存商品类目账结转成本前余额 | 库存商品明细账结存金额合计数 | 本期已销商品进价成本 |
|---|---|---|---|
| 洗涤类 | 94 975 | 33 950 | 61 025 |
| | | | |
| | | | |
| 合　计 | 94 975 | 33 950 | 61 025 |

3. 根据批发商品销售成本计算表，编制会计分录如下：

借：主营业务成本——洗涤类　　61 025

　　贷：库存商品——洗涤类　　61 025

4. 根据上述结转商品销售成本的会计分录，在库存商品类目账上结转已销商品进价成本，并结出期末结存商品金额。

## 第四节　商品储存的核算

商品购进后，为了保证商品的销售，要有一定数量的库存。合理的商品库存量，是保证商品供应，加速商品周转的前提。库存商品储存的核算既包括库存商品明细账的设置和登记，还包括库存商品盘点的核算。

## 一、库存商品明细分类核算

库存商品明细账设置

按照数量进价金额核算的要求，库存商品的账簿组织一般分为三级，即总账、类目账、明细账。一级和二级核算在企业财会部门进行，即设置"库存商品总账"和"库存商品类目账"，分别核算企业全部库存商品和各大类库存商品的收入、发出及结存的进价金额；三级明细核算则可在业务部门、仓库和财会部门进行。本着既要满足各部门业务需要，又要简便、实用的原则，分别采用下列三种方式解决调拨账、保管账和商品账的设置及其协调问题：

1. 三账一卡。"三账一卡"，又称"三账分设"。指业务部门按照商品的编号、品名、等级、规格分户设置商品调拨账，只登记商品的数量，掌握商品的"可调库存"（又称业务库存），凭以办理开单购进、销售和调拨；财会部门设置一套商品明细账，登记商品的数量和进价金额，核算商品的"会计库存"，计算已销商品进价成本，控制业务和仓库部门的商品增减记录；仓库设置商品保管账，登记商品收付数量，掌握商品的"实际库存"（又称"保管库存"），凭以保管商品、办理发货；此外，在商品堆放处还应挂堆垛卡，以随时掌握各堆商品存量。

"三账一卡"账簿体系虽然完整，便于控制商品和对账。但登账工作量大，重复劳动多，且容易出现三账之间的未达账项问题。

2. 二账一卡。"二账一卡"又称"两账合一"，指商品调拨账与商品明细账合并设置，放在业务部门；仓库仍然设置保管账和堆垛卡，这种方法适用于业务与财会两部门在同一场所办公，且相互配合协调较好的企业。

3. 一账一卡。"一账一卡"，又称"三账合一"，指将商品调拨账、商品明细账、商品保管账合设为一套商品明细账，既登记数量，又登记金额。这种方法适用于前店后库或业务、财会及库房在同一场所办公的企业。

## 二、库存商品明细账的登记

### （一）库存商品类目（大类）账的登记

库存商品类目账是介于库存商品总账与库存商品明细账之间的二级账，它既受总账的控制，又控制所属明细账。其格式一般选用三栏式账页，根据记账凭证及后附原始凭证进行登记，记载各大类商品收入、发出及结存的进价金额。

库存商品进行大类核算，有利于三级库存商品账簿之间的相互控制与核对，若发生数额不符，可以只在某一大类范围内检查，它有利于按商品大类考核进销存情况和经营毛利。但“商品销售收入”、“商品销售成本”两科目也应与库存商品类目账同口径进行二级核算。

### （二）库存商品明细账的登记

库存商品明细账是企业财会部门组织库存商品明细核算的重点账簿，其具体登记方法与销售成本计算、结转方法密切相关。此处以采用加权平均法计算销售成本和分散结转相结合的方式，说明该明细账户的具体登记方法，具体如下：

1. 购进商品验收入库时，应根据“商品验收单”在收入栏内登记购进数量、单价和金额；

2. 购进商品退回时，应根据负数“增值税专用发票”或红字“商品验收单”在收入栏内红字登记购进数量、单价和金额；

3. 加工商品收回及商品盘盈时，应分别根据“加工商品成本计算单”及“商品溢余（短缺）报告单”在收入栏内其他栏登记数量，单价和金额；

4. 因销售发出商品时，以“增值税专用发票”相关联次为依据，平时只在付出栏内登记销售数量，月终结转销售成本时，再登记平均进货单价和金额；

5. 销售退回，应根据负数“增值税专用发票”及有关购货单位的拒收单证，用红字在付出栏内登记销售数量；

6. 发出加工商品及商品盘亏时，应根据“加工商品发料单”和“商品溢余（短缺）报告单”在付出栏内其他栏登记数量、单价和金额；

7. 明细账内的结存栏，平时只登记数量，只有在月初结存和期末计算库存商品结存金额时，才登记平均单价和金额。

## 三、库存商品盘点的核算

企业储存的商品由于自然条件的影响，设备条件的限制、工作中的差错及其他原因，会发生商品库存实有数少于或多于账存数的情况以及发生质量变化的现象，出现库存商品的溢余或短缺。为了保护商品的安全，促使账实相符，企业必须定期或不定期地对库存商品进行实地盘点。

盘点时，一般应根据各种实物的计量单位逐一点数，称重丈量，以确定全部实存数量，对包装完整的商品，可采用抽查的办法，对大堆笨重与特殊的商品，可用技术测定的方法来确定全部实存数量。盘点后，应填制“商品盘点表”（见表 5 - 14）以反映盘点结果，在表中根据盘点结果填明实际数量，根据账上的资料填明账存数量，然后根据账存数量与实际数量计算溢余或短缺数量及金额。

**表 5 - 14　　　　商品盘点表**

商品类别：× ×　　　　2012 年 6 月 30 日　　　　第 ×页共×页

| 品名 | 单位 | 单价 | 账面结存 | | 实际盘存 | | 账存与实存差异 | |
|---|---|---|---|---|---|---|---|---|
| | | | 数量 | 金额 | 数量 | 金额 | 数量 | 金额 |
| KS50 百丽随身听 | 台 | 100 | 50 | 5 000 | 50 | 5 000 | | |
| L200 红心电熨斗 | 台 | 120 | 50 | 6 000 | 49 | 5 880 | -1 | -120 |
| FT35 - 1 科龙台扇 | 台 | 150 | 50 | 7 500 | 52 | 7 800 | 2 | 300 |
| | | | | | | | | |
| 合计 | | | | 30 000 | | 30 210 | | 210 |

部门负责人：李莉　　监盘人：张欣　　实物负责人：董第周　　制表：刘星

商品盘点发现溢余或短缺后，应及时填制“商品溢余（短缺）报告单”，查明原因，明确提出处理意见，按规定审批程序报请批准处理。在批准前，通过“待处理财产损溢”科目的贷方或借方核算商品的溢余或短缺金额，同时调整库存商品账面记录；查明原因后分情况处理，进行转账。库存商品盘点溢缺账务处理方法与购进商品溢缺的账务处理方法基本相同，不再赘述。

## 四、库存商品减值核算

按照《企业会计准则第 8 号——资产减值》的规定，资产负债表日，期末库存商品应当采用成本与可变现净值孰低法计价。也就是说，如果库存商品的期末账面成本低于可变现净值时，库存商品应按成本计价；如果库存商品的期末可变现净值低于账面成本，库存商品按可变现净值计价。其中，账面成本是指库存商品的历史成本；可变现净值是指企业在正常经营过程中，以库存商品的估计售价减去估计的销售费用和税金后的金额确定。企业在确定库存商品的可变现净值时，应当以取得的可靠证据为基础，并且考虑持有库存商品的目的，资产负债表日后事项的影响等因素。

企业应当在期末对库存商品进行清查，如由于库存商品毁损、全部或部分陈旧过时，销售价格低于账面成本等原因，使库存商品可变现净值低于账面成本的，应按可变现净值低于库存商品的成本部分，计提存货跌价准备。期末，企业计算出存货可变现净值低于账面成本的差额，借记“资产减值损失”科目，贷记“存货跌价准备”科目。在“资产负债表”中，“存货跌价准备”列为“存货”的抵减项目处理。

**例题 5 - 25**：2012 年 12 月 31 日，村办翔宏商贸公司库存洗衣粉的账面价值为 100 万元，估计可变现净值为 110 万元，则在 2012 年 12 月 31 日，应按账面的成本 100 万元在资产负债表上列示，因为商品此时并没有发生减值。而 2013 年 12 月 31 日，商贸公司库存洗衣粉的账面价值为 100 万元，估计可变现净值为 90 万元，则在 2013 年 12 月 31 日，应按可变现净值 90 万元在资产负债表上列示，库存商品减值 10 万元。翔宏商贸公司在 2013 年年末按“成本与可变现净值孰低法”计提存货跌价准备后，编制会计分录如下：

借：资产减值损失　　100 000

　　贷：存货跌价准备　　100 000

# 第六章　村办零售商店主要业务的核算

村办零售商店对于其购销业务采用售价金额核算法。售价金额核算法也称“售价记账，实物负责制”，是在建立实物负责制的基础上，以售价金额记账，并控制商品进、销、存的一种商品核算方法。其基本工作要点是：

1. 建立实物负责制。这是实行售价金额核算法的主要环节。企业按照经营商品的品种或存放地点划分实物负责小组，确定实物负责人，并按其名称开设库存商品明细账，实物负责人对其所经营的商品承担经济责任。

2. 售价记账。企业财会部门对各实物负责人所经营商品的进、销、存业务一律以售价金额控制。商品的进、销、存随时登记售价金额，不反映数量，以便随时反映实物负责人的经济责任。

3. 设置“商品进销差价”账户，由于库存商品按售价记账，而进货按进价结算付款，因而需设置“商品进销差价”账户反映各实物负责人所经营商品售价金额和进价金额之间的差额，并根据商品管理的需要，采用适当的方法，随时或定期计算和结转已销商品的进价成本。

4. 建立商品的实地盘点制度。库存商品明细账按实物负责人设置后，账面资料不能反映结存商品的数量指标，故月末需要通过实地盘点的办法来确定实存商品的售价金额，并与账面售价金额进行核对，以发现和处理所存在的商品经营问题，做到账实相符。

采用这种核算方法可以简化核算手续，是目前零售商品流转核算普遍采用的方法。但由于库存商品明细账只记金额不记数量，故库存商品的数量难以掌握和控制，且盘点后所暴露出来的差错很难查明原因。因此，实行售价金额核算法必须建立健全各业务环节的手续制度，且对贵重商品仍需设置必要的商品数量账。售价金额核算法适用于所经营的商品品种繁多、交易数量零星的零售商品业务。

## 第一节　商品购进的核算

### 一、商品购进核算科目设置

零售商品购进的核算，除设置和运用“在途物资”、“库存商品”和“应交税费——应交增值税”等科目以外，还应当设置和运用“商品进销差价”科目。需要说明的是，库存商品无论是按进价核算还是按售价核算，“在途物资”科目在使用上和数量进价金额核算基本一致。但是，在“库存商品”科目的使用上却有较大差异。在售价金额核算法下，库存商品的收、发、存必须按商品的售价记账，借方核算商品入库的售价金额；贷方核算商品出库的售价金额；期末借方余额反映结存商品的售价金额。

为了核算库存商品售价和进价之间的差额，应设置“商品进销差价”科目。“商品进销差价”是资产类科目，也是“库存商品”的备抵调整科目，核算企业库存商品按售价核算的情况下，售价与进价之间的差额；如果商品的售价是含税售价，则商品进销差价也是含税差价。企业由于购进、加工收回等形成差价增加时贷记该科目，月末分摊已销商品进销差价以及其他原因减少差价时借记该科目；该科目的余额一般在贷方，反映期末库存商品应分摊的进销差价。“库存商品”科目的期末余额不能反映商品的实际成本，而要得到商品实际成本的资料，就要用“库存商品”科目余额减去“商品进销差价”科目的余额。

## 二、商品购进基本业务的核算

### （一）货款结算与商品验收入库同时完成

**例题 6－1**：村办大华商店化妆品柜组向本市京云公司购进化妆用品 100 箱，单价 500 元，其总进价为 50 000 元，增值税进项税额为 8 500 元，含税总售价为 79 560 元，货款以转账支票支付，商品由化妆组如数验收。京云公司开具增值税专用发票，化妆组填制“商品验收单”，如表 6－1 所示，会计部门签发转账支票支付全部货款。

**表 6－1**　　　　商品验收单

进货部门：化妆组　　　　供货单位：京云公司

201×年×月×日　　　　单位：元

| 品名及规格 | 单位 | 数量 | 包装细数 | 不含税进价 | | 售价 | | | | |
|---|---|---|---|---|---|---|---|---|---|---|
| | | | | 单价 | 金额 | 单价 | 不含税金额 | 销项税额 | 价税合计 | 含税进销差价 |
| 化妆品 | 箱 | 100 | | 500 | 50 000 | | 68 000 | 11 560 | 79 560 | 29 560 |
| | | | | | | | | | | |
| 合计 | | | | | 50 000 | | 68000 | 11 560 | 79 560 | 29 560 |
| 发票号码 | 09470008890 | | | 存放地点 | | | | 备注 | | |

负责人：王彪　　复核：游兴奎　　验收：李木子　　制单：韩霜

根据增值税专用发票、支票存根及商品验收单，编制会计分录如下：

借：库存商品——化妆组　　79 560
　　应交税费——应交增值税（进项税额）　　8 500
　　贷：银行存款　　58 500
　　　　商品进销差价——化妆组　　29 560

### （二）结算货款在前，商品验收入库在后

**例题 6－2**：村办大华商店家电部向四川长虹公司购进彩电 30 台，每台进价 2 000 元，总进价 60 000 元，增值税进项税额为 10 200元，同时发生代垫运输费 300 元，合同约定采用托收承付方

式结算付款。

（1）收到托收凭证付款通知联、运费发票、增值税专用发票等单据，审核无误付款，编制会计分录如下：

借：在途物资——四川长虹电器公司　　60 279
　　应交税费——应交增值税（进项税额）　　10 221
　　贷：银行存款　　70 500

（2）5 日后收到商品，其每台含税售价为 3 000 元，总售价为 90 000 元，根据家电部商品验收单及供方随货同行增值税专用发票等单据，编制会计分录如下：

借：库存商品——家电部　　90 000
　　贷：在途物资——四川长虹电器公司　　60 279
　　　　商品进销差价——家电组　　29 721

（三）商品验收入库在前，结算货款在后

**例题 6－3**：（1）化妆组收到重庆利华公司发来的化妆品一批，根据随货增值税专用发票点验入库，其进价为 50 000 元，含税零售价为 60 000 元。经有关部门审核符合购销合同，有关单据转财会部门处理。

借：库存商品——家电部　　90 000
　　应交税费——应交增值税（进项税额）　　8 500
　　贷：应付账款——四川长虹电器公司　　68 500
　　　　商品进销差价——家电组　　30 000

（2）由于此项进货尚未收到增值税专用发票，可暂不入账，应将有关单证妥善保管，待结算凭证到达后再作付款处理。到月末如果结算凭证仍未到达，为了使期末报表真实反映企业存货情况，应对此批商品估价入账，编制会计分录如下：

借：库存商品——洗涤类　　60 000
　　贷：应付账款——暂估应付账款　　50 000
　　　　商品进销差价——家电部　　10 000

下月初，用红字冲回，编制会计分录如下：

借：库存商品——洗涤类　　[60 000]

贷：应付账款——暂估应付账款　　50 000

商品进销差价——家电部　　10 000

次月某日，银行转来重庆利华公司相关结算凭证，托收商品货款 50 000 元，进项税额 8 500 元及代垫运输费 500 元，经审核无误后，立即承付全部款项 47 520 元，并据以编制会计分录如下：

借：库存商品——洗涤类　　60 000

应交税费——应交增值税（进项税额）　　8 535

贷：银行存款　　59 000

商品进销差价——家电部　　9 535

## 三、预付货款购进商品的核算

零售企业为了保证商品供应，对于市场上比较畅销、紧俏而供货单位暂时没有现货的商品，可以采用预付货款方式采购商品。采用预付货款方式采购商品应以双方签订的供货合同为依据，按预定的时间预付货款。在预付账款给供货单位时，由于商品所有权并未发生转移，故不能作为商品购进处理，应通过“预付账款”科目核算。“预付账款”是资产类科目，用来核算用预付货款形式购进商品的业务，预付货款时记借方，收到商品时记贷方，借方余额表示预付货款数额大于收到商品的数额，贷方余额表示预付货款的数额小于收到商品的数额。

**例题 6-4**：村办大华商店采用预付货款的方式，向海尔电器公司订购一种新型电冰箱 30 台，根据购货合同规定，应预付货款 20 000元。双方约定采用信汇方式结算所有款项。

（1）财会部门根据信汇回单联，编制会计分录如下：

借：预付账款——海尔电器公司　　20 000

贷：银行存款　　20 000

（2）海尔电器公司如数发来冰箱 30 台，实际进价 100 000 元，增值税进项税额 17 000 元，应补交价款 97 000 元，当即以信汇方式付款，冰箱含税售价为 148 000 元，冰箱由家电部验收入库。财会部门根据商品验收单、增值税专用发票编制会计分录如下：

借：在途物资——海尔电器公司 100 000
　　应交税费——应交增值税（进项税额） 17 000
　　贷：预付账款——海尔公司 117 000

借：预付账款——海尔电器公司 97 000
　　贷：银行存款 97 000

同时：

借：库存商品——家电部 148 000
　　贷：在途物资——海尔电器公司 100 000
　　　　商品进销差价——家电部 48 000

## 四、购进商品发生溢余、短缺的核算

购进商品过程中发生溢余或短缺，企业应按实收商品数量验货入库，并依此计算确定商品售价与进销差价，而将溢余或短缺部分按进价计算记入“待处理财产损溢”科目的借方或贷方，待原因查明作出处理后，再转入有关科目。

**例题 6－5**：村办大华商店向三利工厂采购糖果 1 000 千克，每千克进价 15 元，总进价为 15 000 元，增值税进项税额为 2 550 元，零售单价为 20 元，总售价为 20 000 元，对方代垫运费 500 元，账务处理过程如下：

（1）承付货款及运费，根据托收凭证付款通知联、增值税专用发票、铁路运单等单据，编制会计分录如下：

借：在途物资——三利工厂 15 465
　　应交税费——应交增值税（进项税额） 2 585
　　贷：银行存款 18 050

（2）上述商品到达，实际验收时发现溢余 10 千克，原因待查，根据商品验收单及商品溢余短缺报告单，分析有关数据如下：库存商品应按实收数量的零售价格入账，即（1 000＋10）×20＝20 200 元；入库商品的进销差价应按入库商品的实际售价和实际进价的差额入账，即 1 010×（20－15）＝5 050 元；待处理财产损溢应按溢余商品的进价入账即 10×15=150 元。编制会计分录如下：

借：库存商品——糖果组　20 200
　贷：在途物资——三利工厂　15 000
　　待处理财产损溢——待处理流动资产损溢　150
　　商品进销差价——糖果组　5 050

(3) 经查明，溢余商品系自然升溢，经批准作冲减“管理费用”科目处理，编制会计分录如下：

借：待处理财产损溢——待处理流动资产损溢　150
　贷：管理费用——商品损耗　150

(4) 假如商品到达，实际验收仅 900 千克，短缺 100 千克，原因待查。根据商品验收单及商品溢余短缺报告单，编制会计分录如下：

借：库存商品——糖果组　18 000
　待处理财产损溢——待处理流动资产损溢　1 500
　贷：在途物资——三利工厂　15 000
　　商品进销差价——糖果组　4 500

(5) 查明原因，短缺商品系运输单位责任造成，经联系运输部门同意赔偿。编制会计分录如下：

借：其他应收款——×运输部门　1 755
　贷：待处理财产损溢——待处理流动资产损溢　1 500
　　应交税费——应交增值税（进项税额转出）　255

## 第二节　商品销售的核算

### 一、商品销售的收款方式及销货款送存银行方式

零售企业主要通过设立门店销售自己所经营的商品。常用的销货方式是现货交易，收取的货款主要是现金，单位购买可用转账支票等。零售企业销售商品采用两种收款方式：其一是营业员直接收

款；其二是设置收款台集中收款结账。实际工作中零售企业采用集中收款方式的较多。零售企业每天收入的销货款应及时送存银行，企业销货款送存方式主要采取集中解缴。集中解缴是在每日营业终了，由各实物负责人（柜组或楼层）根据本日销售情况，填制“内部交款单”和“商品进销存日报表（见表6－2）”连同当日销售款，一并送交企业财会部门的金融中心或收银中心，集中送存银行，集中缴款时应填制“送款簿”或“进账单”、“商品进销存日报表”、“内部交款单”，款项送存银行后，财会部门据以记账。

**表6－2　　　　商品进销存日报表**

填报单位：×××　　　　年　月　日　　　　编号：××

| 项　　目 | 本日发生数 | 本月累计数 | 项　　目 | 本日发生数 | 本月累计数 |
|---|---|---|---|---|---|
| 上日结存 | | | 本日销货 | | |
| 本日进货 | | | 本日调出 | | |
| 本日调入 | | | 降价减值 | | |
| 提价增值 | | | 盘点短缺 | | |
| 盘点长余 | | | 本日结存 | | |
| 合　　计 | | | 合　　计 | | |

## 二、商品销售业务的核算

### （一）门市销售日常核算

村办商店商品销售业务的核算，一方面要反映商品销售收入的实现，销项税额的收取和销货款送存银行，另一方面又要注销已销售的库存商品，反映商品销售成本的形成。其主要核算工作有：按照所销商品的含税售价确认收入，同时按照售出商品的含税售价，结转销售成本；月末，计算分解主营业务收入中的增值税销项税额；月末，计算已销商品的进项差价，将平日“主营业务成本”科目的售价金额调整为进价金额。

**例题6－6**：大华商店6月10日各营业柜组交来销货款，其中：百货组11 700元，服装组35 100元，由财会部门集中送存银行，共计46 800元。根据内部交款单（见表6－3）、送款簿回单联及商品进销存日报表编制会计分录如下：

**表6－3　　内部交款单**

交款柜组：百货组　　201×年6月10日　　编号：××

| 销售金额 | 合计 | 实收金额 | | | 未收金额 | 长款 | 短款 |
|---|---|---|---|---|---|---|---|
| | | 现金 | 支票 | 信用卡 | | | |
| 11 700.00 | 11 700.00 | 11 700.00 | | | | | |
| 人民币（大写） | 壹万壹仟柒佰零拾零元零角零分 | | | | | | |
| 负责人签字 | | 备注： | | | | | |

复核：张效楠　　会计：鲍蕾　　交款人：潘霞

借：银行存款　　46 800

　　贷：主营业务收入——百货组　　11 700

　　　　　　　　　——服装组　　35 100

同时：

借：主营业务成本——百货组　　11 700

　　　　　　　　——服装组　　35 100

　　贷：库存商品——百货组　　11 700

　　　　　　　——服装组　　35 100

对于个人消费者购货中采用信用卡结算时，各柜组在营业终了按信用卡各发卡行汇总后，在内部交款单标明，财务部门根据汇总的信用卡结算金额，计入“应收账款——×信用卡款”科目核算，与各银行办理结算。待以后银行通知信用卡款到账后，凭有关单据借记“银行存款”科目，贷记“应收账款——×信用卡款”科目。

**例题6－7**：村办大华商店服装组当日汇总牡丹信用卡收入为100 000元。编制会计分录如下：

借：应收账款——牡丹信用卡　　100 000

　　贷：主营业务收入——服装组　　100 000

同时：

借：主营业务成本——服装组　　100 000

贷：库存商品——服装组 100 000

待与银行结算货款时，银行按 0.5% 收取手续费。编制会计分录如下：

借：银行存款 99 500

财务费用 500

贷：应收账款——牡丹信用卡 100 000

（二）批量销售的核算

村办商店在日常销售中，为了促销商品，对于批量购买的客户，往往采用低于柜台零售标价的销售价格结算货款。例如，皮包原售价 500 元，若批量购买 5 件以上，可以享受原零售价的 9 折，即按 450 元结算。

**例题 6－8**：村办大华商店箱包组批量销售 20 个衣箱，原零售单价 105 元，批量优惠价每个 100 元，收到转账支票一张存入银行。编制会计分录如下：

借：银行存款 2 000

贷：主营业务收入——箱包组 2 000

同时：

借：主营业务成本——箱包组 2 100

贷：库存商品——箱包组 2 100

（三）打折让利销售的核算

打折让利就是在原售价的基础上，降价销售商品，使企业的盈利空间减少。在会计核算上与正常销售基本一致。

（四）以旧换新销售的核算

以旧换新销售，是指销售方在销售商品的同时，回收与所售商品相同的旧商品。在这种销售方式下，会计核算主要涉及两项内容：一是确认商品销售收入，二是回收旧品入账。而按照税法规定，纳税人采用以旧换新的方式销售货物，应按新货物的同期销售价格确定销售额。收购旧商品，可按 10% 的扣除率计算准予抵扣的增值税进项税额。

**例题 6－9**：村办平安商店五金组苏泊尔压力锅采用以旧换新的

方式销售，新压力锅每个售价 234 元，旧压力锅回收价 30 元。销售新压力锅 10 个，同时换回旧压力锅 10 个。根据有关单据编制会计分录如下：

借：银行存款　2 040
　　库存商品——回收旧物　270
　　应交税费——应交增值税（进项税额）　30
　　贷：主营业务收入　2 000
　　　　应交税费——应交增值税（销项税额）　340

（五）随所售商品发放赠品的核算

按税法规定，将购买的货物无偿赠与他人应视同销售计算缴纳增值税。

**例题 6－10**：村办平安商店“五一”期间洗涤组进行牙膏促销方式，买牙膏送牙刷活动，牙膏每盒进价 8 元，售价 11.7 元；牙刷每只进价 1.5 元，售价 2.34 元；销售牙膏 1 000 盒，赠送牙刷 1 000只。根据有关单据编制会计分录如下：

借：银行存款　11 700
　　销售费用　340
　　贷：主营业务收入——洗涤组　10 000
　　　　应交税费——应交增值税（销项税额）　2 040

同时：

借：主营业务成本——洗涤组　9 500
　　贷：库存商品——洗涤组　9 500

（六）有奖销售的核算

有奖销售，是指经营者销售商品或者提供服务，附带性地向购买者提供物品、金钱或者其他经济上的利益的行为。包括奖励所有购买者的附赠式有奖销售和奖励部分购买者的抽奖式有奖销售。奖金的最高金额不得超过有关规定，以非现金的物品或者其他经济利益作为奖励的，按照同期市场同类商品或服务的正常价格折算其金额。在会计处理方面，有奖销售中所发放的奖金记入“销售费用”科目；中奖的物品则视同商品销售处理。

（七）销售长短款核算

零售企业在经营过程中，由于某些原因会发生销货长短款的情况，所谓销货长短款是指销货实收现金大于或小于收款记录应收数的差额。每日营业终了或交款前，各实物负责人，应将实收现金数与收款记录核对，若不符，应及时填报“长（短）款报告单”，连同“商品进销存日报表”转交财会部门据以进行账务处理。发生的长款或短款，若系销货记录错误造成的，应调整“主营业务收入”和“主营业务成本”科目；若系收款员过失造成短缺，应令其赔偿，记入“其他应收款”科目，对于确实无法查明原因的长款应转作营业外收入处理。

**例题 6－11**：村办大华商店百货组销售商品 11 700 元，实收 11 680元，短款 20 元，由收款台收银员赔偿，款项送存银行。

（1）根据内部交款单、送款簿回单联及商品进销存日报表等单据，编制会计分录如下：

借：银行存款　　11 680

　　其他应收款——×收银员　　20

　　贷：主营业务收入——百货组　　11 700

同时：

借：主营业务成本——百货组　　11 700

　　贷：库存商品——百货组　　11 700

（2）收到收款员赔款，根据收据编制会计分录如下：

借：库存现金　　20

　　贷：其他应收款——×收银员　　20

（八）受托代销商品的核算

零售商品流转受托代销商品核算与批发商品流转基本相同，所不同的是“受托代销商品”科目采用售价进行核算。

**例题 6－12**：村办双安商店家电组接受森宇电器公司委托代销 100 件家用空调，接收价 500 000 元，零售价 850 000 元。

（1）接收代销商品，编制会计分录如下：

借：库存商品——森宇电器公司　　850 000

贷：应付账款——森宇电器公司　500 000

商品进销差价——家电组　350 000

（2）商品售出，根据现金送款簿、商品进销存日报表等单据，编制会计分录如下：

借：银行存款　850 000

贷：主营业务收入——家电组　850 000

同时：

借：主营业务成本——家电组　850 000

贷：库存商品——森宇电器公司　850 000

（3）签发转账支票，支付代销商品款，根据对方开来的增值税专用发票、转账支票存根等单据，编制会计分录如下：

借：应付账款——森宇电器公司　585 000

应交税费——应交增值税（进项税额）　85 000

贷：银行存款　585 000

（九）含税主营业务收入价税分离的核算

由于零售企业平日销售时并不开具增值税专用发票，故平日销售时增值税销项税额可以不用计算和反映，待月末集中计算分解增值税销项税额，其计算公式如下：

$$不含税收入=\frac{全月销售额}{1+增值税税率}$$

增值税销项税额 = 不含税销售收入 × 增值税税率

**例题 6-13**：某零售企业月终“主营业务收入”各明细科目发生额如下：“百货组”明细科目发生额 23 400 元，“服装组”明细科目发生额 58 500 元，分解价税如下：

$$百货组不含税销售额=\frac{23\ 400}{1+17\%}=20\ 000（元）$$

$$服装组不含税销售额=\frac{58\ 500}{1+17\%}=50\ 000（元）$$

百货组应分解增值税销项税额 = 20 000 × 17% = 3 400（元）

服装组应分解增值税销项税额 = 50 000 × 17% = 8 500（元）

借：主营业务收入——百货组　3 400

——服装组 8 500

贷：应交税费——应交增值税（销项税额） 11 900

## 第三节 已销商品进销差价的计算和结转

采用售价金额核算法的村办零售商店，平时商品销售时，为简化核算手续，商品销售成本是按售价计算结转的。但是月末为了确定库存商品实际成本和已销商品的实际进价成本，正确计算财务成果，就必须计算结转已销商品的进销差价，从而将以售价计算的主营业务成本调整为进价成本。已销商品的进销差价计算方法主要有“综合差价率法”、“分柜组差价率法”和“实际差价计算法”三种。

### 一、综合差价率计算法

采用综合差价率计算法计算已销商品应分摊的进销差价，先以全部商品进销差价额除以一定时期全部商品售价金额，计算出全部商品的综合差价率，然后再根据综合差价率分摊已销商品和结存商品应分摊的进销差价。其中，综合差价率的计算公式如下：

$$\text{综合差价率}=\frac{\text{月末分摊前商品进销差价余额}}{\text{月末库存商品余额}+\text{本月商品销售成本借方发生额}}\times 100\%$$

$$\text{本月已销商品应分摊的进销差价}=\text{本月商品销售成本借方发生额}\times\text{综合差价率}$$

$$\text{月末库存商品应保留的进销差价}=\text{月末分摊前商品进销差价余额}-\text{本月已销商品应分摊的进销差价}$$

**例题 6-14**：村办大华商店月末“商品进销差价”科目余额为 192 000 元，月末库存商品余额为 340 000 元，本月“主营业务成本”和“主营业务收入”科目发生额均为 460 000 元，根据上述资料计算本月已销商品应分摊的进销差价如下：

综合差价率 = 192 000 ÷ （340 000 + 460 000） ×100% = 24%

本月已销商品应分摊的进销差价 =460 000×24% =110 400（元）

根据计算出来的已销商品应分摊进销差价，编制其结转的会计分录如下：

借：商品进销差价　　110 400

　贷：主营业务成本　　110 400

经过上述结转以后，“商品进销差价”科目余额为 81 600（192 000 - 110 400）元，即为本月的“库存商品”340 000 元未实现的商品进销差价（含增值税销项税额）；“商品销售成本”科目余额为 349 600（460 000 - 110 400）元，即为本月已销商品进价成本。在月末分解计算销售收入中所含有的增值税销项税额后，即可计算商品销售毛利。

“主营业务收入”科目的余额 460 000 元为含税的销售收入，在计算转出增值税销项税额 66 387.61 元后，其余额 393 162.39元才是本月实际的商品销售收入，主营业务收入与主营业务成本账户的余额相抵后的差额 43 562.39 元即为本月已销商品实现的毛利。

综合差价率计算法虽然较为简便，但计算结果正确性较差。其原因是：各种商品的进销差价率不完全相同，而且计算期内每类商品销售额在全部销售额中所占比重有大有小，这些都会影响已销商品应分摊进销差价的准确性。综合差价率计算法适用于进销差价较为均衡的商品。

## 二、分类（或柜组）差价率计算法

分类（或柜组）差价率计算法同综合差价率计算法原理相同，只是在计算差价率时要求按各柜组分别计算，进而分别确定各柜组已销商品进销差价。采用这种方法，要求企业平日“主营业务收入”、“主营业务成本”及“商品进销差价”科目必须按营业柜组进行明细科目设置。

**例题 6 - 15**：村办大华商店 6 月末有关明细科目发生额资料如表 6 - 4 所示。

**表 6－4　　大华商店明细科目发生额资料**

| 商品柜组 | 月末进销差价余额 | 月末库存商品余额 | 主营业务成本 |
|---|---|---|---|
| 百货组 | 75 000 | 134 000 | 166 000 |
| 服装组 | 70 200 | 126 000 | 144 000 |
| 家电组 | 24 800 | 46 000 | 78 000 |
| 家具组 | 22 000 | 34 000 | 72 000 |
| 合计 | 192 000 | 340 000 | 460 000 |

财会部门应根据上述明细科目资料编制“已销商品进销差价计算表”，计算各实物负责人本月已销售商品应分摊的商品进销差价，如表 6－5 所示。

**表 6－5　　已销商品进销差价计算表**

201×年 6 月 30 日

| 组别 | 月末分摊前的进销差价余额 | 月末库存商品余额 | 主营业务成本的本月发生额 | 全月商品金额合计 | 差价率（%） | 已销商品进销差价 | 库存商品进销差价 |
|---|---|---|---|---|---|---|---|
| 百货组 | 75 000 | 134 000 | 166 000 | 300 000 | 25.00 | 41 500 | 33 500 |
| 服装组 | 70 200 | 126 000 | 144 000 | 270 000 | 26.00 | 37 440 | 32 760 |
| 家电组 | 24 800 | 46 000 | 78 000 | 124 000 | 20.00 | 15 600 | 9 200 |
| 家具组 | 22 000 | 34 000 | 72 000 | 106 000 | 20.75 | 14 940 | 7 060 |
| 合　计 | 192 000 | 340 000 | 460 000 | 800 000 | | 109 480 | 82 520 |

会计主管：齐鸣　　　　复核：商丹　　　　制单：武力衣

根据上述已销商品进销差价计算表，结转各实物负责人本月已销商品应分摊的进销差价，编制会计分录如下：

借：商品进销差价——百货组　　41 500
　　　　　　　　——服装组　　37 440
　　　　　　　　——家电组　　15 600
　　　　　　　　——家具组　　14 940
　贷：主营业务成本——百货组　　41 500

——服装组 37 440

——家电组 15 600

——家具组 14 940

采用分类（或柜组）差价率计算的已销商品进销差价为109 480元，用综合差价率计算的已销商品进销差价为110 400 元，两者相差920 元，用分类（或柜组）差价率计算的已销商品进销差价，计算结果较综合差价率法更加准确，但需要计算的工作量也较大。实际工作中采用分类（或柜组）差价率计算已销商品进销差价的零售企业占据多数。

### 三、实际差价计算法

由于各类柜组所经营的每种商品的差价率不同，且差价率不同，商品的销售比重也不一致，使得采用分类差价率计算出来的已销商品进销差价，仍然和实际情况存在一定差距。为了准确反映结存商品和已销商品的进销差价，无论企业平日采用何种方法，每年年终必须运用“实际差价计算法”对企业经营的全部商品的进销差价进行一次核实调整。实际差价计算法是指实行售价金额核算的零售企业，根据期末实际盘存商品的进销差价倒挤出已销商品进销差价的一种计算方法。其计算程序如下：

1. 年终各实物负责人实地盘点库存商品，得出期末每种商品数量，然后分别乘以该种商品进货单价或最后进价，计算确定全部库存商品的进价总额；

2. 根据实际盘点商品数量，计算确定全部库存商品售价总额；

3. 用全部库存商品的售价总额减去进价总额，计算确定库存商品的进销差价；

4. 用分摊前的“商品进销差价”科目余额减去期末库存商品的进销差价，即为已销商品应分摊的进销差价。

**例题 6 - 16**：村办双安商店家电组某年 12 月末“商品进销差价”科目余额为 306 800 元，12 月商品盘点结果如表6 - 6所示。

**表 6－6　　商品盘点报告表**

柜组名称：家电部　　201×年 12 月 31 日　　编号：00500120

| 品名 | 单位 | 数量 | 不含税进价金额 | | 含税售价金额 | |
|---|---|---|---|---|---|---|
| | | | 单价 | 总价 | 单价 | 总价 |
| 三洋剃须刀 | 件 | 56 | 150 | 8 400 | 240 | 13 440 |
| 海鸥加湿器 | 件 | 35 | 340 | 11 900 | 450 | 15 750 |
| … | … | … | … | … | … | … |
| 合计 | | | | 344 680 | | 436 550 |
| 账面结存金额 | 436 550 | 实际盘存金额 | 436 550 | | 账实差额 | 0 |
| 柜组意见 | ×× | | | | 财会部门意见 | ×× |
| 业务部门意见 | ×× | | | | 单位负责人意见 | ×× |

监盘人：吴欢　　柜组长：毛健红　　核算员：孙宽　　盘点人：严实财

可以看出，家电部 12 月份库存商品含税总售价为 436 550 元，不含税进价总额为 344 680 元，依此计算出库存商品和已销商品进销差价如下：

期末库存商品应保留进销差价＝436 550－344 680＝91 870（元）

已销商品的进销差价＝306 800－91 870＝214 930（元）

财会部门根据上述结果，编制会计分录如下：

借：商品进销差价——家电组　　214 930

　　贷：主营业务成本——家电组　　214 930

如果库存商品保留的商品进销差价大于“商品进销差价”科目的余额，则说明平时采用差价率法多转了进销差价，少计了主营业务成本，应作相反会计分录。

## 第四节　商品储存的核算

### 一、商品盘点的核算

村办商店实行售价金额核算，平日库存商品明细账只是按柜组记载售价金额，一般不反映商品的收、付、存的数量，这样平日每种商品账面数与实存数是否相符、有无溢余或短缺，会计部门无法反映与控制。因此，必须通过定期或不定期地实地盘点，确定其实存数量和金额，以检查其账实是否相符。同时，通过对商品的实地盘点，还可以检查库存商品数量是否合理，有无残损、变质、积压和脱销等现象，从而揭示出商品储存管理中存在的问题，促使企业采取相应措施，减少资金占用。

（一）商品盘点基本程序

零售柜组在盘点前要做好库存商品的整理和计量工具的准备，如仓库和柜台的商品整理、商品价格的核实、度量衡器的校准、柜组商品账的核对等；对不同的商品应采用不同的盘点技术，如采用点数、量尺、过秤、技术推算等实际盘点商品；盘点人员要将库存的每种商品按其品名、规格的实际数量逐一记入“商品盘点表”内，根据每种商品的零售单价计算每种商品的售价金额，然后分别加计各柜组的实际库存总售价，并与库存商品明细账的金额进行核对；对盘点中发现的商品溢余或短缺，应及时填制“商品溢余（短缺）报告单”报企业领导审批，同时交财会部门记账。

（二）商品盘点溢余的核算

发生库存商品盘点溢余时，应及时查明原因并提出处理意见，报请领导批准后处理。在未处理之前，应根据“商品盘点表”，按照进价成本通过“待处理财产损溢”科目调整账实差异数，待领导批准后，再根据“商品溢余（短缺）报告单”转入有关科目。

**例题 6－17**：（1）村办双安商店食品组实际盘存金额比账面金额多 180 元，原因待查；食品组上月进销差价率为 20%。由于企业实际溢余金额应按进价成本反映，因此，待处理财产损溢的金额应为 144［180×（1－20%）］元，同时还应增加商品进销差价 36 元。据以编制原因待查会计分录如下：

借：库存商品——食品组　180

　　贷：待处理财产损溢——待处理流动资产损溢　144

　　　　商品进销差价——食品组　36

（2）上述商品溢余查明系自然升溢，报经有关部门批准作冲减管理费用处理：

借：待处理财产损溢——待处理流动资产损溢 144

贷：管理费用——商品损耗 144

（三）商品盘点短缺核算

**例题6-18**：（1）村办双安商店纺织组“商品盘点表”中盘存金额小于账面金额60元，原因待查，根据上月该柜组差价率30%计算，短缺商品进价为42元。根据商品溢余（短缺）报告单，编制会计分录如下：

借：待处理财产损溢——待处理流动资产损溢 42

商品进销差价——纺织组 18

贷：库存商品——纺织组 60

（2）经查，上述短缺商品系自然损耗，经批准作管理费用处理：

借：管理费用——商品损耗 42

贷：待处理财产损溢——待处理流动资产损溢 42

（3）若上述短缺商品，系过失人责任，应将商品进价连同进项税额一并责成其赔偿，编制会计分录如下：

借：其他应收款——某责任人 49.14

贷：待处理财产损溢——待处理流动资产损溢 42

应交税费——应交增值税（进项税转出） 7.14

## 二、商品调价的核算

零售企业对所经销的商品，会由于厂家促销、商品过季、残损或积压等原因而调低销售价格；或者由于货源紧俏、增加盈利而调高销售价格。若商品售价发生调整，必然会影响到企业库存商品的售价金额和商品进销差价金额，因此，应及时调整“库存商品”和“商品进销差价”科目。

商品发生调价时，涉及的零售柜组应对价格变动商品事先进行盘点，确定商品的实际盘存数量，填制“商品调价报告单”（见表6-7），凭以办理账务调整事宜。

**例题6-19**：双安商店百货组库存印花毛巾5 000条，每条原售价 8 元，因销路不好，经研究决定调整新售价为每条 5 元，原单位进价为 4 元。根据商品调价报告单，编制会计分录如下：

借：商品进销差价——百货组 15 000

贷：库存商品——百货组 15 000

**表 6－7** **商品调价报告单**

柜组名称：百货组 201×年 9 月 25 日 调价通知单号：060890

| 品名 | 规格 | 单位 | 盘存数量 | 原单位进价 | 新单位进价 | 原单位售价 | 新单位售价 | 调价增值 | 调价减值 | 备注 |
|---|---|---|---|---|---|---|---|---|---|---|
| 印花毛巾 | 7×5 | 条 | 5 000 | 4.00 | | 8.00 | 5.00 | | 15 000 | |
| | | | | | | | | | | |
| 合计 | | | | | | | | | 15 000 | |

业务部：李梦 物价员：奇丽佳 柜组负责人：张虹 会计：袁莉红 制单：师研

实际工作中有些商品调价是由于供货厂家在商品价格上作出整体调整造成的，此种价格调整会对零售企业的销售毛利带来影响。为此，一般由供货厂家给予零售企业一定的价格补偿。发生上述原因调价，企业除调整“商品进销差价”和“库存商品”科目外，还应相应减少应付供货厂家的货款，即减少“应付账款”科目的金额。

## 三、商品内部调拨的核算

商品内部调拨是零售企业所属不独立核算的营业柜组、门市部之间因某些原因而进行的商品调换。调拨商品时，一般由调出单位填制“商品内部调拨单”（见表 6－8），作为调拨双方办理商品交接和进行账务处理的依据。财会部门应根据商品内部调拨单相关数据，增减调入调出柜组的“库存商品”科目的售价金额和“商品进销差价”科目中的商品进销差价。

**例题 6－20**：村办双安商店根据新的商品经营布局安排，将电器组原经营的收录机及 CD 机调整给数码厅进行经营，收录机库存 20 台，总售价 5 000 元，进销差价 1 000 元；CD 机库存 50 台，总售价 25 000 元，进销差价 5 000 元。有关手续已经办妥，根据商品内部调拨单编制会计分录如下：

借：库存商品——数码厅 30 000

　　贷：库存商品——电器组 30 000

借：商品进销差价——电器组 6 000

　　贷：商品进销差价——数码厅 6 000

**表 6－8　　商品内部调拨单**

调入柜组：数码厅　调出柜组：电器组　201×年 ×月×日　编号：000990

| 品名 | 规格 | 单位 | 盘存数量 | 进价 | | 进销差价 | 售价 | | 备注 |
|---|---|---|---|---|---|---|---|---|---|
| | | | | 单价 | 金额 | | 单价 | 金额 | |
| 爱华收录机 | 35N60 | 台 | 20 | 200 | 4 000 | 1 000 | 250 | 5 000 | |
| 爱华 CD 机 | L50SC | 台 | 50 | 400 | 20 000 | 5 000 | 500 | 25 000 | |
| 合计 | | | | | 24 000 | 6 000 | | 30 000 | |

业务部：李梦　物价员：奇丽　调出柜组负责人：魏闽芝

调入柜组负责人：刘兵　制单：刘国梁

## 四、库存商品的明细分类核算

实行售价金额核算的商品流通企业，其财会部门除设置“库存商品”总账账户以外，还应按照各实物负责人分户设置明细账，用以记载并控制各实物负责人所经营商品的收、付及结存的售价金额变化，其格式一般采用三栏式（见表 6－9）。对于贵重商品，各个柜组的实物负责人根据需要可以建立各柜组的数量金额明细账，以便于随时掌握贵重商品的库存情况，并便于和实物进行核对。

**表 6－9　　库存商品明细账**

明细科目：家电组

| 2012 年 | | 凭证号数 | 摘要 | 借方 | | | | | | | | 贷方 | | | | | | | | 借或贷 | 余额 | | | | | | | |
|---|---|---|---|---|---|---|---|---|---|---|---|---|---|---|---|---|---|---|---|---|---|---|---|---|---|---|---|---|
| 月 | 日 | | | 十 | 万 | 千 | 百 | 十 | 元 | 角 | 分 | 十 | 万 | 千 | 百 | 十 | 元 | 角 | 分 | | 十 | 万 | 千 | 百 | 十 | 元 | 角 | 分 |
| | | | 承前页 | | | | | | | | | | | | | | | | | 借 | 6 | 3 | 4 | 6 | 0 | 0 | 0 | 0 |
| 2 | 24 | 52 | 本日销售 | | | | | | | | | | 3 | 4 | 6 | 0 | 0 | 0 | 0 | 借 | 6 | 0 | 0 | 0 | 0 | 0 | 0 | 0 |

续表

| 2012年 | | 凭证号数 | 摘要 | 借方 | | | | | | | | 贷方 | | | | | | | | 借或贷 | 余额 | | | | | | | |
|---|---|---|---|---|---|---|---|---|---|---|---|---|---|---|---|---|---|---|---|---|---|---|---|---|---|---|---|---|
| 月 | 日 | | | 十 | 万 | 千 | 百 | 十 | 元 | 角 | 分 | 十 | 万 | 千 | 百 | 十 | 元 | 角 | 分 | | 十 | 万 | 千 | 百 | 十 | 元 | 角 | 分 |
| 2 | 25 | 63 | 购进 | | 8 | 8 | 5 | 5 | 0 | 0 | 0 | | | | | | | | | 借 | 6 | 8 | 8 | 5 | 5 | 0 | 0 | 0 |
| | 25 | 67 | 本日销售 | | | | | | | | | | 4 | 8 | 0 | 0 | 0 | 0 | 0 | 借 | 6 | 4 | 0 | 5 | 5 | 0 | 0 | 0 |
| | | | …… | | | | | | | | | | | | | | | | | | | | | | | | | |
| | | | | | | | | | | | | | | | | | | | | | | | | | | | | |

为了管好零售商品，便于报账与对账，零售企业各柜组也可采用和“商品进销存日报表”相同格式的库存商品明细账，并据以登记入账，其账页格式如表6-10所示。

**表6-10　　库存商品明细账**

共×页

明细科目：床上用品组　　第×页

| 201×年 | | 凭证号数 | 昨日结存 | 本日进货 | 调价增值 | 调入 | 本日销售 | 调价减值 | 调出 | 本日结存 | 销售累计 |
|---|---|---|---|---|---|---|---|---|---|---|---|
| 月 | 日 | | | | | | | | | | |
| 8 | 16 | 240 | 97 681 | 23 500 | 450 | | 68 400 | 200 | 10 | 53 021 | 144 256 |
| | 17 | 241 | 53 021 | 20 000 | | | 78 500 | | | 5 479 | 222 756 |
| | | | …… | | | | | | | | |
| | | | | | | | | | | | |

由于“商品进销存日报表”登载的内容与按实物负责人分户设立的“库存商品明细账”的内容基本一致，为简化核算手续，企业可以用“商品进销存日报表”代替“明细账”使用。其具体做法是：企业财会部门收到各实物负责人送来的“商品进销存日报表”后，应认真审核，在确认无误后，按月顺序装订成册，加具封面，妥善保管，代替“库存商品明细账”。

# 第七章　固定资产和无形资产的核算

## 第一节　固定资产的核算

### 一、固定资产的分类和计价

根据《企业会计准则第4号——固定资产》的规定，固定资产是指同时具有下列特征的有形资产：（1）为生产商品、提供劳务、出租或经营管理而持有的；（2）使用寿命超过一个会计年度。村办中小企业的固定资产需要同时满足下列的确认条件，即（1）与该固定资产有关的经济利益很可能流入企业；（2）该固定资产的成本能够可靠地计量。如果某一项资产不能同时符合上述确认要求，就不能确认为固定资产。

（一）固定资产的分类

由于企业的经营性质不同，经营规模有大有小，对于固定资产的分类可以有不同的分类方法，企业可以根据自己的实际情况和经营管理、会计核算的需要进行必要地分类。

1. 固定资产按经济用途分类，可以分为经营用固定资产和非经营用固定资产。经营用固定资产，是指直接服务于生产经营过程的固定资产，如企业经营用大楼、仓库、办公设备、运输设备、管理设备等。非经营用固定资产，是指不直接服务于生产经营过程的固定资产，如企业的职工食堂、浴室、健身房等。

2. 固定资产按使用情况分类，可分为使用中的固定资产、未使用的固定资产和不需用的固定资产。使用中的固定资产是指正在使用的经营性和非经营性固定资产。由于季节性经营或修理等原因，暂时停止使用的固定资产仍属于企业使用中的固定资产；企业出租给其他单位使用的固定资产以及内部替换使用的固定资产，也属于使用中的固定资产。未使用的固定资产是指已完工或已购建的尚未交付使用的固定资产以及因进行改建、扩建等原因停止使用的固定资产。如企业购建的尚待安装的固定资产、经营任务变更停止使用的固定资产等。不需用的固定资产是指本企业多余或不适用，需要调配处理的固定资产。

3. 固定资产按所有权进行分类，可分为自有固定资产和租入固定资产。自有固定资产是指企业拥有的可供企业自由支配使用的固定资产；租入固定资产是指企业采用租赁方式从其他单位租入的固定资产。

4. 固定资产按经济用途和使用情况进行综合分类，可分为经营用固定资产、非经营用固定资产、租出固定资产、不需用固定资产、未使用固定资产、土地、融资租入固定资产等。其中，土地主要是指已经估价单独入账的土地。因征地而支付的补偿费，应计入与土地有关的房屋、建筑物的价值内，不单独作为土地价值入账。企业取得的土地使用权不能作为固定资产管理。融资租入固定资产，是指企业采取融资租赁方式租入的固定资产，在租赁期内，应视同自有固定资产进行管理。

（二）固定资产的计价

《企业会计准则第 4 号——固定资产》规定，“固定资产应当按照成本进行初始计量”。这里的成本指历史成本，亦称原始价值。考虑到固定资产价值较大，其价值会随着服务能力的下降而逐渐减少，还需要揭示固定资产的折余价值。因此，固定资产的计价主要有以下两种方法：

1. 按历史成本计价。固定资产的历史成本是指企业购建某项固定资产达到预定可使用状态前所发生的一切合理、必要的支出。企业新购建固定资产的计价、确定计提折旧的依据等均采用这种计价方法。它是固定资产的基本计价标准，在我国会计实务中，固定资产的计价均采用历史成本。

由于固定资产的取得方式、途径不同，其成本的构成具体内容也有所差异，固定资产初始计量方式应当根据具体情况分别确定：

（1）外购固定资产的成本，包括购买价款、相关税费（如契税、耕地占用税、车辆购置税等相关税费）、使固定资产达到预定可使用状态前所发生的可归属于该项资产的运输费、装卸费、安装费和专业人员服务费等。

以一笔款项购入多项没有单独标价的固定资产，应当按照各项固定资产公允价值比例对总成本进行分配，分别确定各项固定资产的成本。

购买固定资产的价款超过正常信用条件延期支付，实质上具有融资性质的，固定资产的成本以购买价款的现值为基础确定。实际支付的价款与购买价款的现值之间的差额，除按照《企业会计准则第 17 号——借款费用》应予资本化的以外，应当在信用期间内计入当期损益。

（2）自行建造固定资产的成本，由建造该项固定资产达到预定可使用状态前所发生的必要支出构成。

（3）投资者投入固定资产的成本，应当按照投资合同或协议约定的价值确定，但合同或协议约定价值非公允的除外。

（4）融资租入的固定资产的成本，《企业会计准则第 21 号——租赁》规定，承租人应当将租赁开始日租赁资产的公允价值与最低租赁付款额的现值两者中较低者作为租入资产的入账价值。承租人在租赁谈判和签订租赁合同过程中发生的，可归属于租赁项目的手续费、律师费、差旅费、印花税等初始直接费用，应当计入租入资产价值。

（5）在原有固定资产的基础上进行改建、扩建的，按原固定资产的账面价值，加上由于改建、扩建而使该项资产达到预定可使用状态前发生的支出，减去改建、扩建过程中发生的变价收入，作为入账价值。

（6）盘盈的固定资产，按同类或类似固定资产的市场价格，减去按该项资产的新旧程度估计的价值损耗后的余额，作为入账价值。同类或类似固定资产不存在活跃市场的，按该项固定资产的预计未来现金流量现值，作为入账价值。

（7）其他方式取得的固定资产。如企业接受的债务人以非现金资产抵偿债务方式取得的固定资产、以非货币性交易换入的固定资产、企业合并取得的固定资产的成本，应当分别按照《企业会计准则第 12 号——债务重组》、《企业会计准则第 7 号——非货币性资产交换》、《企业会计准则第 20 号——企业合并》进行处理。

确定固定资产成本时，应当考虑预计弃置费用因素。

2. 按净值计价

固定资产净值也称折余价值，是指固定资产的原始价值或重置完全价值减去已提折旧额后的余额。这种计价方法主要用于计算盘盈、盘亏、毁损固定资产的溢余或损失。

## 二、固定资产增加的核算

### （一）固定资产核算科目的设置

为了反映固定资产的原始价值、已提折旧和净值的增减变动情况，应设置“固定资产”、“累计折旧”、“在建工程”等科目。

“固定资产”科目。本科目属于资产类科目，用来核算农村中小企业所有固定资产的原价。其借方登记购建、其他单位投资转入、盘盈以及其他原因增加的固定资产的原始价值；贷方登记出售、报废、盘亏以及其他原因减少的固定资产的原始价值；期末借方余额反映现有固定资产的原始价值。为了详细反映和监督每项固定资产的增减变动，还应设置“固定资产卡片”和“固定资产登记簿”进行固定资产的明细分类核算。

“累计折旧”科目。本科目是“固定资产”的备抵科目，是用来核算企业固定资产的累计折旧数额，其贷方登记计提折旧，借方登记出售、报废、盘亏、捐赠转出以及其他原因减少的固定资产折旧，期末贷方余额反映企业提取的固定资产折旧累计数。本科目只进行总分类核算。

“在建工程”科目。本科目属于资产类科目，用来核算农村中小企业进行基建工程、安装工程、技术改造工程、大修理工程等发生的实际支出，包括需要安装设备的价值。其借方登记基建工程、安装工程等发生的工程实际支出，包括需要安装设备的价值，贷方登记基建工程完工交付使用固定资产的成本，期末借方余额表示企业尚未完工的基建工程等发生的各项实际支出。

“工程物资”科目。本科目属于资产类科目，用来核算农村中小企业为了基建工程而准备的各种物资的实际成本。该科目的借方登记企业购入工程物资的实际成本；贷方登记在建工程领用工程物资的实际成本；期末借方余额反映企业为工程购入但尚未领用的专项物资的实际成本。企业应按照所购工程物资的名称设置明细科目并进行明细核算。

（二）固定资产增加的核算

企业固定资产增加，按其来源不同可分为：外购的固定资产、自行建造的固定资产、投资者投入的固定资产、租入的固定资产及盘盈的固定资产等，企业应分别不同来源进行账务处理。

1. 外购的固定资产。企业购入的固定资产，按购买价款（不含增值税的价款）、相关税费（进口关税、车辆购置税等），使固定资产达到预定可使用状态前所发生的可归属于该项资产的运输费、装卸费、安装费和专业人员服务费等，作为购入固定资产原价入账。

购入不需要安装的固定资产。按上述成本直接借记“固定资产”、“应交税费——应交增值税（进项税额）”科目，贷记“银行存款”科目。

**例题 7－1**：京都工贸公司购入一辆轿车，取得的增值税专用发票上注明的价款为 300 000 元，增值税进项税额为 51 000 元，支付运输费为 2 000 元，款项已通过银行转账支付。作如下会计分录：

借：固定资产——轿车 301 860
　　应交税费——应交增值税（进项税额） 51 140
　　贷：银行存款 353 000

2. 购入需要安装的固定资产。将安装完毕前所发生的支出，包括需要安装设备的价值，先记入“在建工程”科目的借方，待工程安装完毕后，再将有关金额从“在建工程”科目转入“固定资产”科目。

**例题 7-2**：翔宏商贸公司购入需要安装的设备一套，取得的增值税专用发票上注明的价款为 500 000 元，增值税进项税额为 85 000 元，支付运输费 1 500 元，款项已通过银行转账支付，投入安装后，支付安装费 3 525 元，安装完毕后交付使用。

（1）支付设备价款、税款、运杂费合计 586 500 元。编制会计分录如下：

借：在建工程——设备安装 501 395
　　应交税费——应交增值税（进项税额） 85 105
　　贷：银行存款 586 500

（2）支付设备安装费 3 525 元。编制会计分录如下：

借：在建工程——设备安装 3 525
　　贷：银行存款 3 525

（3）设备安装完毕交付使用，确定固定资产的入账价值 504 920 元。编制会计分录如下：

借：固定资产——×设备 504 920
　　贷：在建工程——设备安装 504 920

3. 自行建造的固定资产的核算。农村中小企业自行建造的固定资产，是指企业为了新建、改建、扩建固定资产或者对固定资产进行技术改造或设备更新而由企业自行建造的固定资产。自行建造固定资产达到预定可使用状态前所发生的全部支出，均通过“在建工程”科目核算，待工程竣工交付使用后，再将工程发生的全部支出，转入“固定资产”科目。

农村中小企业自行建造固定资产包括自营建造和出包建造两种

方式。其中，出包工程指企业将工程项目发包给施工企业，由施工企业组织施工的建筑工程和安装工程。这是目前较常见的方式。它又分为两种形式：包工不包料方式；包工包料方式。

（1）包工不包料方式。企业应按直接材料、直接人工、直接机械施工费等项支出确定其工程成本。当企业购入工程用物资时，按实际成本借记“工程物资”科目，贷记“银行存款”科目；当领用工程材料物资时，应按实际成本借记“在建工程”科目，贷记“工程物资”科目；如领用本企业材料物资时，应按原材料的实际成本加上不能抵扣的增值税额，借记“在建工程”科目，按原材料的实际成本，贷记“原材料”科目，按不能抵扣的增值税额，贷记“应交税费——应交增值税（进项税额转出）”科目。向承包公司预付工程款时，借记“在建工程”科目，贷记“银行存款”科目。基建工程应负担的其他费用，如临时设施费、监理费、可行性研究费、公证费等，借记“在建工程”科目，贷记“银行存款”科目。基建工程完工交付使用时，应借记“固定资产”科目，贷记“在建工程”科目。

**例题 7-3**：村办京都酒厂出包建造一座酒窖，经协商与承包公司签订了包工不包料的工程出包合同。仓库建造工程及其账务处理如下：

①购入工程用物资一批，买入价为 300 000 元，物资验收入库，价款用银行存款支付。编制会计分录如下：

借：工程物资　　300 000
　　贷：银行存款　　300 000

②工程开工，领用工程物资 300 000 元。编制会计分录如下：

借：在建工程——酒窖工程　　300 000
　　贷：工程物资　　300 000

③向承包公司预付工程款 400 000 元。编制会计分录如下：

借：在建工程——酒窖工程　　400 000
　　贷：银行存款　　400 000

④支付其他费用 100 000 元。编制会计分录如下：

借：在建工程——酒窖工程　　100 000

　贷：银行存款　　100 000

⑤工程完工交付使用，确定固定资产的入账价值 800 000 元。编制会计分录如下：

借：固定资产——酒窖　　800 000

　贷：在建工程——酒窖工程　　800 000

（2）包工包料方式。利用此方式进行工程核算主要包括支付工程价款和工程交付使用两项内容。支付工程价款的账务处理为：借记“在建工程”科目，贷记“银行存款”科目，工程交付使用的账务处理为：借记“固定资产”科目，贷记“在建工程”科目。

**例题 7－4**：村办京石建筑材料厂将一职工宿舍工程出包给乡建筑队，工程的总价款为 500 000 元，按规定先预付工程款的 60%，待工程完工，验收合格后再补付工程款的 40%。

①预付工程价款 60%。编制会计分录如下：

借：在建工程——职工宿舍工程　　300 000

　贷：银行存款　　300 000

②补付工程价款 40%。编制会计分录如下：

借：在建工程——职工宿舍工程　　200 000

　贷：银行存款　　200 000

③工程完工交付使用，确定固定资产的入账价值 500 000 元。编制会计分录如下：

借：固定资产　　500 000

　贷：在建工程——职工宿舍工程　　500 000

4. 其他单位投资转入的固定资产。投资者投入的固定资产，按投资合同或协议的价值作为入账价值。即借记“固定资产”科目，贷记“实收资本”科目。

**例题 7－5**：伟业工贸公司收到东方公司投入的专用设备一台，合同确认的价值为 200 000 元，编制会计分录如下：

借：固定资产——专用设备　　200 000

　贷：实收资本——法人资本金　　200 000

5. 盘盈的固定资产。企业对于盘盈的固定资产，按同类或类似固定资产的市场价格，减去按该项固定资产的新旧程度估计的价值损耗后的余额，借记“固定资产”科目，贷记“以前年度损益调整”科目；补提所得税费用，借记“以前年度损益调整”科目，贷记“应交税费——应交企业所得税”科目；同时，将以前年度损益调整科目余额转入利润分配中的未分配利润明细科目，借记“以前年度损益调整”科目，贷记“利润分配——未分配利润”科目；按规定提取比例补提盈余公积时，借记“利润分配——未分配利润”科目，贷记“盈余公积”科目。

**例题7-6**：（1）村办加工厂对固定资产进行盘点时发现有一台使用中的机床未入账。该型号机床七成新，且存在活跃市场，市场价格为70 000元。机床入账价值为49 000元。编制会计分录如下：

借：固定资产——机床　　49 000
　　贷：以前年度损益调整　　49 000

（2）补提所得税费用，编制会计分录如下：

借：以前年度损益调整　　12 250
　　贷：应交税费——应交企业所得税　　12 250

（3）将“以前年度损益调整”科目金额转入“利润分配——未分配利润”科目，编制会计分录如下：

借：以前年度损益调整　　36 750
　　贷：利润分配——未分配利润　　36 750

（4）按规定提取比例10%补提法定盈余公积，编制会计分录如下：

借：利润分配——未分配利润　　3 675
　　贷：盈余公积——法定盈余公积　　3 675

## 三、固定资产折旧的核算

固定资产折旧，是指在固定资产使用寿命内，按照确定的方法对应计折旧额进行系统分摊。应计折旧额，是指应当计提折旧的固定资产的原价扣除其预计净残值后的金额。已计提减值准备的固定资产，还应当扣除已计提的固定资产减值准备累计金额。预计净残值，是指假定固定资产预计使用寿命已满并处于使用寿命终了时的预期状态，企业目前从该项资产处置中获得的扣除预计处置费用后的金额。

（一）固定资产折旧的计算方法

企业会计制度和《企业会计准则第 4 号——固定资产》规定：固定资产折旧方法可以采用年限平均法、工作量法、年数总和法、双倍余额递减法等。其中，年限平均法、工作量法属于直线法，即每期或每一个工作量单位的折旧额相同；年数总和法和双倍余额递减法属于加速折旧法，每年折旧额呈递减趋势。

1. 年限平均法

年限平均法又称直线法，是将固定资产的折旧均衡地分摊到固定资产预计使用寿命内的一种方法。采用这种方法计算的每期折旧额均是等额的。计算公式如下：

年折旧率 = （1 - 预计净残值率） ÷预计使用年限

月折旧率 = 年折旧率 ÷12

月折旧额 = 固定资产原价 ×月折旧率

**例题 7 - 7**：村办京都工贸公司有一座仓库，原价为 300 000 元，预计可使用 20 年，按照有关规定，该仓库报废时的净残值率为 3%。该仓库的折旧率和折旧额计算如下：

年折旧率 = （1 - 3%） ÷20 = 4. 85%

月折旧率 = 4. 85% ÷12 = 0. 40416%

月折旧额 = 300 000 ×0. 40416% = 1 212. 48（元）

以上计算的折旧率是按个别固定资产单独计算的，称为个别折旧率。另外，还有分类折旧率（即指将性质、结构和使用年限大体相同的固定资产归并为一类计算的折旧率）和综合折旧率（即指就整个企业的全部固定资产综合计算的折旧率）。采用分类折旧率计算折旧较采用个别折旧率而言，相对减少了计算工作量，与采用综合折旧率相比，计算结果比较准确。因此，分类折旧率在实务中使用较多。

2. 工作量法

工作量法是按照固定资产实际所完成的工作量来计提折旧额的一种方法。该种方法弥补年限平均法只重使用时间，不考虑使用强度的缺点。工作量法适用于一些专用设备，如专业车队的客、货运汽车，大型设备、大型建筑施工机械等。这类固定资产由于使用强度不同，各期折旧差异较大，不能按年限平均法来计算。工作量法的计算公式如下：

$$\frac{\text{某项固定资产单位}}{\text{工作量应提折旧额}}=\frac{\text{该项固定}}{\text{资产原价}}\times\left(1-\frac{\text{预计净}}{\text{残值率}}\right)\div\frac{\text{该项固定资产}}{\text{预计总工作量}}$$

某项固定资产本月折旧额 = 该项固定资产当月工作量 × 单位工作量应提折旧额

**例题7－8**：村办京都工贸公司的一辆运货卡车的原价为60 000元，预计总行驶里程为50万公里，其报废时的净残值率为5%，本月行驶4 000公里。该辆汽车的月折旧额计算如下：

单位里程折旧额 = 60 000 × （1 – 5%）

÷ 500 000 = 0.114（元/公里）

本月折旧额 = 4 000 × 0.114 = 456（元）

3. 双倍余额递减法

双倍余额递减法是指最初在不考虑固定资产净残值的情况下，根据每年年初固定资产账面净值乘以双倍直线法折旧率计算固定资产折旧的一种方法。计算公式为：

年折旧率 = 2 ÷ 折旧年限 × 100%

月折旧率 = 年折旧率 ÷ 12

月折旧额 = 固定资产账面净值 × 月折旧率

需要注意的是，由于双倍余额递减法先不考虑固定资产的净残值，因此，实行双倍余额递减法计提折旧的固定资产，应当在该固定资产折旧年限到期以前两年内，将固定资产净值扣除预计净残值后的价值平均摊销，即在最后两年改为直线法计提折旧。其目的，一是保证固定资产在预计使用期内提足折旧，二是保证扣除固定资产累计折旧后的净残值恰好与预计净残值相等。

**例题 7-9**：村办京都工贸公司进口一项设备的原价为 1 000 000 元，预计使用年限为 5 年，预计净残值为 50 000 元。按双倍余额递减法计算折旧，每年的折旧额计算如表 7-1 所示。

**表 7-1　双倍余额递减法折旧计算表**

| 使用年限 | 年初账面折余价值 | 年折旧率 | 年折旧额 | 累计折旧 | 年末账面折余价值 |
|---|---|---|---|---|---|
| 1 | 1 000 000 | 40% | 400 000 | 400 000 | 600 000 |
| 2 | 600 000 | 40% | 240 000 | 640 000 | 360 000 |
| 3 | 360 000 | 40% | 144 000 | 784 000 | 216 000 |
| 4 | 216 000 | — | 83 000 | 867 000 | 133 000 |
| 5 | 133 000 | — | 83 000 | 950 000 | 50 000 |
| 合计 | | | 950 000 | | |

双倍直线折旧率 = 2 ÷ 5 × 100% = 40%

第四年、第五年应提的年折旧额 = (216 000 - 50 000) ÷ 2 = 83 000（元）

4. 年数总和法

年数总和法又称合计年限法，是将固定资产的原值减去净残值后的净额乘以一个逐年递减的分数计算每年的折旧额。这个分数的分子代表固定资产尚可使用的年数，分母代表使用年数的逐年数字总和。计算公式如下：

年折旧率 = 尚可使用年数 ÷ 预计使用年限的年数总和 × 100%

月折旧率 = 年折旧率 ÷ 12

月折旧额 =（固定资产原值 - 预计净残值）× 月折旧率

**例题 7-10**：资料同例题 7-9，该设备采用年数总和法计提各年的折旧额。计算过程如表 7-2 所示。

采用加速折旧法，使固定资产在有效使用期的前期多提折旧，后期少提折旧，有利于加速固定资产的更新改造和技术装备的提高。

表 7－2　年数总和法折旧计算表

| 使用年限 | 固定折旧基数 | 尚可使用年限 | 年数总和 | 年折旧率 | 年折旧额 | 累计折旧额 | 期末折余价值 |
|---|---|---|---|---|---|---|---|
| 0 | | | | | | | 1 000 000 |
| 1 | 950 000 | 5 | 15 | 5/15 | 316 635 | 316 635 | 683 365 |
| 2 | 950 000 | 4 | 15 | 4/15 | 253 365 | 570 000 | 430 000 |
| 3 | 950 000 | 3 | 15 | 3/15 | 190 000 | 760 000 | 240 000 |
| 4 | 950 000 | 2 | 15 | 2/15 | 126 635 | 886 635 | 113 365 |
| 5 | 950 000 | 1 | 15 | 1/15 | 63 365 | 950 000 | 50 000 |
| 合计 | | | | | 950 000 | | |

需要注意的是，固定资产的使用寿命、预计净残值一经确定，不得随意变更；企业应当根据固定资产所含的经济利益预期实现方式选择折旧方法，折旧方法一经确定，不得随意变更；企业至少应当于每年年度终了，对固定资产的使用寿命、预计净残值和折旧方法进行复核，如使用寿命预计数、预计净残值预计数与原先估计数有差异的，应当调整，与固定资产有关的经济利益预期实现方式有重大改变的，应当改变固定资产折旧方法，固定资产使用寿命、预计净残值和折旧方法的改变应当作为会计估计变更，并在会计报表附注中予以说明。

（二）固定资产折旧的计提范围

1. 空间范围。《企业会计准则第 4 号——固定资产》规定，企业应当对所有固定资产计提折旧。但是，已提足折旧仍继续使用的固定资产和单独计价入账的土地除外。需要注意的是，以融资租赁方式租入的固定资产和以经营租赁方式租出的固定资产，应当计提折旧；以融资租赁方式租出的固定资产和以经营租赁方式租入的固定资产，不应当计提折旧。

2. 时间范围。企业在具体计提固定资产折旧时，一般应按月计提折旧，当月增加的固定资产，当月不提折旧，从下月起计提折旧；当月减少的固定资产，当月照提折旧，从下月起不提折旧。固定资产提足折旧后，不论能否继续使用，均不再提取折旧；提前报废的固定资产，也不再补提折旧。所谓提足折旧，是指已经提足该项固定资产应计的折旧总额。

（三）固定资产折旧的总分类核算

为了核算固定资产的折旧业务，企业应设置“累计折旧”科目。企业按月计提固定资产折旧时，应根据固定资产的使用地点和用途，借记有关成本费用科目，贷记“累计折旧”科目。具体来讲，对于村办商店和商贸公司经营用固定资产计提的折旧，借记“管理费用”科目，贷记“累计折旧”科目。累计折旧只进行总分类核算，不进行明细分类核算。需要查明该项固定资产的已提折旧，可以根据固定资产卡片上所记载的该项固定资产原值、折旧率和实际使用年限等资料进行计算。

**例题 7－11**：村办森吉工贸公司采用直线法计提固定资产折旧。2012 年 5 月的固定资产折旧计算表列示经营用固定资产折旧 17 900 元。编制会计分录如下：

借：管理费用——折旧费　　17 900

　　贷：累计折旧　　17 900

**四、固定资产清理的核算**

农村中小企业进行固定资产清理，主要有以下三项内容：（1）因不需用或不适用而出售给其他单位的固定资产；（2）因磨损严重不能使用或由于技术进步等原因发生提前报废的固定资产；（3）因自然灾害或意外事故造成毁损而报废的固定资产。固定资产的清理，不论何种原因，都要按规定程序办理手续，取得或填制必要的凭证，才能进行账务处理。

企业应设置“固定资产清理”科目，核算企业因出售、报废和毁损等原因已转入清理的固定资产净值以及清理过程中所发生的清理费用和清理收入。该科目属于资产类科目，借方登记转入清理的固定资产净值、支付的清理费用和出售不动产应缴的营业税；贷方登记出售固定资产的收入、报废固定资产的残料变价收入及毁损固定资产应由保险公司及责任人赔偿的收入；本科目期末借方余额，反映尚未清理完毕固定资产的价值；期末贷方余额，反映尚未清理完毕的清理净收入数额。为了详细反映不同固定资产的清理情况，除进行总分类核算外，还应按清理的固定资产设置明细账进行明细核算。

固定资产清理的核算，一般可分为四个步骤：

1. 将固定资产转入清理。企业出售、报废和毁损的固定资产，应首先将其转入清理，按转入清理的固定资产净值，借记“固定资产清理”科目，按已计提的折旧和资产减值准备，借记“累计折旧”、“固定资产减值准备”科目，按固定资产原值，贷记“固定资产”科目。

2. 核算清理费用。固定资产清理中发生的清理费用及应缴的税金等支出，应按实际数额借记“固定资产清理”科目，贷记“银行存款”或“应交税费”等科目。

3. 记录清理收入。企业在固定资产清理时发生的各项收入包括出售固定资产的价款、报废和毁损固定资产的残料、保险公司及过失人的赔款等，应按实际数额借记“银行存款”科目，贷记“固定资产清理”科目。

4. 结转清理净损益。企业因出售、报废和毁损等情况时，应当将清理收入扣除账面价值和相关税费后的金额计入当期损益，计入“营业外支出”或“营业外收入”账户。

**例题 7－12**：某村办加工厂一辆运输卡车在一次交通事故中报废，该卡车原价 200 000 元，已提折旧 60 000 元，在事故处理中明确过失人应赔偿 2 000 元；根据保险合同，保险公司应赔偿 80 000 元；企业未对该资产计提减值准备。编制会计分录如下：

（1）将卡车转入清理时，编制会计分录如下：

| | | |
|---|---|---|
| 借：固定资产清理——卡车 | 140 000 | |
| 　　累计折旧 | 60 000 | |
| 　　贷：固定资产——卡车 | | 200 000 |

（2）确认责任人和保险公司应赔偿的款项，编制会计分录如下：

| | | |
|---|---|---|
| 借：其他应收款——某责任人 | 2 000 | |

——保险公司　80 000

贷：固定资产清理——卡车　82 000

（3）结转固定资产清理净损失金额 58 000（140 000 - 82 000）元时，编制会计分录如下：

借：营业外支出——非常损失　58 000

贷：固定资产清理——卡车　58 000

**例题 7 - 13**：村办酒厂出售在市区的营业铺面一个，原价 400 000元，已提折旧 200 000 元；发生手续费用 5 000 元用银行存款支付，取得价款 2 500 000 元，应缴营业税款 125 000 元。该资产未提减值准备。

（1）将营业铺面转入清理时，编制会计分录如下：

借：固定资产清理——营业铺面　200 000

累计折旧　200 000

贷：固定资产——营业铺面　400 000

（2）支付清理费用时，编制会计分录如下：

借：固定资产清理——营业铺面　5 000

贷：银行存款　5 000

（3）收到转让价款时，编制会计分录如下：

借：银行存款　2 500 000

贷：固定资产清理——营业铺面　2 500 000

（4）计算提取应缴营业税、城市维护建设税和教育费附加时，编制会计分录如下：

借：固定资产清理——营业铺面　137 500

贷：应交税费——应交营业税　125 000

——应交城市维护建设税　8 750

——应交教育费附加　3 750

（5）结转固定资产清理净收益 2 157 500（2 500 000 - 200 000 - 5 000 - 137 500）元，编制会计分录如下：

借：固定资产清理——营业铺面　2 157 500

贷：营业外收入——处置固定资产净收益　2 157 500

## 五、固定资产租赁的核算

租赁是指在约定的期间内，出租人将资产的使用权让与承租人以获取租金的协议。租赁的主要特征是有偿转移资产的使用权。租赁按与租赁资产所有权有关的风险和报酬归属于出租人或承租人的程度不同可分为经营租赁和融资租赁。融资租赁是指在实质上转移了与资产所有权有关的主要风险和报酬的一种租赁，而经营租赁则是除融资租赁以外的租赁。

（一）经营租赁

经营租赁是企业为解决生产经营的季节性、临时性需要而采用的一种租赁方式。特点是租赁期短；且租赁期满后承租人将资产退还给出租人。由于与租赁资产相关的风险和报酬仍然归属于出租人，因而作为承租人的农村中小企业，在核算上需按期确认应付租金的数额及其列支方向。

**例题 7－14**：（1）村办翔宏商贸公司为满足季节性经营活动的需要，向百利贸易公司临时租入 4 辆汽车，租期为 3 个月，月租金 16 000 元；合同约定承租方按月支付租金，并一次性支付押金 400 000元。

（1）支付押金时，编制会计分录如下：

借：其他应收款——百利贸易公司　　400 000

　　贷：银行存款　　400 000

（2）按月支付租金时，编制会计分录如下：

借：销售费用——租金　　16 000

　　贷：银行存款　　16 000

（3）租赁期满，退回汽车，如数收回押金时，编制会计分录如下：

借：银行存款　　400 000

　　贷：其他应收款——百利贸易公司　　400 000

（二）融资租赁

融资租赁是企业处于融资方面的考虑而采纳的一种租赁方式。其主要特征是租赁期较长，融资租赁期占租赁资产使用寿命的大部分时间；租赁开始日的最低租赁付款额（或最低租赁收款额）的现值，几乎相当于租赁开始日租赁资产的公允价值；承租人有购买租赁资产的选择权，且在合同中订立的设备购买价款预计远低于行使选择权时租赁资产的公允价值；租赁资产性质特殊，如不作较大改造，只有承租人才能使用。在融资租赁方式下，尽管在租赁期内租赁资产的所有权仍然属于出租人，但承租人实质上获得了与该资产有关的风险。所以，承租企业租赁期应将融资租入资产视同自有资产进行核算和管理。

为区分融资租入固定资产和其他自有固定资产，农村中小企业应在“固定资产”科目下单设“融资租入固定资产”明细科目，核算融资租入的固定资产。企业在租赁开始日，按租赁资产的公允价值与最低租赁付款额的现值中两者较低者，借记“固定资产——融资租入固定资产”科目，按最低付款额，贷记“长期应付款——应付租赁融资款”科目，按两者的差额，借记“未确认融资费用”科目。未确认融资费用应在租赁期内合理分摊，分摊时借记“财务费用”科目，贷记“未确认融资费用”科目。租赁期满，若设备的所有权转归承租企业，承租企业还应将该固定资产从“融资租入固定资产”明细科目转入相关明细科目。

**例题 7－15**：村办福彩糖果厂于 2010 年 1 月 1 日融资租入运输设备 2 台，租赁资产的公允价值为 2 700 000 元，租期 3 年，交付使用后每年末支付租赁费 1 000 000 元，租赁期满，该运输设备归承租方所有。合同规定的利率为 8%。

最低租赁付款额 = 1 000 000 × 3 + 0 = 3 000 000（元）

每年租金的现值之和 = 1 000 000 ×（P/A，3，8%）= 1 000 000 × 2.5771 = 2 577 100（元），小于租赁资产公允价值 2 700 000 元。根据孰低原则，租赁资产的入账价值应是 2 577 100 元。

（1）租入设备时，编制会计分录如下：

借：固定资产——融资租入固定资产　　2 577 100
　　未确认融资费用　　422 900
　　贷：长期应付款——应付租赁融资款　　3 000 000

（2）每期支付融资租赁费时，编制会计分录如下：

借：长期应付款——应付租赁融资款 140 000

贷：银行存款 140 000

未确认融资费用分摊情况如表7－3所示。

表7－3 未确认融资费用分摊表 单位：元

| 日期 | 租金 | 确认的融资费用 | 应付本金减少 | 应付本金余额 |
|---|---|---|---|---|
| | （1） | （2）＝期初（4）×8% | （3）＝（1）－（2） | 期末（4）＝期初（4）－（3） |
| 2010年1月1日 | | | | 2 577 100.00 |
| 2010年12月31日 | 1 000 000 | 206 168.00 | 793 832.00 | 1 783 268.00 |
| 2011年12月31日 | 1 000 000 | 142 661.44 | 857 338.56 | 925 929.44 |
| 2012年12月31日 | 1 000 000 | 74 070.56 | 925 929.44 | 0 |
| 合计 | 3 000 000 | 422 900.00 | 2 577 100.00 | |

（3）摊销未确认融资费用时，编制会计分录如下：

2010年每月摊销未确认融资费用额＝206 168÷12＝17 180.67（元）

借：财务费用 17 180.67

贷：未确认融资费用 17 180.67

2011年每月摊销未确认融资费用额＝142 661.44÷12

＝11 888.45（元）

借：财务费用 11 888.45

贷：未确认融资费用 11 888.45

2012年每月摊销未确认融资费用额＝74 070.56÷12＝6 172.55（元）

借：财务费用 6 172.55

贷：未确认融资费用 6 172.55

（4）每月计提折旧时，编制会计分录如下（假设该项资产预计净残值率为5%，采用年限平均法）：

月折旧额＝650 000×（1－5%）÷60＝10 291.67（元）

借：生产成本——辅助生产成本（折旧费）

10 291.67

贷：累计折旧 10 291.67

（5）租赁期满付清全部租赁费时，编制会计分录如下：

借：固定资产——运输设备 650 000

贷：固定资产——融资租入固定资产 650 000

## 六、固定资产后续支出的核算

固定资产后续支出，是指企业的固定资产投入使用后，为了适应新技术发展的需要，或者为维护固定资产的使用效能等所发生的支出。包括企业对固定资产进行维护、改建、扩建或改良等所发生的支出。《企业会计准则第4号——固定资产》规定：与固定资产有关的后续支出，符合固定资产确认条件的，应当计入固定资产成本；不符合固定资产确认条件的，应当在发生时计入当期损益。

**例题7－16**：2012年1月1日，某村办工厂决定将2007年12月建成的通风设备改为中央空调。原有通风设备的建造成本为500万元，采用年限平均法计提折旧，已提折旧190万元，预计净残值率为5%，预计使用5年。拆除原通风设备取得变价收入20万元存入银行，改良工程新发生支出1 000万元，全部以银行存款支付；2012年4月30日，该改良工程达到预定可使用状态，预计使用年限为10年，预计净残值率为5%。

（1）2012年1月1日转入改良工程时，编制会计分录如下：

转入改良工程账面成本为：5 000 000－1 900 000＝3 100 000（元）

借：在建工程——改良工程（中央空调） 3 100 000

累计折旧 1 900 000

贷：固定资产——通风设备 5 000 000

（2）将拆除设备变价收入存入银行时，编制会计分录如下：

借：银行存款 200 000

贷：在建工程——改良工程（中央空调） 200 000

（3）发生改良支出时，编制会计分录如下：

借：在建工程——改良工程（中央空调） 10 000 000

贷：银行存款 10 000 000

(4) 2012 年 4 月 30 日，改良工程达到预定可使用状态时，编制会计分录如下：

固定资产的入账价值为：310 - 20 + 1 000 = 1 290（万元）

借：固定资产——中央空调　　12 900 000

　　贷：在建工程——改良工程（中央空调）　　12 900 000

**例题 7 - 17**：某村办加工厂对现有的货物电梯进行日常修理，以保证电梯的正常使用。修理过程中支付银行存款 50 000 元。

本例中，这项后续支出是为了保证电梯的正常使用，并不会使可能流入企业的经济利益超过原先的估计。因此，应将该项固定资产的后续支出确认为发生当期的费用。该公司的账务处理如下：

借：管理费用——修理费　　50 000

　　贷：银行存款　　50 000

## 七、固定资产的清查和期末计价

（一）固定资产的清查

为保证企业固定资产的安全完整，确保固定资产核算的真实性。企业应定期对固定资产进行盘点清查。在固定资产的清查过程中，应认真核对账务，如果发现盘盈、盘亏的固定资产，应填制固定资产盘盈、盘亏报告表，及时查明原因并于期末结账前处理完毕。

企业在清查中盘盈盘亏的固定资产，在报经批准处理前应通过“待处理财产损溢——待处理固定资产损溢”科目核算，经批准处理后再转作营业外收支。发现盘盈的固定资产，按其净值借记“固定资产”科目，贷记“待处理财产损溢——待处理固定资产损溢”科目；处理时借记“待处理财产损溢——待处理固定资产损溢”科目，贷记“营业外收入”科目。发现盘亏的固定资产，按其账面价值，借记“待处理财产损溢——待处理固定资产损溢”科目，按已提折旧和减值准备，借记“累计折旧”、“固定资产减值准备”等科目，按其账面原值，贷记“固定资产”科目；借记“营业外支出”科目，贷记“待处理财产损溢——待处理固定资产损溢”科目。

（二）固定资产的期末计价

固定资产发生损坏，或因技术陈旧长期闲置及其他经济原因，导致其可收回金额低于其账面价值，这种情况被称为固定资产减值。对于已经发生的资产减值如果不予确认，必将虚夸企业资产价值，这有悖于会计核算的真实性和稳健性原则。因此，企业应当在期末或至少在每年年度终了，对固定资产逐项进行检查，对于因各种原因导致的固定资产减值的，应逐项计提减值准备。

企业发生固定资产减值业务时，应通过“固定资产减值准备”科目核算，它是“固定资产”的备抵科目。其贷方登记计提的固定资产减值准备，借方登记出售、报废、盘亏、捐赠转出以及其他原因减少的固定资产已提的减值准备，期末贷方余额反映企业提取的固定资产减值准备累计数。计提固定资产减值准备，应以其实际减值额为依据，借记“资产减值损失”科目，贷记“固定资产减值准备”科目。资产减值损失一经确认，在以后会计期间不得转回。

**例题 7－18**：翔宏商贸公司 2012 年年末对固定资产进行核查，发现本公司使用的办公设备计算机因技术更新较快致使该批资产发生减值，估计可收回金额为 20 000 元，其原始价值为 72 000 元，预计使用 6 年，已提折旧 36 000 元，则资产减值 16 000 元。编制会计分录如下：

借：资产减值损失　　16 000

　　贷：固定资产减值准备　　16 000

## 八、固定资产明细分类核算

为了加强固定资产管理，及时反映各项固定资产增减变动和使用分布情况，并为计算折旧提供必要资料，必须设置固定资产明细账，进行明细分类核算。商品流通企业的固定资产明细账，按固定资产项目，连同附属设备，分户设置。其主要形式有采用数量金额式的明细账形式（见表 7－4）或采用固定资产卡片的形式（见表7－5）。固定资产明细账也可与固定资产折旧明细账结合起来，设置联合式账页。固定资产卡片一般一式两份，一份由使用部门登记保管，另一份由财会部门保管。同时，财会部门为了分类反映固定资产的使用、保管和增减变动情况，并控制固定资产卡片或固定资产明细分类账，还应设置“固定资产登记簿”，即固定资产的大类账（二级账），并按固定资产类别开设账页，其格式如表 7－6 所示。

**表 7－4　　固定资产明细分类账**

类别：　　名称：　　规格：　　使用年限：　　预计单位残值：

分类编号：　　品种编号：　　单位：　　年折旧率：

| 年 | | 凭证编号 | 摘要 | 增加 | | 减少 | | 余额 | |
|---|---|---|---|---|---|---|---|---|---|
| 月 | 日 | | | 数量 | 金额 | 数量 | 金额 | 数量 | 金额 |
| | | | | | | | | | |
| | | | | | | | | | |
| | | | | | | | | | |

**表 7－5　　固定资产卡片**

单位名称：　　　　分类编号：

保管部门：　　　　品种编号：

使用部门：　　　　卡片编号：

| | | | | | | | |
|---|---|---|---|---|---|---|---|
| 名称 | | 购建年月 | | 原值 | | 安装费 | |
| 用途 | | 开始使用年月 | | 预计残值 | | 年折旧率 | |
| 规格型号 | | 预计使用年月 | | 预计清理费用 | | 技术特征 | |
| 附属设备 | 名称： | | 型号： | | 原值： | | |
| 修理、改造、事故等变更情况 | | | | 转移记录 | | 报废清理 | |
| 开工日期 | | | | 年　月 | | 清理日期 | |
| 完工日期 | | | | 摘　要 | | 清理原因 | |
| 摘　要 | | | | 接收单位 | | 清理费用 | |
| 发生费用 | | | | | | 清理收入 | |

**表 7－6　　固定资产登记簿**

类别：

| 年 | | 凭证编号 | 摘要 | 增加 | | | | | | | 减少 | | | | | 余额 |
|---|---|---|---|---|---|---|---|---|---|---|---|---|---|---|---|---|
| 月 | 日 | | | 合计 | 购置 | 自建 | 接受投资 | 融资租入 | 盘盈 | 改建扩建 | 合计 | 出售 | 盘亏 | 投资转出 | 毁损 | |
| | | | | | | | | | | | | | | | | |
| | | | | | | | | | | | | | | | | |
| | | | | | | | | | | | | | | | | |

# 第二节 无形资产的核算

## 一、无形资产的内容及确认

无形资产，是指企业拥有或控制的没有实物形态的可辨认的非货币性资产。主要包括专利权、非专利技术、商标权、土地使用权、特许经营权等。无形资产具有以下特征：无形资产不具有实物形态，通常表现为某种权利、技术，如专利权、非专利技术、商标权等；无形资产具有可辨认性；无形资产属于企业的非货币性长期资产。

（一）无形资产的内容

1. 专利权。专利权是国家专利主管机关依法授予发明创造专利申请人对其发明创造在法定期限内所享有的专有权利。

2. 非专利技术。非专利技术是指不为外界所知、在生产经营活动中已采用了的、不享有法律保护的技术和经验。

3. 商标权。商标权是指专门在某类指定的商品或产品上使用特定的名称或图案的权利。

4. 土地使用权。土地使用权是指国家准许某企业在一定期间内对国有土地享有开发、利用、经营的权利。根据我国《土地管理法》的规定，我国土地实行公有制，任何单位和个人不得侵占、买卖或者以其他形式非法转让。企业取得土地使用权的方式大致有以下几种：外购取得、投资者投入取得等。

5. 特许经营权。特许经营权是指企业间依照签订的合同，一家企业允许另一家企业有限期或无限期使用其商标、商号、技术秘密等的权利。

（二）无形资产的确认

企业的无形资产需要同时满足下列确认条件，即与该无形资产有关的经济利益很可能流入企业；该无形资产的成本能够可靠地计量。如果某一项资产不能同时符合上述确认要求，就不能确认为无形资产。企业自创商誉以及内部产生的品牌、报刊名等不应确认为无形资产。

## 二、无形资产的计价

根据《企业会计准则第6号——无形资产》的规定，无形资产应当按照成本进行初始计量。由于取得的途径不同，其初始成本的构成内容也不同。

1. 外购无形资产的成本，包括购买价款、相关税费以及直接归属于使该项资产达到预定用途所发生的其他支出。购买无形资产的价款超过正常信用条件延期支付，实质上具有融资性质的，无形资产的成本以购买价款的现值为基础确定。实际支付的价款与购买价款的现值之间的差额，除按照《企业会计准则第17号——借款费用》应予资本化的以外，应当在信用期间内计入当期损益。

2. 投资者投入无形资产的成本，应当按照投资合同或协议约定的价值确定，但合同或协议约定价值不公允的除外。

3. 自行开发的无形资产的成本，包括自满足无形资产确认条件后至达到预定用途前所发生的支出总额，但是对于以前期间已经费用化的支出不再调整（研究阶段的支出应当于发生时计入当期损益）。

4. 其他方式，如非货币性资产交换、债务重组、政府补助和企业合并取得的无形资产的成本，应当分别按照《企业会计准则第7号——非货币性资产交换》、《企业会计准则第12号——债务重组》、《企业会计准则第16号——政府补助》、《企业会计准则第20号——企业合并》确定。

## 三、无形资产的核算

为反映和监督无形资产成本的增减变动情况，企业应设置“无形资产”科目。该科目属于资产类科目，借方登记取得无形资产的实际原价，贷方登记无形资产的出售、转出实际原价，期末借方余额，反映企业所拥有的无形资产原价。无形资产应按其类别设置明细科目，进行明细核算。

为核算企业对使用寿命有限的无形资产计提的累计摊销，企业还应设置“累计摊销”科目。该科目属于“无形资产”的调整科目，企业按月计提无形资产摊销时贷记该科目，无形资产使用期满、出售或对外投资转出累计摊销时借记该科目，本科目期末贷方余额，反映企业无形资产累计摊销额。该科目只进行总账核算，不设置明细科目。

（一）无形资产取得的核算

企业的无形资产由于取得的途径不同，其账务处理也不同。无论何种途径取得的无形资产，均记入“无形资产”科目的借方。

**例题 7－19**：碑林商业公司 2012 年 3 月支付 100 万元有偿取得某商号 10 年期的经营权。假定不考虑其他相关税费。编制会计分录如下：

借：无形资产——特许经营权　　1 000 000

　　贷：银行存款　　1 000 000

（二）无形资产摊销的核算

无形资产计价入账后，使用寿命有限的无形资产，应当自无形资产可供使用时起，将其应摊销金额在使用寿命内系统合理摊销；使用寿命不确定的无形资产不应摊销。无形资产的摊销金额一般应当计入当期损益，即“管理费用”科目。同时，企业选择的无形资产摊销方法，应当反映与该项无形资产有关的经济利益的预期实现方式。无法可靠确定预期实现方式的，应当采用直线法摊销。

**例题 7－20**：村办碑林商业公司购买一项经营权，入账价值为 1 000 000 元，预计使用年限 10 年，采用直线法摊销。按月摊销时，每月推销额为：

$1\ 000\ 000 \div (10 \times 12) = 8\ 333.33$（元）

编制会计分录如下：

借：管理费用——无形资产摊销　　8 333.33

　　贷：累计摊销　　8 333.33

（三）无形资产减值的核算

资产减值，是指资产的可收回金额低于其账面价值。无形资产也会因企业经营所处的经济、技术或者法律等环境在近期发生重大变化，从而对企业产生不利影响及其他经济原因，导致其可收回金额低于其账面价值，这种情况被称为无形资产减值。对于已经发生的资产减值如果不予确认，必将虚夸企业资产价值，这有悖于会计核算的真实性和稳健性原则。因此，企业应当在资产负债表日（即每年至少一次），对无形资产逐项进行减值测试，对于因各种原因导致的无形资产减值的，应逐项计提减值准备。

企业发生无形资产减值业务时，应通过“无形资产减值准备”科目核算，它是“无形资产”的备抵科目。贷方登记计提无形资产减值准备，借方登记出售、报废及其他原因减少的无形资产已提的减值准备，期末贷方余额反映企业提取的无形资产减值准备累计数。

计提无形资产减值准备，应以其实际减值额为依据，借记“资产减损失”科目，贷记“无形资产减值准备”科目。资产减值损失一经确认，在以后会计期间不得转回。

**例题 7－21**：碑林商业公司于 2010 年 1 月 1 日，购入一项无形资产，其原始成本为 100 000 元，预计使用年限为 5 年。假定无残值，年摊销额为 20 000 元。2012 年 12 月 31 日，企业发生了与该无形资产有关的侵权诉讼案，致使该无形资产发生减值，其可收回金额为 10 000 元。经批准，作会计分录如下：

无形资产减值额 =(100 000－60 000)－10 000 =30 000(元)

借：资产减值损失　　30 000

　　贷：无形资产减值准备　　30 000

（四）无形资产转让的核算

企业拥有的无形资产可以依法转让。无形资产的转让方式有两种：一是转让所有权，即无形资产出售；二是转让使用权，即无形资产出租。

1. 无形资产出售的核算

企业将无形资产出售，表明企业放弃无形资产所有权。《企业会计准则第 6 号——无形资产》规定，企业出售无形资产，应当将取得的价款与该无形资产账面价值的差额计入当期损益（即记入“营业外收入”或“营业外支出”科目)。即按实际取得的转让收入，借记“银行存款”等科目，按无形资产的账面余额，贷记“无形资产”科目，按应支付的相关税费，贷记“银行存款”、“应交税费——应交营业税”等科目，按其借贷方差额，贷记“营业外收入——出售无形资产收益”科目或借记“营业外支出——出售无形资产损失”科目。

**例题7-22**：村办荣昌电柜厂拥有的一项无形资产，该项无形资产的成本600 000元，累计摊销100 000元，出售所得价款400 000元。为此，应交营业税20 000元、城市维护建设税1 400元、教育费附加600元。假定不考虑其他相关税费和无形资产减值准备，则出售无形资产净额12.2（50+2.2-40）万元确认为当期损失，记入“营业外支出”科目。编制会计分录如下：

| | | |
|---|---|---|
| 借：银行存款 | 400 000 | |
| 　　累计摊销 | 100 000 | |
| 　　营业外支出——出售无形资产损失 | 122 000 | |
| 　　贷：无形资产——×× | | 600 000 |
| 　　　　应交税费——应交营业税 | | 20 000 |
| 　　　　　　　　——应交城市维护建设税 | | 1 400 |
| 　　　　　　　　——应交教育费附加 | | 600 |

2. 无形资产出租的核算

无形资产出租是指企业将拥有的无形资产的使用权让渡给他人，并收取租金。根据《企业会计准则第14号——收入》的规定，这类交易属于企业让渡资产使用权收入，因而相关所得应作为收入核算，即计入“其他业务收入”科目。企业出租无形资产所取得现金收入时，借记“银行存款”等科目，贷记“其他业务收入”等科目；结转无形资产的成本时，借记“其他业务支出”科目，贷记“无形资产”科目。

**例题7-23**：村办京石建筑材料厂将注册商标的使用权转让给其他单位使用，取得转让收入100 000元存入银行。同时，由于获得中介公司服务，发生相关费用支付 7 500 元，以银行存款支付，该项业务应交营业税 5 000 元。

（1）取得转让收入时，编制会计分录如下：

借：银行存款　　100 000
　　贷：其他业务收入　　100 000

（2）发生税费，编制会计分录如下：

借：其他业务支出　　12 700
　　贷：银行存款　　7 500
　　　　应交税费——应交营业税　　5 000
　　　　　　　　——应交城市维护建设税　　50
　　　　　　　　——应交教育费附加　　150

（五）无形资产报废的核算

无形资产使用期满，按规定报废时，应按已提摊销额借记“累计摊销”科目，按无形资产成本贷记“无形资产”科目。

**例题 7－24**：村办京石建筑材料厂将一项使用期满的专利权进行报废处理。专利权账面成本为 300 000 元，已提满摊销额。编制会计分录如下：

借：累计摊销　　300 000
　　贷：无形资产　　300 000

# 第八章 负债和所有者权益的核算

## 第一节 负债的核算

### 一、负债的分类、主要特征及其内容

负债是指过去的交易、事项形成的、预期会导致经济利益流出企业的现时义务。负债至少具有以下几个重要特征：负债是基于过去的交易或事项而产生的；负债是企业承担的现时义务；现时义务的履行通常关系到企业放弃含有经济利益的资产，以满足对方的要求；负债通常是在未来某一时日通过交付资产（包括现金和其他资产）或提供劳务来清偿。负债按偿付期长短分为流动负债和非流动负债两类。

流动负债是指将在1年（含1年）或者超过1年的一个经营周期内偿还的债务。包括短期借款、交易性金融负债、应付票据、应付账款、预收账款、其他应付款、应付职工薪酬、应交税费、应付利息、应付股利、预提费用、预计负债等。流动负债除了具有负债的共同特征之外，还具有如下特征：（1）偿还期较短。在债权人提出要求时即期偿付，或在1年内（含1年）或者超过1年的一个营业周期内必须偿还。（2）举债的目的通常是为了满足企业生产经营资金周转的需要。（3）一般需用企业资产清偿，也可提供劳务清

偿，还可举借新债清偿。

非流动负债是指偿还期在1年或者超过1年的一个营业周期以上的负债。包括长期借款、应付债券、长期应付款、专项应付款、递延所得税负债五大类。它是企业筹集资金的一种重要方式。长期负债除具有负债的共同特征外，与流动负债相比，还具有偿还期限较长且可以分期偿还以及债务金额较大的特征。

## 二、短期借款和长期借款的核算

### （一）短期借款的核算

短期借款是企业向银行或其他金融机构等借入的期限在1年以下（含1年）的各种款项。短期借款一般是企业为维持正常的生产经营所需要的资金，而借入的或者为抵偿其某项债务而借入的，企业的短期借款有以下几个特征：一是其债权人不仅包括银行，还包括其他非银行金融机构，如金融性公司等。二是借款期限较短，一般为1年以下（含1年）；三是归还短期借款时，不仅要归还本金，还要支付相应的利息。

为了总括反映和监督短期借款的取得和归还情况，应设置“短期借款”科目进行总分类核算。该科目贷方登记取得的借款数，借方登记归还的借款数，余额反映企业尚未偿还的短期借款本金。该科目应按债权人设置明细科目，并按借款种类进行明细核算。

短期借款的利息支付应作为期间费用记入财务费用，由实现的销售收入补偿。短期借款利息的核算可视其具体支付方式及数额大小而有所不同：如果短期借款的利息是按期支付（按季）的，或者利息是在借款到期时连同本金一起归还，并且数额较大的，应采用预提的方法，按月预提记入“财务费用”科目借方，贷方记入“预提费用”科目。实际支付时，按已预提的利息金额借记“预提费用”科目，贷记“银行存款”科目；如果短期借款的利息是按月支付的，或者利息是在借款到期连同本金一次还本付息，且数额不大的，可在实际支付时直接记入“财务费用”科目，贷记“银行存款”科目。

**例题 8－1**：某村办加工厂于 3 月 30 日从银行取得为期半年的短期借款 100 000 元，年利率为 8.4%，到期一次还本付息。

（1）3 月 30 日取得借款时，编制会计分录如下：

借：银行存款　　100 000
　　贷：短期借款　　100 000

（2）各月末预提利息费用（4～8 月）时，编制会计分录如下：

月借款利息＝100 000×8.4%÷12＝700（元）

借：财务费用——利息　　700
　　贷：应付利息——贷款利息　　700

（3）9 月末归还借款本金并支付第二季度的利息时，编制会计分录如下：

借：短期借款　　100 000
　　应付利息——贷款利息　　3 500
　　财务费用——利息　　700
　　贷：银行存款　　104 200

**例题 8－2**：接例题 8－1。假定上述公司与银行签订的借款合同为按季支付利息，期满一次归还本金。

（1）每季度第一、第二月计提应付贷款利息时，编制会计分录如下：

借：财务费用——利息　　700
　　贷：应付利息——贷款利息　　700

（2）每季度第三月支付本季度借款利息时，编制会计分录如下：

借：应付利息——贷款利息　　700
　　财务费用——利息　　700
　　贷：银行存款　　1 400

（3）借款期满归还本金时，编制会计分录如下：

借：短期借款　　100 000
　　贷：银行存款　　100 000

（二）长期借款的核算

长期借款是指企业向银行或其他金融机构借入的期限在 1 年以

上（不含1年）的各项借款。长期借款主要是固定资产投资借款。

为了总括反映和监督长期借款的借入、应计利息以及还本付息业务，企业应设置“长期借款”科目进行总分类核算。该科目贷方登记长期借款本息的增加数，借方登记长期借款本息的减少数，期末贷方余额表示企业尚未归还的长期借款本息数额。另外，该科目应按借款单位和借款种类设置明细科目，进行明细分类核算。

企业借入的长期借款，借记“银行存款”科目，贷记“长期借款”科目；归还时，借记“长期借款”科目，贷记“银行存款”科目。企业发生的长期借款利息（包括利息、汇兑损失等），应分别下列情况处理：属于筹建期间的，计入长期待摊费用，即借记“长期待摊费用”科目，贷记“长期借款”科目；属于生产经营期间的，计入财务费用，即借记“财务费用”科目，贷记“长期借款”科目。

属于发生的与固定资产购建有关的专门借款费用，在固定资产达到预定可使用状态前按规定应予以资本化，借记“在建工程”科目，贷记“长期借款”科目；固定资产达到预定可使用状态后所发生的借款费用以及按规定不能予以资本化的借款费用，借记“财务费用”科目，贷记“长期借款”科目。

利息资本化金额的计算公式如下：

本期利息资本化金额＝至本期末购建固定资产累计支出加权平均数×资本化率

其中：

$$\text{累计支出加权平均数} = \sum \left(\text{每笔资产支出} \times \frac{\text{每笔资产支出占用时间}}{\text{会计期间涵盖时间}}\right)$$

若是属于借入一笔专门借款，资本化率则为该项借款的利率；若是借入多笔借款，则按下列公式计算资本化率：

$$\text{资本化率} = \frac{\text{专门借款本期实际发生利息之和}}{\text{专门借款本金加权平均数}} \times 100\%$$

**例题8－3**：某村办工厂2012年1月1日借入固定资产借款100万元，借款年利率为6%，借款期限为2年，合同规定：借款期满，一次性偿还本金及利息。款项借入后当即用于工程建造开支40万元，2012年3月开支其余60万元。该项工程于2012年12月31日完工交付使用，并办理了竣工决算手续。2014年12月31日，借款到期还本付息。

（1）2012年1月1日，将借款存入银行。编制会计分录如下：

借：银行存款　1 000 000

　　贷：长期借款　1 000 000

（2）2012年12月31日，计提借款利息，编制会计分录如下：

应付12个月的利息 = 1 000 000 × 6% = 60 000（元）

累计支出加权平均数 $= 400\ 000 \times \frac{12}{12} + 600\ 000 \times \frac{10}{12} = 900\ 000$（元）

资本化率 = 6%

利息资本化额 = 900 000 × 6% = 54 000（元）

借：在建工程——×工程　54 000

　　财务费用——利息　6 000

　　贷：长期借款　60 000

（3）2013年12月31日，计提借款利息。编制会计分录如下：

应付12个月的利息 = 1 000 000 × 6% = 60 000（元）

借：财务费用——利息　60 000

　　贷：长期借款　60 000

（4）2014年12月31日，归还本金。编制会计分录如下：

借：长期借款　1 120 000

　　贷：银行存款　1 120 000

需要说明的是：长期借款与短期借款在对借款利息费用的处理上是不同的。短期借款利息是不用通过“短期借款”科目，而是通过“应付利息”或“财务费用”科目核算，即“短期借款”科目只核算借款的本金，不包括利息费用；并且短期借款利息费用只计入当期损益之中。长期借款利息是通过“长期借款”科目进行核算的，即“长期借款”科目不仅核算借款的本金，还包括利息等费用；并且长期借款费用应当按权责发生制原则的要求，按期计入所购建资产的成本（即予以资本化）或直接计入当期财务费用。

## 三、应付票据的核算

应付票据是指企业因购买材料，商品和接受劳务供应等而开出、承兑的商业汇票，包括银行承兑汇票和商业承兑汇票两种。

为了总括反映和监督企业商业汇票的承兑和支付情况，应设置“应付票据”科目进行总分类核算。该科目贷方登记签发承兑的汇票的面值，借方登记支付的票据款项，期末贷方余额表示尚未支付的票据款项。

为了加强对应付票据的管理，企业设置“应付票据备查簿”，明细登记每一应付票据的种类、号数、签发日期、到期日、票面金额、票面利率、合同交易号、收款人姓名或单位名称以及付款日期和金额等资料。应付票据到期结清时，应当在备查簿内逐笔注销。

企业开出承兑商业汇票或以承兑商业汇票抵付款、应付账款时借记“在途物资”、“应交税费——应交增值税（进项税额）”及“应付账款”等科目，贷记“应付票据”科目；应付票据到期时，借记“应付票据”科目，贷记“银行存款”科目；如果票据到期企业无力支付，按应付票据的账面余额，借记“应付票据”科目，贷记“应付账款”科目。

**例题 8－4：**湖州郊区某村办加工厂采用商业承兑汇票向荣成公司购入原材料一批，价款 130 000 元，增值税进项税额 22 100 元。该商业汇票的期限为 3 个月，商品已验收入库，按实际成本法进行原材料收发核算。

（1）以商业承兑汇票抵付货款。编制会计分录如下：

借：在途物资——荣成公司　　130 000
　　应交税费——应交增值税（进项税额）　　22 100
　　贷：应付票据——荣成公司　　152 100

借：原材料——×商品　　130 000
　　贷：在途物资——荣成公司　　130 000

（2）票据到期，支付票款。编制会计分录如下：

借：应付票据——荣成公司　152 100

　　贷：银行存款　152 100

（3）票据到期，无力支付票款。编制会计分录如下：

借：应付票据——荣成公司　152 100

　　贷：应付账款——荣成公司　152 100

## 四、应付及预收账款的核算

### （一）应付账款的核算

应付账款是指农村中小企业因购买材料、商品或接受劳务供应等而发生的债务。应付账款的确定，应以所购买物资的所有权转移或接受劳务已发生为标志。

为了核算企业因购买材料、商品和接受劳务供应等而应付给供应单位的款项，企业应设置“应付账款”科目进行总分类账核算。该科目贷方登记应付账款的增加数，借方登记应付账款减少数，以及以商业银行汇票抵付的应付账款。冲销无法支付的应付账款数，余额在贷方，表示期末企业尚未偿还的应付账款。该科目还应按供应单位设置明细科目，进行明细分类核算。

企业购入材料等已验收入库，但货款尚未支付，根据有关凭证（发票账单，随货同行发票上记载的实际价款或暂估价值），借记“在途物资”等科目，按专用发票上注明的增值税款，借记“应交税费——应交增值税（进项税额）”等科目，按应付的价款，贷记“应付账款”科目。

**例题 8－5：** 某村办加工厂从永昌公司购进原材料一批，增值税专用发票上注明价款 200 000 元，增值税额 34 000 元，款项尚未结算。该批原材料已验收入库，根据增值税专用发票及其入库单。作如下会计分录：

借：原材料——×材料　200 000

　　应交税费——应交增值税（进项税额）　34 000

　　贷：应付账款——永昌公司　234 000

（二）预收账款的核算

预收账款是买卖双方协议商定，由购货方预先支付一部分货款给供应方而发生的一项负债。这是供应方的债务，需要用以后的商品或劳务等偿付。

为了总括反映和监督企业预收账款的发生和偿付情况，企业应设置"预收账款"科目进行总分类核算。该科目贷方登记企业预收账款的收取数，借方登记企业销售时预收账款的转销数及退回的余额数，期末贷方余额表示向购货单位预收的款项；期末如为借方余额，表示企业应由购货单位补付的款项。该科目还按购货单位设置明细科目，进行明细分类核算。

企业向购货单位预收款项时，借记"银行存款"科目，贷记"预收账款"科目。销售实现时，按实现的收入和应交的增值税销项税，借记"预收账款"科目；按实现的营业收入，贷记"主营业务收入"科目；按增值税专用发票上注明的销项税额，贷记"应交税费——应交增值税（销项税额）"等科目。购货单位补付的款项，借记"银行存款"科目，贷记"预收账款"科目；退回多付的款项，作相反的会计分录。

预收账款不多的企业，也可以将预收的款项直接计入"应收账款"科目的贷方，不设"预收账款"科目。

## 五、应付职工薪酬的核算

（一）职工薪酬的核算范围

职工薪酬是指农村中小企业为了获得职工提供的劳务而给予的各种形式的报酬以及其他相关支出，是企业在职职工在职期间和离职后提供的全部货币性薪酬和非货币性福利，包括提供给职工本人的薪酬以及提供给职工配偶、子女或者其他被赡养人的福利。职工薪酬中的"职工"是指与农村中小企业订立劳动合同的所有人员，含全职、兼职和临时职工，还有虽未与企业订立正式的劳动合同或者企业未正式任命，但为企业提供与职工类似服务的人员，如劳务用工合同人员。按照《企业会计准则第 9 号——职工薪酬》的规定，职工薪酬应该包括以下几个方面的内容：

1. 职工工资、奖金、津贴和补贴。职工工资、奖金、津贴和补贴是指企业在一定时期内支付给全部职工的计时工资和计件工资、支付给职工的超额劳动报酬和增收节支的劳动报酬、为了补偿职工特殊或者格外的劳动消耗和因其他特殊原则支付给职工的津贴，以及为了保证职工工资水平不受物价影响支付给职工的物价补贴。企业按照规定支付给职工的加班加点工资以及按照国家法律、法规和政策的规定，企业在职工因病、产假、工伤、计划生育假、婚丧假、事假、探亲假、定期休假、停工学习、执行国家或社会义务的特殊情况下，按照计时工资、计件工资标准的一定比例支付的工资。

2. 职工福利费。职工福利费是指农村中小企业为职工集体提供的福利。主要开支范围有：职工医药费、职工家属医药费、职工生活困难补助、职工因公负伤赴外地就医的路费、企业福利部门人员的工资薪酬、医务室购买药品的经费、职工食堂炊事用具购置及其修理费用。

3. 医疗保险费、养老保险费、失业保险费、工伤保险费、生育保险费和住房公积金。

4. 工会经费和职工教育经费。工会经费和职工教育经费是指农村中小企业根据国家规定的基准和比例，从成本费用中提取的，主要是用于开展工会活动和职工教育及职业技能培训的费用开支。

5. 非货币性福利。非货币性福利是指农村中小企业以自己的产品或其他有形资产发放给职工作为福利、企业向职工提供无偿使用自己拥有的资产、企业为职工无偿提供商品或者类似的医疗保健服务，等等。

6. 其他职工薪酬。主要有因解除与职工的劳动关系而给予的补偿，又称为辞退福利。

（二）职工工资薪酬的核算

按照劳动工资制度的规定，农村中小企业应根据考勤记录、工时记录、工资标准等编制“工资单”计算各种工资。财会部门应按

“工资单”进行汇总，编制“工资结算汇总表”，按规定手续向银行提取现金。

为了反映和监督应付职工薪酬的形成、支付及分配，企业应设置“应付职工薪酬”科目进行总分类核算，并应当按照“工资”、“职工福利”、“社会保险费”、“住房公积金”、“工会经费”、“职工教育经费”、“解除职工劳动关系补偿”等应付职工薪酬项目进行明细核算。凡属于工资总额的各种工资、奖金津贴等，不论是否当月支付，都应通过“应付职工薪酬——工资”明细科目核算。该明细科目借方记录实际支付的职工工资额，贷方登记月底分配本月应付的工资额。本明细科目期末一般应无余额，企业本月实发工资的差额即为本科目的期末余额。如果企业实发工资是按上月考勤记录计算的，实发工资与按本月考勤记录计算的应付工资的差额，即为本明细科目期末余额。如果不是由于上述原因引起的应付工资大于实发工资的，期末贷方余额反映为工资结余。

企业财会部门按实发职工薪酬金额向银行提取现金备发职工薪酬时，借记“库存现金”科目，贷记“银行存款”科目。支付职工薪酬时，借记“应付职工薪酬”科目，贷记“库存现金”或者“银行存款”科目。

企业在发放职工薪酬时，如有代扣个人所得税、工会经费等款项，应借记“应付职工薪酬——工资”、“应付职工薪酬——工会经费”相应明细科目，贷记“应交税费——应交个人所得税”、“其他应付款——工会会费”等科目。

企业按规定缴纳住房公积金及社会保险费，借记“应付职工薪酬——住房公积金”、“应付职工薪酬——社会保险费”科目，贷记“银行存款”科目。住房公积金缴存比例均不得低于职工上一年底月平均工资的5% ~20%。

**例题8－6：**某村办工贸公司某年5月份的职工薪酬结算汇总表列示应付职工薪酬总额为330 000元。从应付职工薪酬中扣除的项目有：个人所得税13 850元，社会保险及住房公积金6 820元并专户存储，工会会费500元，按实发工资额以转账支票方式结算当月职工薪酬308 830元。

应付职工工资薪酬=计时工资+计件工资+奖金+津贴和补贴

实发职工工资薪酬=应付职工工资薪酬-代扣款项数额（代扣款项是指从应付职工薪酬中代扣的应由职工个人支付的个人所得税、各种社会保险及住房公积金、工会会费和职工教育经费）

（1）以转账支票结算职工薪酬时，编制会计分录如下：

借：应付职工薪酬　308 830

　贷：银行存款　308 830

（2）结转各种代扣款项时，编制会计分录如下：

借：应付职工薪酬　21 170

　贷：应交税费——应交个人所得税　13 850

　　其他应付款——工会会费　500

　　银行存款　6 820

月份终了，企业应将本月应付职工工资进行分配。其中：村办工贸公司经营人员及行政管理人员的薪酬，应分别借记“销售费用”、“管理费用”科目，贷记“应付职工薪酬——工资”科目；医务福利部门人员的工资，借记“应付职工薪酬——职工福利”科目，贷记“应付职工薪酬——工资”科目。

**例题8-7**：某村办工贸公司5月末工资分配情况为：经营人员工资300 000元，行政管理人员工资25 000元，福利部门人员工资5 000元。编制会计分录如下：

借：销售费用——职工薪酬　300 000

　管理费用——职工薪酬　25 000

　应付职工薪酬——职工福利　5 000

　贷：应付职工薪酬——工资　330 000

（三）职工福利费的核算

按现行制度规定，职工福利费是按职工工资总额的14%从成本费用中提取。职工福利费的提取和使用，在“应付职工薪酬——职工福利”科目进行核算。该科目贷方反映福利费的提取数。借方反映福利费的支付数。期末贷方余额表示应付职工福利的结余。企业提取福利费时，借记“销售费用”、“管理费用”等科目，贷记“应付职工薪酬——职工福利”科目，企业支付职工医疗卫生费用、职工困难补助和其他福利费以及应付的医务福利费用、职工困难补助和其他福利费以及应付的医务福利部门人员工资等，借记“应付职工薪酬——职工福利”科目，贷记“库存现金”或“银行存款”等科目。

应该注意的是，按医务福利人员工资的14%提取的职工福利不能借记“应付职工薪酬——职工福利”科目，而应借记“管理费用”科目。

**例题8－8**：例题8－7中的某村办工贸公司根据本月已分配工资的14%提取“应付职工薪酬——职工福利”，编制会计分录如下：

借：销售费用——职工薪酬　　42 000

　　管理费用——职工薪酬　　4 200

　　贷：应付职工薪酬——职工福利　　46 200

## 六、应交税费的核算

应交税费，是指企业根据一定时期内取得的营业收入、实现的利润等，按照权责发生制原则，采用一定的计税办法预先提取但尚未解缴的各种税款，包括应交的增值税、消费税、营业税、资源税、所得税、土地增值税、城市维护建设税、房产税、土地使用税、车船使用税、个人所得税等。

为了反映和监督以上各种应交税费的计费和缴纳情况，企业应设置“应交税费”科目进行总分类核算。该科目贷方登记企业按规定计算交纳的各种税金，借方登记实际交纳的税金，期末贷方余额表示尚未交纳的税金，若为借方余额，则表示多交的税金。应交税费科目应按所交纳的各种税金设置明细科目，进行明细核算。但企业交纳的印花税，耕地占用税以及其他不需要预计应交数的税金，不在本科目核算。

（一）应交增值税

增值税，是指对在我国境内销售货物，提供加工、修理修配劳务以及进口货物的单位和个人，就其应税货物和应税劳务的增值额计算征收的一种流转税。增值税的纳税人分为一般纳税人和小规模纳税人两种。

一般纳税人销售商品或者提供应税劳务，应开具增值税专用发票实行价税分别核算。计算应交增值税，可直接汇总当期销售商品或提供应税劳务收取的销项税额和当期购进商品或接受劳务所支付的按规定可以抵扣的进项税额（即增值税专用发票中注明的进项税额），销项税额扣除进项税额的差额即为当期增值税应纳税额。用公式表示是“应纳税额 = 当期销项税额 - 当期进项税额”。如果当期销项税额小于进项税额不足抵扣时，其不足部分可以结转下期继续抵扣。

**例题 8 -9**：某村办加工厂 2012 年 3 月销售产品的销项税额合计为 166 600 元，购进原材料增值税专用发票中注明可以抵扣的进项税额合计为 102 000 元，计算本期应纳增值税额如下：

应纳税额 = 166 600 - 102 000 = 64 600（元）

若企业将自产、委托加工或购买的货物用于非应税项目，或作为投资、集体福利消费及捐赠他人等，应视同销售处理。即会计核算中将货物按成本转账，同时按税法规定开具增值税专用发票，计算交纳增值税。此时，计算交纳的增值税仍然作为销项税额，借记“在建工程”、“长期股权投资”、“应付职工薪酬——职工福利”或者“营业外支出”科目，贷记“应交税费——应交增值税（销项税额）”、“主营业务收入”科目。同时，按照账面成本，借记“主营业务成本”科目，贷记“库存商品”科目。

**例题 8 -10**：某村办加工厂将 B 产品一批用于正在进行的基建工程，该批产品的入库成本为 80 000 元，计税价格为 100 000 元，适用增值税税率为 17%。编制会计分录如下：

| | | |
|---|---|---|
| 借：在建工程——×工程 | 117 000 | |
| 　　贷：主营业务收入 | | 100 000 |
| 　　　　应交税费——应交增值税（销项税额） | | 17 000 |
| 借：主营业务成本 | 80 000 | |

贷：库存商品——B 商品　　80 000

农村中小企业购进货物发生非正常损失的，其进项税额应相应转出有关科目，借记“待处理财产损溢”科目，贷记“应交税费——应交增值税（进项税额转出）”及“库存商品”科目等。其中，转作“待处理财产损溢”的进项税额转出数额，应与遭受非正常损失的购进货物成本一并处理。

**例题 8－11**：某村办商贸公司月末盘点，发现甲商品短少 10 件，每件进价为 80 元，进项税额为 136 元，原因是管理不善，经批准作为管理费用入账。编制会计分录如下：

借：待处理财产损溢——待处理流动资产损溢　　936

贷：库存商品——甲商品　　800

应交税费——应交增值税（进项税额转出）　　136

借：管理费用——存货盘亏　　936

贷：待处理财产损溢——待处理流动资产损溢　　936

企业将本月应交的增值税在本月上交时，借记“应交税费——应交增值税（已交税金）”科目，贷记“银行存款”科目。

**例题 8－12**：某村办加工厂属于一般纳税人身份，10 月上旬上交 9 月份应交增值税 50 000 元。根据增值税缴款凭证编制会计分录如下：

借：应交税费——应交增值税（已交税金）　　50 000

贷：银行存款　　50 000

小规模纳税企业应纳税额的计算，实行简易计算办法，即应纳增值税额按不含增值税销售额和一定的征收率计算：

应纳税额＝不含税销售额×征收率

$$\text{其中，不含税销售额} = \frac{\text{含税销售额}}{1 + \text{征收率}}$$

**例题 8－13**：某村办零售店属于小规模纳税人身份，本月全部含税销售额 10 300 元，增值税征收率为 3%，若采取月末集中计提应交增值税的办法，则计算应交增值税并编制会计分录如下：

$$\text{应交增值税} = \frac{10\ 300}{1 + 3\%} \times 3\% = 300\ (\text{元})$$

借：主营业务收入　300

　　贷：应交税费——应交增值税　300

（二）消费税的核算

消费税是指对在我国境内从事生产、委托加工及进口应交税消费品的单位和个人以及经营金银首饰的零售企业征收的一种流转税。消费税实行价内征收；征收范围和税率选择具有灵活性；征收环节具有单一性；作为特殊调节税种，纳税人若交纳消费税，同时也必须交纳增值税。

消费税的税目有：烟、酒及酒精、成品油、小汽车、摩托车、汽车轮胎、化妆品、贵重首饰及珠宝玉石、高尔夫球及球具、高档手表、游艇、鞭炮和焰火、木制一次性筷子、实木地板等14项。消费税的税率有从价定率和从量定额两种。

1. 从价定率计算办法下的计算公式为：

应交消费税税额 = 不含税销售额（或组成计税价格）× 适用税率

组成计税价格 =（成本 + 利润）÷（1 − 消费税税率）；对进口应税消费品而言，其组成计税价格 =（关税完税价格 + 关税）÷（1 − 消费税税率）

2. 从量定额计算办法下的计算公式为：

应交消费税税额 = 销售数量 × 单位税额

企业销售需要交纳消费税的物资时应交消费税额，借记“营业税金及附加”等科目，贷记“应交税费——应交消费税”科目。退税时作相反会计分录。

**例题8－14**：某村办酒厂为增值税一般纳税人，所生产的白酒本期实现销售150吨，对外销售不含税单价6 500元，销售散装白酒10吨，销售不含税单价5 000元，按从价计征20%的比例税率和每500克从量计征0.5元的定额税率计算其应纳消费税额。编制会计分录如下：

应交纳的消费税额 =（150 × 6 500 + 10 × 5 000）× 20% +（150 × 2 000 + 10 × 2 000）× 0.5 = 365 000（元）

借：营业税金及附加　365 000

贷：应交税费——应交消费税　　　　365 000

次月缴纳时，编制会计分录如下：

借：应交税费——应交消费税　　365 000

贷：银行存款　　　　365 000

（三）营业税的核算

营业税，是指在我国境内提供应税劳务，转让无形资产和销售不动产的单位和个人，就其取得的营业额征收的一种流转税。营业税的税目有：建筑业、金融保险业、邮电通信业、文化体育业、娱乐业、转让无形资产、销售不动产等9项。营业税的税率有3%、5%和20%三档税率。营业税按照企业实现的营业额和规定的税率计算应交纳税额。其计算公式如下：

应纳营业税＝营业额×适用税率

企业主营业务的营业税，按其取得的营业额和规定的税率计算，借记"营业税金及附加"科目，贷记"应交税费——应交营业税"科目；主营业务以外的其他业务应交的营业税，借记"其他业务支出"科目，贷记"应交税费——应交营业税"科目；实际上交时，借记"应交税费——应交营业税"科目，贷记"银行存款"科目。

**例题8－15**：某村办建材厂应税货物与应税劳务分开核算。本月对外承揽装修劳务取得的收入20 000元，营业税税率为3%。编制会计分录如下：

应交营业税额＝20 000×3%＝600（元）

借：营业税金及附加　　600

贷：应交税费——应交营业税　　600

（四）城市维护建设税和教育费附加的核算

城市维护建设税是以纳税人实际缴纳的流转税额为计税依据征收的一种流转税。主要用于城镇公共事业和公共设施的维护和建设。城市维护建设税的计税依据是农村中小企业实际缴纳的增值税、消费税和营业税税额。按纳税人所在地区的不同，其税率分别规定为7%、县城或镇5%、乡村1%。大中型工矿企业所在地在市区、县城或者镇的，税率为5%。教育费附加是我国为了发展教育事业，提高人民的文化素质而征收的一项费用。其计算与城市维护建设税的计算方法相同，都是按企业实际交纳的增值税额、消费税额、营业税额作为计算依据，教育费附加税率为3%。

企业按规定计算出应交纳的城市维护建设税和教育费附加时，借记"营业税金及附加"科目，贷记"应交税费——应交城市维护建设税"、"应交税费——应交教育费附加"科目；实际交纳城市维护建设税和教育费附加时，借记"应交税费——应交城市维护建设税"、"应交税费——应交教育费附加"科目，贷记"银行存款"等科目。

**例题8-16**：（1）村办林森木材加工厂10月份主营业务应交的增值税额3 600元，消费税额20 000元，营业税额600元，城市维护建设税率1%、教育费附加率为3%。计算应交城建税及教育费附加并编制会计分录如下：

应交城市维护建设税=（3 600+20 000+600）×1%=242（元）

应交教育费附加=（3 600+20 000+600）×3%=726（元）

借：营业税金及附加　968
　　贷：应交税费——应交城市维护建设税　242
　　　　　　　　——应交教育费附加　726

（2）村办林森木材加工厂于次月初实际交纳城市维护建设税和教育费附加时，根据税收缴款单编制会计分录如下：

借：应交税费——应交城市维护建设税　242
　　　　　　——应交教育费附加　726
　　贷：银行存款　968

## 七、其他应付款的核算

其他应付款，是指企业除了应付票据、应付账款、预收账款、应付职工薪酬、应付利息和应付股利等流动负债外还会发生一些应付、暂收其他单位和个人的款项。其内容包括：应付经营租入固定资产和包装物的租金；职工未按期领取的工资；存入保证金（如收取包装物押金等）；应付、暂收所属单位、个人的款项；其他应付、暂收款项等。

为了反映和监督其他应付款的增减变动业务，企业应设置“其他应付款”科目进行总分类核算。该科目贷方登记发生的各种应付、暂收款项；借方登记支付的各种应付、暂收款项；期末贷方余额表示企业尚未支付的其他应付款项。另外，该科目还按应付和暂收款项的类别和单位或个人设置明细科目，进行明细核算。

企业发生的各种应付、暂收款项，借记“银行存款”、“管理费用”等科目，贷记“其他应付款”科目，支付时，借记“其他应付款”科目，贷记“银行存款”等科目。

**例题8-17**：村办林森木材加工厂因业务需要，向永顺公司租入办公用房，每月需支付房租20 000元。

（1）发生应付未付的租金时，编制会计分录如下：

借：管理费用——租金　　20 000

　　贷：其他应付款——应付房租（永顺公司）　　20 000

（2）支付房租时，根据款项结算凭证编制会计分录如下：

借：其他应付款——应付房租（永顺公司）　　20 000

　　贷：银行存款　　20 000

## 第二节　所有者权益的核算

所有者权益是指企业资产扣除负债后由所有者享有的剩余权益，即所有者对企业净资产享有的权益。所有者权益按其形成的来源和性质的不同可分为实收资本、资本公积、盈余公积和未分配利润等内容。

1. 实收资本。实收资本是所有者权益中最基本的组成部分，是指投资者作为注册资本投入企业的资金。

2. 资本公积。资本公积是指企业收到投资者出资超出其在注册资本中所占的份额。资本公积主要包括资本溢价、可供出售金融资产公允价值变动损益内容。农村中小企业非日常活动中产生的利得和损失主要在资本公积反映。

3. 盈余公积。盈余公积是指企业从实现的净利润中提取的、具有特定用途的资金。包括法定盈余公积和任意盈余公积。

4. 未分配利润。未分配利润是企业累计未分配的利润。未分配利润如为负数，即为年度未弥补的亏损，应由以后年度的利润或盈余公积来弥补。

所有者权益的主要特征主要有：（1）所有者权益是企业投资者对企业净资产的要求权；（2）所有者权益是企业的“本钱”，是企业获取其他资金来源的基础；（3）所有者权益供企业长期使用，无须偿还。

## 一、实收资本的核算

实收资本是企业实际收到投资者投入企业的可作为长期周转使用的资金，是企业注册登记的法定资本总额的来源。在实际工作中，实收资本一般等于注册资本。投资者既可以是国家、法人，也可以是个人；既可以用现金（包括人民币和各种外币）投资，也可以用非现金（场地使用权、机器设备、厂房、经营权及其他物资等）投资。

为了反映企业按照有关章程的规定收到投资者投入的资本，一般应设置“实收资本”科目进行核算。“实收资本”科目属于所有者权益类科目，投资者投入和其他途径转入资本时登记贷方，企业依法报经批准减少实收资本时登记借方，该科目余额在贷方，反映企业期末实收资本的结存数额。“实收资本”科目应按投资者进行明细核算。

（一）接受货币资金投资的核算

企业收到投资者投入的货币资金时，按其实际收到的资金，借记“银行存款”科目，按其在实收资本中所拥有的份额，贷记“实收资本”科目。若出现资本溢价，应按其差额，贷记“资本公积”科目。

**例题 8－18：** 某村办建材厂由甲、乙、丙三方共同出资筹建。

甲、乙、丙各出资 500 000 元已收存银行，编制会计分录如下：

借：银行存款　　1 500 000

　贷：实收资本——甲出资人　　500 000

　　　　　　——乙出资人　　500 000

　　　　　　——丙出资人　　500 000

（二）接受实物资产投资的核算

企业收到投资者投入的固定资产、商品、材料物资等实物资产时，按投资合同中确认的价值，借记“固定资产”、“库存商品”、“应交税费——应交增值税（进项税额）”等科目，按其在注册资本中所拥有的份额，贷记“实收资本”科目。若有资本溢价，应按其差额，贷记“资本公积”科目。

**例题 8－19**：村办建材厂收到顺达公司投入设备一台，双方协商确认价值 300 000 元。编制会计分录如下：

借：固定资产——设备　　300 000

　贷：实收资本——顺达公司　　300 000

**例题 8－20**：村办建材厂收到天意公司投入材料一批，双方协商按专用发票上注明的价款 100 000 元、增值税 17 000 元作为“实收资本”的入账价值。根据增值税专用发票及入库单、注册资本凭证，编制会计分录如下：

借：原材料——原料及主要材料（×材料）　100 000

　　应交税金——应交增值税（进项税额）　17 000

　贷：实收资本——天意公司　　117 000

此外，投资者投入无形资产时，应按投资各方确认的价值，借记“无形资产”科目，按其在注册资本中所拥有的份额，贷记“实收资本”科目。若有资本溢价，应按其差额，贷记“资本公积”科目。

（三）接受外商投入外币的核算

企业收到投资者投入的外币，应按收到出资额当日的汇率折合处理。

**例题 8－21**：某村办果品加工厂于 2012 年 12 月 20 日收到某外

商投资的10万美元，当日的汇率为1:6.45。编制会计分录如下：

借：银行存款——美元户　645 000

　贷：实收资本——某外商出资人　645 000

（四）减少注册资本的核算

注册资本是企业经营的“本钱”，投资一经注册，投资人就不得随意抽回其注册资本。但企业因故确需减少注册资本时，必须到工商行政管理部门办理变更登记。企业实收资本减少的原因有两种：一是资本过剩，二是企业发生重大亏损。企业因资本过剩而减资时，应向投资者返还投资，按返还的数额，借记“实收资本”科目，贷记“银行存款”科目。企业因严重亏损而减资时，可采用减资抵亏的办法，使企业转入正常经营。当企业减资抵亏时，借记“实收资本”科目，贷记“利润分配——未分配利润”科目。

## 二、资本公积的核算

资本公积是指企业收到投资者出资超出其在注册资本或股本中所占的份额以及直接计入所有者权益的利得和损失等。资本公积包括资本溢价、其他资本公积的主要内容。其中，资本溢价是指企业投资者缴付企业的出资额超过其在注册资本中所占份额的数额。企业初建时，各投资者投入的资本全部构成了法定的注册资本，各投资者在法定的注册资本中享有的份额与实际出资额是相符的。若公司经营一段时期后，需要扩大规模增加资本时，就有新的投资者加入，则新投资者的出资额一般要高于其在注册资本中享有的份额。其高出部分就是资本溢价。其他资本公积是指除资本溢价以外所形成的资本供给。

为了反映资本公积的增减变动情况，企业应设置所有者权益类科目“资本公积”进行核算。其贷方登记增加资本公积的数额，借方登记减少资本公积的数额，期末余额在贷方，反映企业期末资本公积的结存数额。该科目下设“资本溢价”、“其他资本公积”等明细科目进行明细核算。

（一）资本溢价的核算

企业收到投资者实际缴付的出资额大于其应占所有者权益份额的差额，应作为资本溢价处理，计入“资本公积”科目。

**例题8－22：** 村办原森制衣厂原由3个投资者出资1 500 000元设立，实收资本1 500 000元，3年后企业留存收益为600 000元。现有一新投资者愿出资900 000元占企业股份的25%。则新投资者计入“实收资本”科目的出资额计算如下：

$$\frac{\text{新投资人注册资本}}{1\ 500\ 000+\text{新投资人注册资本}}=25\%$$ 新投资人注册资本＝500 000（元）

另外400 000元计入资本公积。企业收到投资900 000元存入银行，根据注册资本凭证编制会计分录如下：

借：银行存款　　900 000

　　贷：实收资本——×投资人　　500 000

　　　　资本公积——资本溢价　　400 000

（二）可供出售金融资产公允价值变动的核算

可供出售金融资产是企业持有的可供出售的股票投资、债券投资及基金投资等金融资产。资产负债表日，可供出售金融资产的公允价值高于其账面余额的差额，借记“可供出售金融资产”科目，贷记“资本公积——其他资本公积”科目；公允价值低于其账面余额的差额，作相反的会计分录。

**例题8－23：** 2012年12月31日，某村办企业原持有的圣腾公司普通股票账面余额200 000元，公允价值升至210 000元。编制会计分录如下：

借：可供出售金融资产——公允价值变动损益 10 000

　　贷：资本公积——其他资本公积　　10 000

（三）资本公积转增资本的核算

企业用资本公积转增资本时，借记“资本公积——资本溢价”科目，贷记“实收资本”科目。

**例题8－24：** 村办原森制衣厂经股东会批准将资本公积300 000元分别等额转增原投资人玉森公司和南洋公司在本企业的注册资

本，有关手续已经办妥。编制会计分录如下：

借：资本公积——资本溢价　300 000

　贷：实收资本——玉森公司　150 000

　　　　　　——南洋公司　150 000

### 三、留存收益的核算

留存收益是指企业从净利润中提取的未分给投资人而留存企业的净利润部分。留存收益归投资人所有，它包括法定盈余公积和任意盈余公积及未分配利润。

（一）盈余公积的核算

盈余公积是指企业按一定比例从净利润中提取的有特定用途的积累资金。盈余公积根据其用途可以分为法定盈余公积和任意盈余公积。法定盈余公积是企业按照规定比例（10%）从净利润中提取的，可以用于弥补亏损，也可用于转增资本的盈余公积，公司制企业和非公司制企业均应提取（当法定盈余公积累积额已达注册资本的50%时，可以不再提取；法定盈余公积金转为资本后，所留存的该项公积金不得少于注册资本的25%）。任意盈余公积主要用于公司制企业，应根据公司章程规定或股东会议决定提取。法定盈余公积与任意盈余公积的区别在于：前者以国家规定的法律或法令为依据提取；后者由企业自行决定提取。

为了反映企业从净利润中提取盈余公积及其使用情况，应设置“盈余公积”科目。该科目属于所有者权益类科目，贷方登记提取盈余公积数额，借方登记使用盈余公积的数额，期末余额在贷方，表示期末盈余公积的结余数。该科目应按“法定盈余公积”和“任意盈余公积”等明细科目进行明细核算。

企业提取盈余公积时，借记“利润分配”科目，贷记“盈余公积——法定盈余公积”科目或者“盈余公积——任意盈余公积”科目。

**例题8－25**：某村办企业2012年度实现净利润5 000 000元，依法按净利润的10%分别计提法定盈余公积和任意盈余公积。作会计分录如下：

借：利润分配——提取法定盈余公积　　500 000
　　　　　　——提取任意盈余公积　　500 000
　贷：盈余公积——法定盈余公积　　　　500 000
　　　　　　　——任意盈余公积　　　　500 000

**例题 8 – 26**：某村办企业 2012 年经股东会决议，用法定盈余公积 300 000 元弥补 2010 年度未弥补亏损。编制会计分录如下：

借：盈余公积——法定盈余公积　　300 000
　贷：利润分配——盈余公积补亏　　300 000

**例题 8 – 27**：某村办企业经股东会决议，用法定盈余公积 200 000 元转增资本。其中，甲股东占股权的 40%，乙股东占股权的 60%。编制会计分录如下：

借：盈余公积——法定盈余公积　　200 000
　贷：实收资本——法人资本金（甲股东）　　80 000
　　　　　　　——法人资本金（乙股东）　　120 000

（二）未分配利润的核算

未分配利润是企业实现的净利润扣除从净利润中提取的盈余公积和向投资者分配利润以后的余额。实质上是企业留于以后年度分配的利润。企业当年的未分配利润既没有分配给投资者，又未指定专门用途，但是和盈余公积一样，它是留存在企业内部的净收益。

企业的未分配利润，是通过在“利润分配”科目下专门设置“未分配利润”明细科目进行核算的。该明细科目用来反映企业历年累积的未分配利润（或未弥补亏损）情况。

年度终了，企业应将全年实现的净利润，自“本年利润”科目转入“利润分配——未分配利润”科目，如为盈利，应借记“本年利润”科目，贷记“利润分配——未分配利润”科目；如为亏损，则作相反分录。同时，将利润分配科目下的其他明细科目的余额，转入“未分配利润”明细科目。结转后，“未分配利润”明细科目若为贷方余额，表示企业历年累积的未分配利润；若为借方余额，表示企业历年累积的未弥补亏损。

# 第九章　财务成果的核算

## 第一节　利润形成的核算

### 一、利润的构成

利润是指农村中小企业从事生产经营活动所取得的经营成果，是农村中小企业在一定期间内全部收入抵减全部支出后的余额。它是评价农村中小企业经济效益的重要财务指标。利润包括营业利润、利润总额和净利润。利润的多寡与企业经营管理水平有直接的联系，因而它是衡量企业生产经营管理水平的重要综合指标。

（一）营业利润

营业利润是企业的营业收入扣除营业成本、营业税费和期间费用，扣除资产减值损失，加上公允价值变动及投资净收益之后的余额。

营业利润＝营业收入－营业成本－营业税费－销售费用－管理费用－财务费用－资产减值损失＋公允价值变动净收益＋投资净收益

营业收入包括主营业务收入和其他业务收入；营业成本包括主营业务成本和其他业务成本。

主营业务收入是指商品流通企业从事商品销售所获得的收入；主营业务成本是指商品销售成本。

其他业务收入，指企业在主营业务以外取得的其他销售收入，如包装物销售、无形资产转让、固定资产出租、包装物出租、运输劳务、废旧物资出售等收入。

其他业务成本，指企业在主营业务以外发生的应由相应其他业务收入负担的各项支出，包括包装物的销售成本、出租包装物的摊销价值、出租包装物的修理费、运输业务支出、其他业务人员工资以及其他业务应缴纳的税金及附加等。

销售费用是指企业在整个商品经营环节所发生的各种费用。主要有：(1) 运输费，指企业在购入商品的过程中，使用各种运输工具所支付的运费、运输过程中发生的搬运费以及通用商品运输有关的各种杂费，如调车费、站台费、码头租用费、港口建设费。(2) 装卸费，指在车站、码头、仓库、货场发生的付给装卸单位的费用。(3) 整理费，指商品在挑选、整理、分类、分等过程中所支付的费用以及所需要的材料、工具消耗费用。(4) 保险费，指企业自愿向保险公司对所经营的商品及固定资产投保所支付的保险费用。(5) 展览和广告费，指企业参加或举办各种商品展览、展销会所支出的费用以及企业为扩大商品购销业务而支付的各项广告费用。(6) 保管费，指商品在储存保管过程中所支付的各种费用，包括商品倒库、晾晒、冷餐保暖、护仓、照明，保管用品，委托保管等费用。(7) 检验费，指委托商检部门进行商品检验所支付的费用及企业进口商品签证费。(8) 经营费用，指支付给企业销售机构经营人员的薪酬，以及按财务制度规定在销售费用中列支的业务费、折旧费。(9) 预计产品质量保证费用。

管理费用是指在农村中小企业行政管理部门为组织和管理经营活动所发生的各项费用。主要有：(1) 公司经费，指在企业行政管理部门发生的行政管理人员的工资和福利费、修理费、物料消耗、低值易耗品摊销、办公费、差旅费。(2) 工会经费，指按企业职工工资总额的一定比例提取，提交工会掌握和使用的活动经费。(3) 职工教育经费，指按企业职工工资总额的一定比例计提，用于职工学习先进技术和提高科学文化及业务水平等职工教育活动的开支。(4) 董事会费，指企业最高权力机构及其成员为履行职能而发生的各项费用，包括成员津贴、差旅费、会议费。(5) 咨询费，指向有关咨询机构进行科学技术、经营管理咨询所支付的费用，包括聘请经济技术顾问、法律顾问等支付的费用。（6）聘请中介机构费，指企业聘请会计师事务所进行查账、验资、资产评估、清账等发生的费用。（7）职工薪酬，指支付给企业行政管理人员的工资及其福利费用。（8）诉讼费，指企业因经济纠纷而起诉或应诉所发生的各项费用。（9）房产税、土地使用税、车船使用税和印花税。（10）排污费。（11）技术转让费，指企业使用非本企业的非专利技术而支付的费用。（12）业务招待费，指企业因业务需要用于必要交际的费用。（13）折旧费，指企业（工业企业指厂级行政管理部门）按规定提取的固定资产折旧费。（14）修理费，指企业固定资产和低值易耗品等财产的修理费。（15）存货盘亏和盘盈，指企业存货盘点的盘亏、盘盈净额。（16）研究费用。

财务费用是指企业为筹集和使用业务经营所需资金等而发生的各项费用。主要有：（1）利息支出，指农村中小企业短期借款利息、长期借款利息、应付票据利息、票据贴现利息、长期应付引进国外设备款利息支出（资本化的利息除外）减去银行存款利息收入后的净额。（2）手续费，指农村中小企业支付给银行的结算手续费、调剂外汇手续费。

资产减值损失是指资产可收回金额低于其账面价值的差额。主要是应收款项减值、存货跌价、固定资产减值、无形资产减值、持有至到期投资减值和长期股权投资减值。

公允价值变动净收益是指农村中小企业的金融资产或金融负债（包括交易性金融资产或金融负债和直接指定为以公允价值计量且其变动计入当期损益的金融资产或金融负债），以及采用公允价值模式计量的投资性房地产、衍生工具、套期业务中公允价值变动形成的利得或损失。

投资净收益，是指农村中小企业对外投资所取得的收入减去发生的投资损失后的净额。

（二）利润总额

利润总额又称税前利润，是农村中小企业一定时期内的营业利润加上营业外收入，减去营业外支出后的余额。

利润总额 = 营业利润 + 营业外收入 - 营业外支出

营业外收入，指企业发生的与农村中小企业经营业务无直接关系的各项收入，包括处置固定资产净收益、处置无形资产净收益、政府补助利得、非货币性交易收益、罚没收入等。

营业外支出，指企业发生的与企业经营业务无直接关系，但应从当期实现利润总额中扣除的各项支出，如固定资产盘亏、处置固定资产净损失、处置无形资产净损失、债务重组损失、非常损失、罚款支出、捐赠支出等。

（三）净利润

净利润又称税后利润，是指企业一定时期内缴纳企业所得税费用后的利润。其中，所得税费用是企业依照国家税法的规定，对企业某一经营年度的所得，按照规定的税率计算并交纳的税款。

净利润 = 利润总额 - 所得税费用

## 二、营业外收支的核算

为反映企业与经营无直接关系的各项收入，应设置“营业外收入”科目。该科目为损益类科目，企业发生固定资产清理净收益、罚没收入时，借记“固定资产清理”科目，贷记“营业外收入”科目；期末，应将该科目的余额转入“本年利润”科目，结转时，借记“营业外收入”科目，贷记“本年利润”科目，结转后该科目无余额。本科目按收入项目设置明细科目，进行明细分类核算。

为反映企业与经营无直接关系的各项支出，应设置“营业外支出”科目。该科目为损益类科目，企业发生固定资产盘亏、清理固定资产净损失、捐赠支出、罚款支出等时，借记“营业外支出”科目，贷记“待处理财产损溢”、“固定资产清理”、“银行存款”等科目；期末，应将该科目的余额结转入“本年利润”科目，结转时，借记“本年利润”科目，贷记“营业外支出”科目，结转后该科目无余额。本科目按支出项目设置明细账，进行明细分类核算。

**例题 9－1**：某村办企业在购销过程中，由于对方违约，收到对方单位支付的违约金 10 000 元。根据资金往来发票及进账单回单联编制会计分录如下：

借：银行存款　　10 000

　　贷：营业外收入——赔偿金收入　　10 000

**例题 9－2**：村办芥园酱菜厂因纳税问题以存款支付税收罚款 2 000 元。根据支付凭证编制会计分录如下：

借：营业外支出——罚款支出　　2 000

　　贷：银行存款　　2 000

## 三、利润形成的核算

为反映农村中小企业利润的形成或亏损的发生，应设置“本年利润”科目。该科目为所有者权益类科目，贷方记录期末转入的各项收入，借方记录期末转入的各项成本、费用；期末贷方余额表示企业本期实现的利润数额，借方余额表示企业本期发生的亏损数额；年度终了，应将该科目的余额转入“利润分配——未分配利润”科目，结转后该科目无余额。

**例题 9－3**：村办芥园酱菜厂 5 月份有关损益类科目余额如表 9－1 所示。

**表 9－1　　损益类科目结转前余额**　　单位：元

| 科目名称 | 本期余额 | 科目名称 | 本期余额 |
|---|---|---|---|
| 主营业务收入 | 1 950 000 | 销售费用 | 154 000 |
| 其他业务收入 | 110 000 | 管理费用 | 180 000 |
| 主营业务成本 | 720 000 | 财务费用 | 5 000 |
| 其他业务成本 | 90 000 | 营业外收入 | 6 000 |
| 营业税金及附加 | 80 000 | 营业外支出 | 17 000 |
| 投资收益 | 60 000 | | |

（1）结转本期收入类账户余额时，编制会计分录如下：

借：主营业务收入　　1 950 000

其他业务收入　　110 000
投资收益　　60 000
营业外收入　　6 000
贷：本年利润　　2 126 000

（2）结转本期成本、费用类账户余额时，编制会计分录如下：

借：本年利润　　1 246 000
贷：主营业务成本　　720 000
其他业务成本　　90 000
营业税金及附加　　80 000
销售费用　　154 000
管理费用　　180 000
财务费用　　5 000
营业外支出　　17 000

通过以上账务处理后，形成本期利润总额为 880 000（2 126 000 - 1 246 000）元。

## 第二节　所得税费用的核算

企业实现利润后，应按税法的规定计算缴纳企业所得税。企业所得税是指国家对在我国境内的企业或者其他取得收入的组织的生产经营所得和其他所得依法征收的一种税。企业所得税的纳税人为在我国境内实行独立核算的企业或经济组织。

### 一、暂时性差异

暂时性差异，是指资产或负债的账面价值与其计税基础之间的差额；未作为资产和负债确认的项目，按照税法规定可以确定其计税基础的，该计税基础与其账面价值之间的差额也属于暂时性差异。按照暂时性差异对未来期间应税金额的影响，分为应纳税暂时性差异和可抵扣暂时性差异。

应纳税暂时性差异，是指在确定未来收回资产或清偿负债期间的应纳税所得额时，将导致产生应税金额的暂时性差异。资产的账面价值大于其计税基础或者负债的账面价值小于其计税基础，产生应纳税暂时性差异。

可抵扣暂时性差异，是指在确定未来收回资产或清偿负债期间的应纳税所得额时，将导致产生可抵扣金额的暂时性差异。资产的账面价值小于其计税基础或者负债的账面价值大于其计税基础，产生可抵扣暂时性差异。

资产的计税基础，是指企业收回资产账面价值的过程中，计算应纳税所得额时按照税法规定可以自应税经济利益中抵扣的金额。例如，企业期末持有一批存货，成本为 220 万元，按照存货准则规定，估计其可变现净值为 200 万元，对于可变现净值低于成本的差额，应当计提存货跌价准备 20 万元，由于税法规定资产的减值损失在发生实质性损失前不允许税前扣除，该批存货的计税基础仍为 220 万元，和账面价值之间的差额 20 万元即为可抵扣暂时性差异。再如，企业自行开发的无形资产在满足资本化条件后发生的支出 60 万元已经按会计准则规定确认为无形资产成本；但依照税法规定，企业的研发开支应在发生当期的税前利润中扣除，该项无形资产的计税基础为 0，由此产生的和账面价值之间的差额 60 万元即为应纳税暂时性差异。

负债的计税基础，是指负债的账面价值减去未来期间计算应纳税所得额时按照税法规定可予抵扣的金额。例如，企业因或有事项按照最佳估计数确认预计负债 10 万元并计入当期损益；而按照税法规定，与预计负债相关的费用多在实际发生时的税前利润中扣除，该类负债的计税基础为 0，形成会计上的账面价值与计税基础之间的可抵扣暂时性差异。

## 二、所得税费用的核算

《企业会计准则第 18 号——所得税》规定，存在应纳税暂时性差异或可抵扣暂时性差异的，应当确认递延所得税负债或递延所得税资产。为了核算由于暂时性差异产生的递延所得税资产和递延所得税负债，企业应设置“所得税费用”、“递延所得税资产”和“递延所得税负债”科目。

“所得税费用”科目核算企业确认的应从当期利润总额中扣除的所得税费用。该科目属损益类科目。企业按照税法确定的当期应交所得税金额，以及资产负债表日应予确认的递延所得税资产小于“递延所得税资产”科目余额的差额，借记本科目；确认相关资产、负债时，应予确认的递延所得税资产，以及资产负债表日，应予确认的递延所得税资产大于“递延所得税资产”科目余额的差额，贷记本科目（递延所得税负债则相反）。期末，应将本科目的余额转入“本年利润”科目，结转后本科目无余额。本科目应按照“当期所得税费用”、“递延所得税费用”进行明细核算。

“递延所得税资产”科目核算企业确认的可抵扣暂时性差异产生的所得税资产。该科目属资产类科目。企业在确认相关资产、负债时，应予确认的递延所得税资产，以及资产负债表日，企业应予确认的递延所得税资产大于本科目余额的差额，借记本科目；资产负债表日应予确认的递延所得税资产小于本科目余额的差额，以及预计未来期间很可能无法获得足够的应纳税所得额用以抵扣可抵扣暂时性差异的，贷记本科目。本科目期末借方余额，反映企业已确认的递延所得税资产余额。本科目应按可抵扣暂时性差异项目进行明细核算。

“递延所得税负债”科目核算企业确认的应纳税暂时性差异产生的所得税负债。该科目属负债类科目。企业在确认相关资产、负债时，应予确认的递延所得税负债，以及资产负债表日，企业应予确认的递延所得税负债大于本科目余额的差额，贷记本科目；资产负债表日应予确认的递延所得税负债小于本科目余额的差额，借记本科目。本科目期末贷方余额，反映企业已确认的递延所得税负债余额。本科目应按应纳税暂时性差异项目进行明细核算。

**例题 9－4：**某村办企业 2012 年 12 月 31 日资产负债表中有关项目金额及其计税基础如表 9－2 所示。

**表 9-2** 单位：万元

| 项　　目 | 账面价值 | 计税基础 | 应纳税暂时性差异 | 可抵扣暂时性差异 |
|---|---|---|---|---|
| 存　　货 | 200 | 220 | | 20 |
| 无形资产 | 60 | 0 | 60 | |
| 预计负债 | 10 | 0 | | 10 |
| 合　　计 | | | 60 | 30 |

除上述项目外，该企业其他资产、负债的账面价值与其计税基础不存在差异，且递延所得税资产和递延所得税负债不存在期初余额，适用的所得税税率为25%。假定当期按照税法规定计算确定的应交所得税为60万元。该企业预计在未来期间能够产生足够的应纳税所得额用来抵扣可抵扣暂时性差异。该企业计算确认的递延所得税负债、递延所得税资产、递延所得税费用以及所得税费用如下：

递延所得税负债 = 600 000 × 25% = 150 000（元）

递延所得税资产 = 300 000 × 25% = 75 000（元）

递延所得税费用 = 150 000 - 75 000 = 75 000（元）

所得税费用 = 600 000 + 75 000 = 675 000（元）

编制会计分录如下：

借：所得税费用——当期所得税费用　　600 000
　　　　　　　——递延所得税费用　　75 000
　　递延所得税资产　　75 000
　　贷：递延所得税负债　　150 000
　　　　应交税费——应交所得税　　600 000

结转本年利润时，编制会计分录如下：

借：本年利润　　675 000
　　贷：所得税费用　　675 000

企业利润表中的所得税费用，是当期的所得税费用和递延所得税费用之和，即所得税费用 = 当期所得税费用 + 递延所得税费用（或 - 递延所得税收益）

# 第三节　利润分配的核算

## 一、利润分配的主要项目和基本程序

按照有关法律、法规的规定，企业当年实现的利润总额，按照国家有关规定作相应调整并依法缴纳所得税后，应按下列项目进行顺序分配：

1. 弥补以前年度亏损。企业经营中发生的亏损应当弥补。弥补亏损可以划为两种不同的情况：税前弥补和税后弥补。按照我国财务和税务制度的规定，企业年度亏损，可以由下一年度的税前利润（利润总额）弥补，下一年度税前利润尚不足以弥补的，可以用以后年度的利润延续弥补，但用税前利润弥补以前年度亏损的连续期限最长不得超过5年。税前利润未能弥补的亏损，只能由企业的税后利润（净利润）弥补。如果企业的亏损数额较大，用税后利润不足以弥补时，可用盈余公积弥补亏损。

2. 提取盈余公积金。盈余公积金是从企业税后利润中提取的积累资金，是企业用于防范和抵御风险，补充资本的重要资金来源，也是维护企业稳定经营和长期发展的必要措施和手段。利润分配中提取的盈余公积金包括法定盈余公积金和任意盈余公积金。

法定盈余公积金是指按国家法律规定的比例提取的公积金。企业的税后利润应当先弥补被没收财物损失、支付各种税收的滞纳金和罚款、弥补以前年度亏损，其剩余额才可以用来计提盈余公积金。法定盈余公积金就是按照税后利润作上述扣除以后的10%计提。当法定盈余公积金已达到注册资本的50%时，可不再提取。任意盈余公积金是按照公司章程规定或股东会决议，由企业自行提取的公积金。其目的是为了控制向投资者分配利润的水平以及调整各年利润分配的波动，通过这种方法对投资者分配利润加以限制和调节。

法定盈余公积金和任意盈余公积金既可用于弥补亏损，又可转增注册资本。但企业用盈余公积金转增注册资本后，法定盈余公积金的余额不得低于注册资本的25%。

3. 分配给投资者的利润。分配给投资者的利润是投资者从农村中小企业获得的投资回报。农村中小企业在提取盈余公积金和法定公益金之前，不得向投资者分配利润，如企业当年无利润，一般也不得向投资者分配利润。

若企业实际工作中存在着以前年度未分配的利润，则企业当年实现的净利润，加上年初未分配利润（或减去年初未弥补亏损）和其他转入后的余额，为可供分配的利润。

可供分配的利润减去提取的法定盈余公积后，为可供投资者分配的利润。可供投资者分配的利润，扣除企业按规定提取的任意盈余公积后，按照利润分配方案分配给投资人应得的利润。

经过上述分配后，为未分配利润（或未弥补亏损）。未分配利润可留待以后年度进行分配。

## 二、利润分配的核算

为了使“本年利润”科目能够完整反映农村中小企业全年累计实现的净利润（或亏损），便于检查企业利润计划的执行情况，利润的分配不直接冲减“本年利润”科目数额，另外配套设置“利润分配”科目反映利润分配的情况。“利润分配”属于所有者权益类科目，贷方记录已取得的亏损弥补数及年终利润的转入数，借方记录已分配的利润及年终亏损的转入数。其余额在贷方表示未分配利润，其余额在借方表示未弥补亏损。该科目应设置“提取法定盈余公积”、“提取任意盈余公积”、“应付现金股利或利润”、“盈余公积补亏”、“未分配利润”等明细科目。

（一）提取法定盈余公积及法定公益金的核算。

提取盈余公积及公益金，都是从企业净利润中按规定的基数和比例计算提取的，两者均通过“盈余公积”科目核算。

**例题9－5：**某村办企业本年度累计实现净利润606 430元，按

10%提取法定盈余公积金，按5%提取任意盈余公积金。

应提取法定盈余公积 = 606 430 × 10% = 60 643（元）

应提取任意盈余公积 = 606 430 × 5% = 30 321.5（元）

根据盈余公积计提表，编制会计分录如下：

借：利润分配——提取法定盈余公积　　60 643
　　　　　　——提取任意盈余公积　　30 321.5
　贷：盈余公积——法定盈余公积　　60 643
　　　　　　　——任意盈余公积　　30 321.5

**例题9-6**：例题9-5中的村办企业截至本年初若存在未弥补亏损78 000元，则：

应提取法定盈余公积 =（606 430 - 78 000）× 10% = 52 843（元）

应提取任意盈余公积 =（606 430 - 78 000）× 5% = 26 421.5（元）

根据盈余公积计提表，编制会计分录如下：

借：利润分配——提取法定盈余公积　　52 843
　　　　　　——提取任意盈余公积　　26 421.5
　贷：盈余公积——法定盈余公积　　52 843
　　　　　　　——任意盈余公积　　26 421.5

（二）应付股利的核算

农村中小企业当年实现的可供分配的利润，在提取法定盈余公积和任意盈余公积之后，应根据企业接受投资的份额，按照规定或协商的比例，向投资者分配利润。企业按规定向投资者分配的股利或利润，通过“应付股利”科目核算。该科目是负债类科目，计算出应分配给投资者的现金股利或利润时，贷记“应付股利”科目，实际支付利润或现金股利时，借记“应付股利”科目；该科目期末余额一般在贷方，表示尚未支付的现金股利或利润。

**例题9-7**：续例题9-5。该村办企业决定向投资者分配利润150 000元，根据法人、职工个人的投资比例75%、25%进行分配。编制会计分录如下：

借：利润分配——提取应付利润　　150 000
　贷：应付股利——法人投资　　112 500

——企业职工　37 500

## 三、利润和利润分配的年终结转

每年年度终了，企业应将本年收支相抵后得到的本年的净利润或本年发生亏损从“本年利润”科目转入“利润分配——未分配利润”科目。如为净利润的结转，则应借记“本年利润”科目，贷记“利润分配——未分配利润”科目。如为发生亏损的结转，则作相反的会计分录。

**例题 9 - 8**：年终，该村办企业将“本年利润”科目的贷方余额 606 430 元转入“利润分配——未分配利润”科目，编制会计分录如下：

借：本年利润　606 430

　　贷：利润分配——未分配利润　606 430

为便于反映企业未分配利润或未弥补亏损的数额，在年度终了，企业还应将“利润分配”科目中其他各明细科目的余额转入“利润分配——未分配利润”明细科目。结转后，如“利润分配——未分配利润”科目为借方余额，则表示为企业累计未弥补的亏损，如为贷方余额，则表示为企业累计未分配的利润。

**例题 9 - 9**：依据前例题 9 - 5、例题 9 - 7 的资料，将“利润分配”科目中除“未分配利润”以外的其他各明细科目的余额转入“利润分配——未分配利润”明细科目。编制会计分录如下：

借：利润分配——未分配利润　240 964.5

　　贷：利润分配——提取法定盈余公积　60 643

　　　　　　　　——提取任意盈余公积　30 321.5

　　　　　　　　——提取应付利润　150 000

通过上述账务处理，可知本年度累计未分配利润为 365 465.50（606 430 - 240 964.50）元。

## 四、以前年度损益调整

企业在资产负债表日后至财务报表批准报出日之前，若发现经审查后的年度决算报表涉及以前年度损益的会计事项的账务处理不符合会计制度规定，需更正，并在“以前年度损益调整”科目核算。“以前年度损益调整”属于损益类科目，用来核算企业本年度发生的调整以前年度损益的事项。企业在年度资产负债表至财务会计报告批准报出日之间发生的需要调整报告年度损益的事项，即以本年度发生的以前年度重大会计差错的调整，也在本科目核算。本科目为损益类科目，贷方登记企业调整增加以前年度利润或调整减少以前年度亏损，借方登记企业调整减少以前年度利润或调整增加以前年度亏损，调整结束后，应将本科目余额转入“利润分配——未分配利润”科目，结转后，本科目无余额。

调增以前年度利润或调减以前年度亏损，借记有关科目，贷记“以前年度损益调整”科目。同时应当计算出企业少计增加利润和多计减少亏损而相应增加的所得税费用，借记“以前年度损益调整”科目，贷记“应交税金——应交所得税”科目。调减以前年度利润或调增以前年度亏损则作相反的会计处理。

**例题 9-10**：某村办企业年度决算报表经审批后，发现因错算产成品成本，多计销售成本 6 000 元。现按审批意见予以调整。编制会计分录如下：

借：库存商品　　6 000
　　贷：以前年度损益调整　　6 000

由于调整增加了以前年度利润，还需相应调整增加的所得税费用 1 980（6 000 × 25%）元。编制会计分录如下：

借：以前年度损益调整　　1 500
　　贷：应交税费——应交所得税　　1 500

期末结转“以前年度损益调整”科目贷方余额 4 500（6 000 - 1 500）元。编制会计分录如下：

借：以前年度损益调整　　4 500
　　贷：利润分配——未分配利润　　4 500

补提由于增加以前年度利润而需要增加的法定盈余公积数额，编制会计分录如下：

借：利润分配——未分配利润　450

　　贷：盈余公积——法定盈余公积　450

**例题 9－11**：某村办企业年度决算批准报出之前，发现上年度漏提某项资产的折旧，企业补提上年度固定资产折旧 10 000 元。编制会计分录如下：

借：以前年度损益调整　10 000

　　贷：累计折旧　10 000

由于调整减少了以前年度利润，致使相应调整减少所得税费用 2 500（10 000 × 25%）元。编制会计分录如下：

借：应交税费——应交所得税　2 500

　　贷：以前年度损益调整　2 500

期末结转"以前年度损益调整"科目借方余额 7 500（10 000 － 2 500）元。编制会计分录如下：

借：利润分配——未分配利润　7 500

　　贷：以前年度损益调整　7 500

由于减少以前年度利润而需要冲减法定盈余公积数额，编制会计分录如下：

借：盈余公积——法定盈余公积　450

　　贷：利润分配——未分配利润　450

# 第十章　财务报表的编制

财务报表是对农村中小企业财务状况、经营成果和现金流量的结构性表述。财务报表是企业会计核算工作的最终产品，也是企业会计核算工作结果的总括反映。财务报表由资产负债表、利润表、现金流量表、所有者权益变动表及其附注组成。其中，资产负债表、利润表、现金流量表和所有者权益变动表是财务报表的主体，它向企业外部的投资者、政府管理部门和企业内部的管理者提供决策信息。附注主要包括：报表中列示项目的文字描述或明细资料；对未能在这些报表中列示项目的说明。应当看到，随着企业经营环境的复杂化和经济业务的多样化，财务报表附注所提供的信息必将受到越来越多的关注和重视。

财务报表按照编报的时间可分为中期报表和年度报表。中期报表是指编报时间短于一年的报表，包括月份报表、季度报表和半年度报表。财务报表按反映的会计主体可分为个别财务报表和合并财务报表。个别财务报表只反映企业本身的财务状况、经营成果及其现金流量等方面的信息。合并财务报表是由母公司编制的，以整个企业集团为会计主体，反映包括子公司和母公司在内的整个企业集团财务状况、经营成果和现金流量等方面信息的报表。企业必须按照一定的要求和程序编制财务报表，以保证会计信息的质量。这些要求主要包括以下几个方面：

1. 内容完整。财务报表的编制必须按照国家规定的统一格式，该编报的所有报表要全部编报，不能漏报，而且每张报表中该编报的项目也要编报完整，不能漏报。为了保证财务报表所提供信息的完整性，对于那些虽不能编入财务报表，但对报表阅读者有重要影响的信息，则要放在财务报表附注部分进行表述。只有编报完整的财务报表，才能反映企业经营活动的全貌。

2. 真实可靠。财务报表的编报主要是为了向企业的利害关系人提供决策有用的信息。为了对决策有用，会计信息必须要真实、可靠，不能用估计的数字代替实际数据，甚至是弄虚作假、伪造数据。因为数据的不真实、不可靠会误导决策者，并导致决策结果的失效。为此，在编制财务报表之前，必须核对会计账目，进行财产清查，有错误及时纠正，避免平时的错误带入财务报表，造成财务报表的不真实。

3. 相关可比。相关是指财务报表所提供的信息必须与报表使用者的决策用途有关系，否则，这些利害关系人就不会使用财务报表；可比是指会计指标应口径一致，不得随意变更。财务报表的使用者有时需要对企业各个时期的经营及财务情况作纵向比较，有时需要把不同企业同一时期的经营情况作横向比较，进而在此基础上作出决策，这就要求会计方法不要随意变化。如果客观条件要求企业必须改变会计方法，也要说明改变方法的原因、方法变更对财务报表数据造成的影响，以便于财务报表使用者自己作出调整和判断。

4. 编报及时。会计信息是具有一定时效性的经济产品，这种时效性在市场经济瞬息万变的今天表现得更加突出。信息编报不及时，其对报表使用者的应有作用会大打折扣。我国的相关法规也对财务报表的及时性作出了具体规定：月度财务报表应于月份终了后6天内报出；季度财务报表应于季度终了后15日内报出；年度财务报表应于年度终了后4个月内报出。

# 第一节 资产负债表的编制

## 一、资产负债表的主要作用

资产负债表是反映农村中小企业在某一特定日期财务状况的财务报表。它是根据“资产 = 负债 + 所有者权益”这一会计等式，按照一定标准和顺序对资产、负债和所有者权益进行分类、排列，以反映企业在某一特定时点资产、负债和所有者权益状况的报表。资产负债表的作用主要体现在以下几个方面：

1. 利用该报表的信息，报表使用者可以了解企业拥有或控制的经济资源及其分布情况，并据以分析企业的财务实力。

2. 利用该报表的信息，报表使用者可以了解企业的负债及其结构情况，结合企业的资产及其结构、所有者权益的状况，可以进一步分析企业的偿债能力及其财务风险。

3. 利用该报表的信息，报表使用者可以分析企业财务状况的变化趋势，据此预测企业财务状况的未来走向。

## 二、资产负债表的格式

资产负债表的格式主要有报告式和账户式两种。报告式资产负债表采用的是将资产、负债和所有者权益项目自上而下垂直排列的格式。账户式资产负债表是把资产负债表分成左右两部分，左方列示资产，右方列示负债和所有者权益的资产负债表。

目前，农村中小企业资产负债表的格式采用账户式，具体如表 10 - 3 所示。

## 三、资产负债表的编制方法

资产负债表多数项目的数据是根据有关总账科目余额直接填列的。此外，有些项目还需要根据有关总账科目余额计算填列，或根据明细科目的余额计算填列，或根据总账科目和明细科目余额分析计算填列，或根据总账科目余额减去备抵总账科目余额后的净额填列。其填列方法具体如下：

（一）本表“年初数”栏内各项数字应根据上年末资产负债表“期末数”栏内所列数字填列。如果本年度资产负债表规定的各个项目的名称和内容同上年度不一致，应对上年年末资产负债表各项目的名称和数字按照本年度的规定进行调整，填入本表“年初数”栏内。

（二）本表“期末数”各项目的填列方法如下：

1. “货币资金”项目反映企业库存现金、银行结算存款、外埠存款账户、银行汇票存款、银行本票存款、信用卡存款、信用保证金存款等的合计数。本项目应根据“现金”、“银行存款”、“其他货币资金”总账科目的期末余额合计填列。

2. “交易性金融资产”项目反映企业持有的以公允价值计量且其变动计入当期损益的金融资产，包括为交易目的所持有的债券投资、股票投资、基金投资、权证投资等和直接指定为以公允价值计量且其变动计入当期损益的金融资产。本项目应根据“交易性金融资产”总账科目的期末余额填列。

3. “应收票据”项目反映企业收到的未到期的、并且未向银行贴现的应收票据，包括商业承兑汇票和银行承兑汇票。本项目根据“应收票据”总账科目的期末余额填列。已向银行贴现和已背书转让的应收票据不包括在本项目内，其中已贴现的商业承兑汇票应在财务报表附注单独披露。

4. “应收账款”项目，反映企业因销售商品、产品和提供劳务等而向购买单位收取的各种款项，减去已计提的坏账准备后的净额。本项目应根据“应收账款”科目所属各明细科目的期末借方余额合计减去“坏账准备”科目中有关应收账款计提的坏账准备余额后的金额填列。如果“应收账款”科目所属明细科目期末有贷方余额，应在本表“预收账款”项目填列。

5. “预付账款”项目反映企业预付给供应单位的款项。本项目应根据“预付账款”科目所属各明细科目的期末借方余额合计填列。如果“预付账款”科目所属有关明细科目的期末余额在贷方的，应在本表“应付账款”项目内填列。同样，若“应付账款”科目所属明细科目有借方余额的，也应包括在本项目内。

6. “应收股利”和“应收利息”项目分别反映企业分配的现金股利或利润；企业按照合同约定应支付的利息，包括吸收存款、分期付息到期还本的长期借款、企业债券等应支付的利息。本项目应根据“应收股利”和“应收利息”总账科目的期末余额填列。

7. “其他应收款”项目反映企业对其他单位和个人的应收和暂付的款项减去已计提的坏账准备后的净额。本项目应根据“其他应收款”总账科目的期末余额，减去“坏账准备”科目中有关其他应收款计提的坏账准备余额后的金额填列。

8. “存货”项目反映企业期末在库、在途和在加工中的各项存货的可变现净值，包括库存商品、在途物资、物资采购、周转材料、发出商品、在产品、委托加工物资等。本项目应根据“在途物资”、“物资采购”、“原材料”、“周转材料”、“库存商品”、“发出商品”、“委托加工物资”、“生产成本”、“制造费用”总账科目的期末余额合计减去“存货跌价准备”、“商品进销差价”，或者加减“材料成本差异”总账科目期末余额后的金额填列。

9. “一年内到期的非流动资产”项目反映企业将于1年内到期的非流动资产项目金额。本项目应根据有关账户的期末余额填列。

10. “其他流动资产”项目反映除以上流动资产项目以外的其他流动资产。本项目应根据有关总账科目的期末余额填列。如其他流动资产价值较大的，应在财务报表附注中披露其内容和金额。

11. “可供出售的金融资产”项目反映企业持有的可供出售金融资产的公允价值。本科目应根据“可供出售金融资产”总账科目期末余额填列。

12. “持有至到期投资”项目反映企业持有至到期投资的价值。长期债权投资中，将于1年内到期的持有至到期投资应在流动资产类下“1年内到期的非流动资产”项目中单独反映。本项目应根据

“持有至到期投资”总账科目的期末余额减去“持有至到期投资减值准备”总账科目中有关债权投资减值准备期末余额和1年内到期的长期债权投资后的金额填列。

13.“长期应收款”项目反映融资租赁产生的应收款项和采用递延方式分期收款、实质上具有融资性质的销售商品和提供劳务等经营活动产生的应收款项。本项目应根据“长期应收款”总账科目的期末余额减去“未实现融资收益”总账科目期末余额后的金额填列。

14.“长期股权投资”项目反映企业不准备在1年内（含1年）变现的各种股权性投资的可收回金额。本项目应根据“长期股权投资”总账科目的期末余额减去“长期投资减值准备”总账科目中有关股权投资减值准备期末余额后的金额填列。

15.“固定资产”项目反映企业的各种固定资产账面价值。融资租入的固定资产，其原价及已提折旧也包括在内。融资租入固定资产原价还应在财务报表附注中另行反映。该项目应根据“固定资产”总账科目余额减“累计折旧”、“固定资产减值准备”总账科目的期末余额填列。

16.“在建工程”项目反映企业期末各项未完工程的实际支出，包括支付安装的设备价值，未完建筑安装工程已经耗用的材料、工资和费用支出，预付出包工程的价款，已经建筑安装完毕但尚未交付使用的建筑安装工程的可收回金额。本项目应根据“在建工程”总账科目的期末余额填列。

17.“工程物资”项目反映企业各项工程尚未使用的工程物资的实际成本。本项目应根据“工程物资”总账科目的期末余额填列。

18.“固定资产清理”项目反映企业因出售、毁损、报废等原因转入清理但尚未清理完毕的固定资产净值，以及固定资产清理过程中所发生的清理费用和变价收入等各项金额的差额。本项目应根据“固定资产清理”总账科目的期末借方余额填列。如“固定资产清理”总账科目期末为贷方余额，以“－”号填列。

19. “无形资产”项目反映企业无形资产的期末可收回金额。本项目应根据“无形资产”总账科目的期末余额减去“累计摊销”、“无形资产减值准备”总账科目期末余额后的金额填列。

20. “开发支出”项目反映企业开发无形资产过程中发生的、尚未形成无形资产成本的支出。该项目应根据“开发支出——资本化支出”明细科目的期末余额填列。

21. “商誉”项目反映非同一控制下企业合并中取得的商誉价值。该项目应根据“商誉”总账科目的期末余额填列。

22. “长期待摊费用”项目反映企业尚未摊销的摊销期限在1年以上（不含1年）的各种费用。如租入固定资产的改良支出、大修理支出以及摊销期限在1年以上（不含1年）的其他待摊费用。长期待摊费用中在1年内（含1年）摊销的部分应在本表“待摊费用”项目填列。本项目应根据“长期待摊费用”总账科目的期末余额减去1年内（含1年）摊销数额后的金额填列。

23. “递延所得税资产”项目反映企业确认的可抵扣暂时性差异产生的所得税资产。本项目应根据“递延所得税资产”总账科目的借方余额填列。

24. “其他非流动资产”项目反映企业除以上资产以外的其他非流动资产。本项目应根据有关总账科目的期末余额填列。如其他长期资产价值较大的，应在财务报表附注披露其内容和金额。

25. “短期借款”项目反映企业借入尚未归还的1年期以下（含1年）的借款。本项目应根据“短期借款”总账科目的期末余额填列。

26. “交易性金融负债”项目反映企业持有的以公允价值计量且其变动计入当期损益的金融负债和直接指定为以公允价值计量且其变动计入当期损益的金融负债。本项目应根据“交易性金融负债”总账科目的期末余额填列。

27. “应付票据”项目反映企业为了抵付货款等而开出并承兑的尚未到期付款的商业汇票，包括银行承兑汇票和商业承兑汇票。本项目应根据“应付票据”总账科目期末余额填列。

28. “应付账款”项目反映企业购买商品和接受劳务供应等而应付给供应单位的款项。本项目应根据“应付账款”科目所属各明细科目期末贷方余额合计填列；若“应付账款”所属各明细科目期末有借方余额，应在本表“预付账款”项目填列。

29. “预收账款”项目反映企业预收购买单位的账款。本项目应根据“预收账款”科目所属各有关明细科目的期末贷方余额合计填列。若“预收账款”科目所属有关明细科目有借方余额的，应在本表“应收账款”项目内填列；若“应收账款”科目所属明细科目有贷方余额的，也应包括在本项目内。

30. “应付职工薪酬”项目反映企业应付未付的职工薪酬。本项目应根据“应付职工薪酬”总账科目期末贷方余额填列。若“应付职工薪酬”总账科目期末为借方余额，以“-”号填列。

31. “应交税费”项目反映企业期末未交、多交或未抵扣的各种税费。本项目应根据“应交税费”总账科目的期末贷方余额填列；如果“应交税费”总账科目期末为借方余额，以“-”号填列。

32. “应付股利”和“应付利息”项目分别反映企业尚未支付的现金股利和利息。本项目应根据“应付股利”和“应付利息”总账科目的期末余额填列。

33“其他应付款”项目反映企业所有应付和暂收其他单位和个人的款项。本项目应根据“其他应付款”总账科目的期末余额填列。

34. “1年内到期的非流动负债”项目反映企业各种非流动负债在1年之内的到期金额，包括1年以内到期的长期借款、长期应付款和应付债券。本项目应根据“长期借款”、“长期应付款”和“应付债券”科目的期末贷方余额分析计算后填列。

35. “其他流动负债”项目反映企业除以上流动负债以外的其他流动负债。本项目应根据有关总账科目的期末余额填列。如果流动负债价值较大，应在财务报表附注披露其内容及金额。

36. “长期借款”项目反映企业借入尚未归还的1年期以上（不含1年）的借款本金及其利息。本项目应根据“长期借款”总账科目的期末余额减去1年内到期部分的金额填列。

37. “应付债券”项目反映企业发行的尚未偿还的各种长期债券的本息。本项目应根据“应付债券”总账科目的期末余额减去1年内到期部分的金额填列。

38. “长期应付款”项目反映企业除长期借款和应付债券以外的其他各种长期应付款。本项目应根据“长期应付款”总账科目的期末余额减去“未确认融资费用”总账科目期末余额后的金额和1年内到期部分的金额填列。

39. “专项应付款”项目反映企业各种专项应付款的期末余额。本项目应根据“专项应付款”总账科目的期末余额填列。

40. “预计负债”项目反映企业预计负债的期末余额。本项目应根据“预计负债”总账科目的期末余额填列。

41. “递延所得税负债”项目反映企业确认的应纳税暂时性差异产生的所得税负债。本项目应根据“递延所得税负债”总账科目的贷方余额填列。

42. “其他非流动负债”项目反映企业除以上非流动负债项目以外的其他非流动负债。本项目应根据有关总账科目的期末余额填列。如果其他非流动负债价值较大的，应在财务报表附注披露其内容和金额。

43. “实收资本”项目反映企业各投资者实际投入的资本总额。本项目应根据“实收资本”总账科目的期末余额填列。

44. “资本公积”项目反映企业资本公积的期末余额。本项目应根据“资本公积”总账科目的期末余额填列。

45. “盈余公积”项目反映企业盈余公积的期末余额。本项目应根据“盈余公积”总账科目的期末余额填列。

46. “未分配利润”项目反映企业尚未分配的利润。本项目应根据“本年利润”总账科目和“利润分配”明细科目的期末余额计算填列。未弥补的亏损，在本项目内以“－”号反映。

**例题 10－1**：村办蓝星商贸公司 2012 年 12 月 31 日有关总账科目和明细科目的余额资料如表 10－1、表 10－2 所示。

**表 10－1　　蓝星商业批发公司总账科目及其余额表**　　单位：元

2012 年 12 月 31 日

| 总账科目 | 期末借方余额 | 总账科目 | 期末贷方余额 |
|---|---|---|---|
| 库存现金 | 17 400 000 | 短期借款 | 194 185 104 |
| 银行存款 | 709 258 130 | 应付账款 | 81 554 390 |
| 其他货币资金 | 20 000 000 | 预收账款 | 27 001 214 |
| 交易性金融资产 | 1 054 515 | 累计折旧 | 204 386 927 |
| 应收票据 | 7 597 558 | 累计摊销 | 10 015 300 |
| 应收账款 | 114 306 061 | 应付职工薪酬 | 207 708 |
| 应收利息 | 27 416 093 | 应付股利 | 80 865 540 |
| 其他应收款 | 78 571 539 | 应付利息 | 21 143 473 |
| 预付账款 | 56 002 192 | 应交税费 | 33 824 777 |
| 在途物资 | 100 000 000 | 其他应付款 | 25 483 270 |
| 库存商品 | 210 000 000 | 长期借款 | 120 855 895 |
| 发出商品 | 9 500 000 | 其中：一年内到期的长期借款 | (54 939 000) |
| 周转材料 | 2 009 | 长期应付款 | 147 734 392 |
| 长期股权投资 | 32 508 689 | 实收资本 | 900 000 000 |
| 固定资产 | 1 113 984 104 | 资本公积 | 896 292 324 |
| 工程物资 | 62 430 240 | 盈余公积 | 59 183 490 |
| 在建工程 | 113 691 438 | 利润分配 | 101 001 502 |
| 无形资产 | 200 941 659 | | |
| 长期待摊费用 | 29 071 079 | | |
| 合　　计 | 2 900 735 306 | 合　　计 | 2 900 735 306 |

根据表 10－1、表 10－2 中有关总账科目和明细科目余额的数据资料，编制资产负债表（见表 10－3）。

**表 10－2** 

## 蓝星商业批发公司部分明细科目及其余额表

2012 年 12 月 31 日 单位：元

| 总账科目 | 明细科目 | 期末余额 | 总账科目 | 明细科目 | 期末余额 |
|---|---|---|---|---|---|
| 应收账款 | 上海红心电器有限公司 | 114 506 061（借方） | 应付账款 | 北京宏大贸易有限公司 | 81 654 390（贷方） |
| | 浙江民生家具有限公司 | 200 000（贷方） | | 天津宝洁化妆品公司 | 100 000（借方） |
| 预付账款 | 天津依利食品有限公司 | 56 002 192（借方） | 预收账款 | 南京盛霖贸易有限公司 | 150 000（借方） |
| | | | | 长春红庄制衣有限公司 | 27 151 214（贷方） |

**表 10－3**

## 资 产 负 债 表

会企 01 表

编制单位：蓝星商贸公司 2012 年 12 月 31 日 单位：元

| 资　　产 | 行次 | 年初数 | 期末数 | 负债和所有者权益 | 行次 | 年初数 | 期末数 |
|---|---|---|---|---|---|---|---|
| 流动资产： | | | | 流动负债： | | | |
| 货币资金 | 1 | 715 996 915 | 746 658 130 | 短期借款 | 38 | 26 400 000 | 194 185 104 |
| 交易性金融资产 | 2 | | 1 054 515 | 交易性金融负债 | 39 | | |
| 应收票据 | 3 | 97 558 | 7 597 558 | 应付票据 | 41 | | |
| 应收账款 | 4 | 155 289 168 | 114 656 061 | 应付账款 | 42 | 53 248 385 | 81 654 390 |
| 预付账款 | 5 | 98 053 187 | 56 102 192 | 预收账款 | 43 | 51 652 521 | 27 351 214 |
| 应收股利 | 6 | | | 应付职工薪酬 | 44 | 3 903 343 | 207 708 |
| 应收利息 | 7 | | 27 416 093 | 应交税费 | 45 | 327 555 790 | 33 824 777 |
| 其他应收款 | 10 | 72 918 357 | 78 571 539 | 应付利息 | 46 | 8 094 142 | 21 143 473 |
| 存货 | 11 | 208 027 876 | 319 502 009 | 应付股利 | 47 | 150 202 758 | 80 865 540 |

续表

| 资 产 | 行次 | 年初数 | 期末数 | 负债和所有者权益 | 行次 | 年初数 | 期末数 |
|---|---|---|---|---|---|---|---|
| 一年内到期的非流动资产 | 14 | | | 其他应付款 | 48 | 21 493 163 | 25 483 270 |
| 其他流动资产 | 15 | 174 654 624 | | 一年内到期的非流动负债 | 52 | 253 062 438 | 54 939 000 |
| 流动资产合计 | 16 | 1 425 028 685 | 1 351 558 097 | 其他流动负债 | 53 | | |
| 非流动资产： | | | | 流动负债合计 | 54 | 600 812 540 | 519 654 476 |
| 可供出售金融资产 | 17 | | | 非流动负债： | | | |
| 持有至到期投资 | 18 | | | 长期借款 | 55 | 134 953 098 | 65 916 895 |
| 投资性房地产 | 19 | | | 应付债券 | 56 | | |
| 长期股权投资 | 20 | 17 428 565 | 32 508 689 | 长期应付款 | 57 | | 147 734 392 |
| 长期应收款 | 22 | | | 专项应付款 | 58 | | |
| 固定资产 | 23 | 702 339 780 | 909 597 177 | 预计负债 | | | |
| 在建工程 | 24 | 207 002 110 | 113 691 438 | 递延所得税负债 | 59 | | |
| 工程物资 | 25 | 40 015 113 | 62 430 240 | 其他非流动负债 | 60 | | |
| 固定资产清理 | 26 | | | 非流动负债合计 | 61 | 134 953 098 | 213 651 287 |
| 无形资产 | 29 | 180 326 000 | 190 926 359 | 负债合计 | 62 | 735 765 638 | 733 305 763 |
| 开发支出 | 30 | | | 所有者权益： | | | |
| 商誉 | 31 | | | 实收资本 | 63 | 900 000 000 | 900 000 000 |
| 长期待摊费用 | 33 | 31 032 871 | 29 071 079 | 资本公积 | 64 | 891 979 092 | 896 292 324 |
| 递延所得税资产 | 34 | | | 盈余公积 | 65 | 37 550 690 | 59 183 490 |
| 其他非流动资产 | 35 | | | 未分配利润 | 66 | 37 877 704 | 101 001 502 |
| 非流动资产合计 | 36 | 1 178 144 439 | 1 338 224 982 | 所有者权益合计 | 68 | 1 867 407 486 | 1 956 477 316 |
| 资产总计 | 37 | 2 603 173 124 | 2 689 783 079 | 负债和所有者权益总计 | 70 | 2 603 173 124 | 2 689 783 079 |

# 第二节 利润表的编制

## 一、利润表的主要作用

利润表是反映农村中小企业在一定期间生产经营成果的财务报表，又称损益表。利润表通过一定期间内收入和费用的对比，从而计算出净利润，进而反映农村中小企业在该会计期间的经营成果，并为财务报表使用者评价企业的经营成果和经营效率、判断资本是否保值增值提供依据。通过前后多期利润表的比较，财务报表的使用者还可以分析企业经营成果及其构成的发展变化趋势，并据此判断农村中小企业在未来期间的营利能力和发展潜力。

## 二、利润表的格式

利润表的格式主要有单步式和多步式两种。单步式利润表是将当期所有的收入累计起来，再将所有的成本费用累计起来，用累计收入减去累计成本费用，一次计算出当期净利润。单步式利润表可以向资产负债表那样，进一步分为收入和成本费用左右对照的账户式与收入和成本费用上下排列的报告式两种。多步式利润表通常分为三步计算净利润：首先，用营业收入减去营业成本、营业税金及附加、销售费用、管理费用、财务费用、资产减值损失，加上公允价值变动净收益和投资净收益后，计算出营业利润；其次，用营业利润加上营业外收入，再减去营业外支出后，计算出利润总额；最后，用利润总额减去所得税费用后，计算出净利润。目前，实际工作中使用的利润表采用的是多步式格式。

## 三、利润表的编制方法

（一）本表“本月数”栏反映各项的本月实际发生数；在编报中期财务报表时，填列上年同期累计实际发生数；在编报年度财务报表时，填列上年全年累计实际发生数。如果上年度利润表与本年度利润表的项目名称和内容不一致，应对上年利润表项目的名称和数字按本年度的规定进行调整，填入本表“上年数”栏。在编报中期和年度财务报表时，应将“本月数”栏改成“上年数”栏。

（二）本表“本年累计数”栏反映各项目自年初起至报告期末止的累计实际发生数。各项目的具体内容及填列方法如下：

1.“营业收入”项目反映企业经营业务所得的收入总额。本项目应根据“主营业务收入”和“其他业务收入”总账科目的发生额合计填列。

2.“营业成本”项目反映企业经营业务发生的实际成本。本项目应根据“主营业务成本”和“其他业务成本”总账科目的发生额合计填列。

3.“营业税金及附加”项目反映企业经营主要业务应负担的营业税、消费税、城市维护建设税、资源税、土地增值税和教育费附加等。本项目应根据“营业税金及附加”总账科目的发生额分析填列。

4.“销售费用”项目反映企业在销售商品和购入商品过程中发生的费用开支。本项目应根据“营业费用”总账科目的发生额分析填列。

5.“管理费用”项目反映企业发生的管理费用。本项目应根据“管理费用”总账科目的发生额分析填列。

6.“财务费用”项目反映企业发生的财务费用。本项目应根据“财务费用”总账科目的发生额分析填列。

7.“资产减值损失”项目反映企业各项资产发生的减值损失。本项目应根据“资产减值损失”总账科目的发生额分析填列。

8.“公允价值变动净收益”项目反映企业按规定应当计入当期损益的资产或负债公允价值变动净收益。本项目应根据“公允价值变动损益”总账科目的发生额分析填列。如为净损失，以“－”号填列。

9.“投资净收益”项目反映企业以各种方式对外投资所取得的净收益。本项目应根据“投资收益”总账科目的发生额分析填列。如为投资净损失，以“－”号填列。

10. “营业外收入”项目和“营业外支出”项目反映企业发生的与其生产经营活动无直接关系的各项收入和支出。这两个项目分别根据“营业外收入”和“营业外支出”总账科目的发生额分析填列。

11. “利润总额”项目反映企业实现的利润总额。如为亏损总额，以“－”号分析填列。

12. “所得税费用”项目反映企业按规定从本期利润总额中减去的所得税费用。本项目应根据“所得税费用”总账科目的发生额分析填列。

13. “净利润”项目反映企业实现的净利润，如为净亏损，以“－”号填列。

**例题 10－2**：村办盛霖木器加工厂2012年度有关总账科目本期发生额资料如表10－4所示。

**表 10－4　　盛霖木器加工厂总账科目本期发生额**　　单位：元

2012年12月

| 项　目 | 本年借方发生额 | 本年贷方发生额 |
|---|---|---|
| 主营业务收入 | | 1 083 293 098 |
| 主营业务成本 | 755 510 936 | |
| 营业税金及附加 | 69 166 742 | |
| 其他业务收入 | | 10 000 000 |
| 其他业务成本 | 20 412 411 | |
| 销售费用 | 64 663 637 | |
| 管理费用 | 68 878 631 | |
| 财务费用 | | 71 211 358 |
| 公允价值变动损益 | | |
| 投资收益 | | 4 440 766 |
| 营业外收入 | | 9 904 342 |
| 营业外支出 | 6 494 500 | |
| 所得税费用 | 28 966 109 | |

根据表10－4中有关总账科目的本年发生额数据资料，编制利润表如表10－5所示。

表 10－5 利 润 表 会企 02 表

编制单位：盛霖木器加工厂 2012 年 12 月 单位：元

| 项　目 | 行次 | 上年数 | 本年累计数 |
|---|---|---|---|
| 一、营业收入 | 1 | 1 014 832 565 | 1 093 293 098 |
| 减：营业成本 | 2 | 663 828 927 | 775 923 347 |
| 营业税金及附加 | 3 | 119 211 793 | 69 166 742 |
| 销售费用 | 4 | 25 872 379 | 64 663 637 |
| 管理费用 | 5 | 33 800 006 | 68 878 631 |
| 财务费用（收益以“－”号填列） | 6 | －63 934 726 | －71 211 358 |
| 资产减值损失 | 7 | | |
| 加：公允价值变动净收益（净损失以“－”号填列） | 8 | | |
| 投资净收益（净损失以“－”号填列） | 9 | 2 682 320 | 4 440 766 |
| 二、营业利润（亏损以“－”号填列） | 13 | 238 736 506 | 190 312 865 |
| 加：营业外收入 | 14 | 27 304 489 | 9 904 342 |
| 减：营业外支出 | 15 | 4 313 634 | 6 494 500 |
| 三、利润总额（亏损总额以“－”号填列） | 16 | 261 727 361 | 194 722 707 |
| 减：所得税费用 | 17 | 36 096 209 | 28 966 109 |
| 四、净利润（净亏损以“－”号填列） | 18 | 225 631 152 | 165 756 598 |

# 第三节　现金流量表的编制

## 一、现金流量表的主要作用

现金流量表是反映农村中小企业在一定会计期间现金和现金等价物流入和流出的财务报表。现金流量表能够向报表使用者提供农村中小企业一定会计期间内现金和现金等价物流入和流出的信息，以便于报表使用者了解和评价企业获取现金和现金等价物的能力，据以预测企业未来的现金和现金等价物的流入和流出量。现金流量表的作用主要表现在以下几个方面：

1. 现金流量表可以提供企业的现金流量信息，从而有助于报表使用者对企业整体财务状况作出客观评价。在市场经营条件下，经营中的竞争异常激烈，企业要站稳脚跟，不但要想方设法把自己的商品推销出去，更重要的是要及时收回销货款，以便以后的经营活动能够顺利展开。除了经营活动以外，企业所从事的筹资和投资活动同样影响着现金流量，从而影响财务状况。如果企业所进行的投资没能取得相应的现金回报，就会对企业的财务状况（如流动性、偿债能力）产生不良影响。

2. 现金流量表可以反映企业真实的偿债能力。以营运资金为基础编制的财务状况变动表有一定的局限性，因为营运资金是流动资产与流动负债的差额，流动资产中不但包括现金，还包括存货、应收账款等其他流动资产。假定一个企业的现金大幅度减少，应收账款和存货大量增加，这时企业营运资金不一定会减少，反而可能增加，从而给人一种假象，似乎企业的财务状况不错。但如果应收账款和存货的质量有问题，就会误导会计信息使用者。而现金流量信息则可以避免这种缺陷，投资者和债权人通过现金流量表可以对企业的支付能力、偿债能力以及企业对外部资金的需求情况作出更加可靠的判断。

3. 现金流量表可以反映企业财务活动的合理性，预测企业未来的发展趋势。企业各部分现金流量结构合理，现金流入、流出无重大异常波动，说明企业财务状况基本良好。一般说来，企业失败的原因及症状可在现金流量表中得到反映。比如，从投资活动流出的现金，筹资活动流入的现金和筹资活动流出的现金（主要是利息支出）中，可以分析企业是否过度扩大经营规模；通过比较当期净利润与当期现金流量，可以评价企业产生现金流量的能力是否偏低。

## 二、现金流量的分类

现金流量表中的现金一般包括现金和现金等价物两个部分。现金是指企业的库存现金以及可以随时支付的存款。主要包括库存现金、银行存款和其他货币资金。库存现金是指企业持有的随时可以用于支付的现金，其内容及数额同“现金”科目的核算内容基本一致；银行存款是指企业存入金融企业，随时可以用于支付的存款，其内容与数额同“银行存款”科目的核算内容基本一致；其他货币资金是指企业的外埠存款、银行汇票存款、银行本票存款、信用卡存款和存出投资款等，其内容与数额同“其他货币资金”科目的核算内容基本一致。而现金等价物是指企业持有的期限短、流动性强、易于转换为已知金额现金、价值变动风险很小的投资。其中，期限较短一般是指从购买日起3个月内到期，例如可在证券市场上流通的3个月内到期的短期债券投资。现金等价物虽不是现金，但其支付能力与现金的差别不大，可视为现金。

现金流量是指某一时期内企业现金流入和流出的数量。如企业销售商品、提供劳务、出售固定资产、从银行借款取得现金，形成企业的现金流入量；购买商品、接受劳务、购建固定资产、对外投资、偿还债务等而支付的现金，形成企业的现金流出量。企业一定时期现金流入量和流出量的差额形成该期的现金净流量。

应该说明的是，与现金和现金等价物有关的会计事项并不一定都会引起现金净流量的变化。比如，企业从银行提取现金，是现金存放形式的转换，并未导致现金流出企业，不影响现金净流量；再比如，企业用现金购买将于3个月内到期的国债，这种现金和现金等价物之间相对应的增减变动也不会影响企业现金净流量的变化。当然，那些非现金和非现金等价物项目之间的增减变动也不会影响现金的净流量，如企业用库存商品清偿债务、用固定资产对外投资等，这些会计事项本身就和现金无关，自然也不会对企业现金净流量产生影响。《企业会计准则第31号——现金流量表》将现金流量分为以下三类：经营活动产生的现金流量、投资活动产生的现金流量和筹资活动产生的现金流量。

1. 经营活动产生的现金流量。经营活动是指企业投资活动和筹资活动以外的所有交易和事项。经营活动流入的现金主要包括：销售商品、提供劳务收到的现金；收到税费返还；收到的其他与经营活动有关的现金。经营活动流出的现金主要包括：购买商品、接受劳务支付的现金；支付给职工以及为职工支付的现金；支付的各项税费；支付的其他与经营活动有关的现金。

2. 投资活动产生的现金流量。投资活动是指企业长期资产的购建和不包括在现金等价物范围的投资及其处置活动。投资活动流入的现金主要包括：收回投资所收到的现金；取得投资收益所收到的现金；处置固定资产、无形资产和其他长期资产所收回的现金净额；收到的其他与投资活动有关的现金。投资活动流出的现金主要包括：购建固定资产、无形资产和其他长期资产所支付的现金；投资所支付的现金；支付的其他与投资活动有关的现金。

3. 筹资活动产生的现金流量。筹资活动是指导致企业资本及债务规模和构成发生变化的活动。筹资活动流入的现金主要包括：吸收投资所收到的现金；取得借款收到的现金；收到的其他与筹资活动有关的现金。筹资活动流出的现金主要包括：偿还债务所支付的现金；分配股利、利润或偿付利息所支付的现金；支付的其他与筹资活动有关的现金。

## 三、现金流量表的格式

现金流量表的格式如表 10－6 所示。

**表 10－6** 现 金 流 量 表 会企 03 表

编制单位：盛霖木器加工厂 2012 年 单位：元

| 项　　目 | 行次 | 金　　额 |
|---|---|---|
| 一、经营活动产生的现金流量： | | |
| 销售商品、提供劳务收到的现金 | 1 | 3 942 523 988.25 |
| 收到的税费返还 | 3 | |
| 收到的其他与经营活动有关的现金 | 8 | 1 138 901.51 |
| 现金流入小计 | 9 | 3 943 662 889.76 |
| 购买商品、接受劳务支付的现金 | 10 | 4 100 968 905.33 |
| 支付给职工以及为职工支付的现金 | 12 | 22 882 857.30 |
| 支付的各项税费 | 13 | 13 594 383.84 |
| 支付的其他与经营活动有关的现金 | 18 | 105 866 080.47 |
| 现金流出小计 | 20 | 4 243 312 226.94 |
| 经营活动产生的现金流量净额 | 21 | －299 649 337.18 |

续表

| 项　　目 | 行次 | 金　　额 |
| --- | --- | --- |
| 二、投资活动产生的现金流量： | | |
| 收回投资所收到的现金 | 22 | 379 800.00 |
| 取得投资收益所收到的现金 | 23 | 3 692.38 |
| 处置固定资产、无形资产和其他长期资产所收回的现金净额 | 25 | |
| 处置子公司及其他营业单位收到的现金净额 | 26 | |
| 收到的其他与投资活动有关的现金 | 28 | |
| 现金流入小计 | 29 | 383 492.38 |
| 购建固定资产、无形资产和其他长期资产所支付的现金 | 30 | 62 990 465.93 |
| 投资所支付的现金 | 31 | 18 000 000.00 |
| 取得子公司及其他营业单位支付的现金净额 | 32 | |
| 支付的其他与投资活动有关的现金 | 35 | 272 409 573.57 |
| 现金流出小计 | 36 | 353 400 039.50 |
| 投资活动产生的现金流量净额 | 37 | -353 016 547.12 |
| 三、筹资活动产生的现金流量： | | |
| 吸收投资所收到的现金 | 38 | 139 575 435.36 |
| 借款所收到的现金 | 40 | 101 500 000 |
| 收到的其他与筹资活动有关的现金 | 43 | |
| 现金流入小计 | 44 | 241 075 435.36 |
| 偿还债务所支付的现金 | 45 | 10 000 000.00 |
| 分配股利、利润或偿付利息所支付的现金 | 46 | 97 338 028.24 |
| 支付的其他与筹资活动有关的现金 | 52 | |
| 现金流出小计 | 53 | 197 338 028.24 |
| 筹资活动产生的现金流量净额 | 54 | 43 737 407.12 |
| 四、汇率变动对现金的影响额 | 55 | |
| 五、现金及现金等价物净增加额 | 56 | -608 928 477.18 |
| 期初现金及现金等价物余额 | 57 | 909 247 903.67 |
| 期末现金及现金等价物余额 | 58 | 300 319 426.49 |

续表

| 补充资料 | 行次 | 金　额 |
| --- | --- | --- |
| 1. 将净利润调节为经营活动现金流量： | | |
| 净利润 | 59 | -502 414 550. 70 |
| 加：资产减值准备 | 60 | -71 129. 42 |
| 固定资产折旧 | 61 | 5 340 426. 84 |
| 无形资产摊销 | 62 | 343 070. 95 |
| 长期待摊费用摊销 | 63 | |
| 待摊费用减少（增加以“-”号填列） | 64 | -10 096 829. 25 |
| 预提费用增加（减少以“-”号填列） | 65 | 407 750. 84 |
| 处置固定资产、无形资产和其他长期资产的损失（收益以“-”号填列） | 66 | |
| 固定资产报废损失（收益以“-”号填列） | 67 | |
| 公允价值变动损失（收益以“-”号填列） | 68 | |
| 财务费用（收益以“-”号填列） | 69 | |
| 投资损失（收益以“-”号填列） | 70 | -1 233 341. 67 |
| 递延所得税资产减少（增加以“-”号填列） | 71 | |
| 递延所得税负债增加（减少以“-”号填列） | 72 | |
| 存货的减少（增加以“-”号填列） | 73 | 943 147 499. 12 |
| 经营性应收项目的减少（增加以“-”号填列） | 74 | -44 950 078. 93 |
| 经营性应付项目的增加（减少以“-”号填列） | 75 | -689 816 395. 70 |
| 其他 | 76 | -305 159. 26 |
| 经营活动产生的现金流量净额 | 77 | -299 649 337. 18 |
| 2. 不涉及现金收支的投资与筹资活动： | | |
| 债务转为资本 | 78 | |
| 一年内到期的可转换公司债券 | 79 | |
| 融资租入固定资产 | 80 | |
| 3. 现金和现金等价物的净增加情况： | | |
| 现金的期末余额 | 81 | 300 319 426. 49 |
| 减：现金的期初余额 | 82 | 909 247 903. 67 |
| 加：现金等价物的期末余额 | 83 | |
| 减：现金等价物的期初余额 | 84 | |
| 现金及现金等价物净增加额 | 85 | -608 928 477. 18 |

## 四、现金流量表的编制方法

### （一）经营活动产生的现金流量的编制方法

按规定，企业应当采用直接法，列示经营活动产生的现金流量。直接法是按现金流入和现金流出的主要类别列示企业经营活动产生的现金流量。在直接法下，一般是以利润表中的营业收入为起算点，调整与经营活动有关的项目的增减变动，然后计算出经营活动产生的现金流量。采用直接法具体编制现金流量表时，可以采用工作底稿法或T型账户法。业务简单的，也可以根据有关科目的记录分析填列。

1. "销售商品、提供劳务收到的现金"项目。本项目可根据"主营业务收入"、"其他业务收入"、"应收账款"、"应收票据"、"预收账款"、"库存现金"、"银行存款"等账户分析填列。

本项目的现金流入可用下述公式计算求得：销售商品、提供劳务收到的现金=本期营业收入净额+本期应收账款减少额（-应收账款增加额）+本期应收票据减少额（-应收票据增加额）+本期预收账款增加额（-预收账款减少额）

注：上述公式中，如果本期有实际核销的坏账损失，也应减去（因核销坏账损失减少了应收账款，但没有收回现金）。如果有收回前期已核销的坏账金额，应加上（因收回已核销的坏账，并没有增加或减少应收账款，但却收回了现金）。

2. "收到的税费返还"项目。该项目反映企业收到返还的各种税费。本项目可以根据"库存现金"、"银行存款"、"应交税费"、"营业税金及附加"等账户的记录分析填列。

3. "收到的其他与经营活动有关的现金"项目。本项目反映企业除了上述各项目以外收到的其他与经营活动有关的现金流入，如罚款收入、流动资产损失中由个人赔偿的现金收入等。本项目可根据"营业外收入"、"营业外支出"、"库存现金"、"银行存款"、"其他应收款"等账户的记录分析填列。

4. "购买商品、接受劳务支付的现金"项目。本项目可根据

"应付账款"、"应付票据"、"预付账款"、"库存现金"、"银行存款"、"主营业务成本"、"其他业务成本"、"存货"等账户的记录分析填列。

本项目的现金流出可用以下公式计算求得：购买商品、接受劳务支付的现金 = 营业成本 + 本期存货增加额（－本期存货减少额）+本期应付账款减少额（－本期应付账款增加额）+本期应付票据减少额（－本期应付票据增加额）+本期预付账款增加额（－本期预付账款减少额）

5. "支付给职工以及为职工支付的现金"项目。该项目反映企业实际支付给职工以及为职工支付的工资、奖金、各种津贴和补贴等（含为职工支付的养老、失业等各种保险和其他福利费用）。但不含为离退休人员支付的各种费用和固定资产购建人员的工资。本项目可根据"库存现金"、"银行存款"、"应付职工薪酬"、"生产成本"等账户的记录分析填列。

6. "支付的各项税费"项目。本项目反映的是企业按规定支付的各项税费和有关费用。但不包括已计入固定资产原价而实际支付的耕地占用税和本期退回的所得税。本项目应根据"应交税费"、"库存现金"、"银行存款"等账户的记录分析填列。

7. "支付的其他与经营活动有关的现金"项目。本项目反映企业除上述各项目外，支付的其他与经营活动有关的现金，包括罚款支出、差旅费、业务招待费、保险费支出、支付的离退休人员的各项费用等。本项目应根据"管理费用"、"销售费用"、"营业外支出"等账户的记录分析填列。

（二）投资活动产生的现金流量的编制方法

1. "收回投资所收到的现金"项目。本项目反映企业出售、转让和到期收回的除现金等价物以外的交易性金融资产、长期股权投资而收到的现金，以及收回持有至到期投资本金而收到的现金。不包括持有至到期投资收回的利息以及收回的非现金资产。本项目应根据"交易性金融资产"、"长期股权投资"、"库存现金"、"银行存款"等账户的记录分析填列。

2. “取得投资收益所收到的现金”项目。本项目反映企业因股权性投资而分得的现金股利和分回利润所收到的现金，以及债权性投资取得的现金利息收入。本项目应根据“投资收益”、“库存现金”、“银行存款”等账户的记录分析填列。

3. “处置固定资产、无形资产和其他长期资产所收回的现金净额”项目。该项目反映处置上述各项长期资产所取得的现金，减去为处置这些资产所支付的有关费用后的净额。本项目可根据“固定资产清理”、“库存现金”、“银行存款”等账户的记录分析填列。如该项目所收回的现金净额为负数，应在“支付的其他与投资活动有关的现金”项目填列。

4. “收到的其他与投资活动有关的现金”项目。本项目反映除上述各项目以外，收到的其他与投资活动有关的现金流入。应根据“库存现金”、“银行存款”和其他有关账户的记录分析填列。

5. “购建固定资产、无形资产和其他长期资产所支付的现金”项目。本项目反映企业购买、建造固定资产，取得无形资产和其他长期资产所支付的现金。其中，企业为购建固定资产支付的现金，包括购买固定资产支付的价款现金及增值税款、固定资产购建支付的现金。但不包括购建固定资产的借款利息支出和融资租入固定资产的租赁费。本项目应根据“固定资产”、“无形资产”、“在建工程”、“库存现金”、“银行存款”等账户的记录分析填列。

6. “投资所支付的现金”项目。该项目反映企业在现金等价物以外进行交易性金融资产、长期股权投资、持有至到期投资所实际支付的现金，包括佣金手续费所支付的现金。但不包括企业购买股票和债券时，实际支付价款中包含的已宣告尚未领取的现金股利或已到付息期但尚未领取的债券利息。本项目应根据“交易性金融资产”、“长期股权投资”、“持有至到期投资”、“库存现金”、“银行存款”等账户记录分析填列。

7. “支付的其他与投资活动有关的现金”项目。本项目反映企业除了上述各项以外，支付的与投资活动有关的现金流出。包括企业购买股票和债券时，实际支付价款中包含的已宣告尚未领取的现金股利或已到付息期但尚未领取的债券利息等。本项目应根据“库存现金”、“银行存款”、“应收股利”、“应收利息”等账户的记录分析填列。

（三）筹资活动产生的现金流量的编制方法

1.“吸收投资所支付的现金”项目。本项目反映企业收到投资者投入的现金，包括以发行股票、债券等方式筹集资金实际收到的款项净额（即发行收入减去支付的佣金等发行费用后的净额）。本项目可根据“实收资本”、“应付债券”、“库存现金”、“银行存款”等账户的记录分析填列。

2.“借款所收到的现金”项目。本项目反映企业举借各种短期借款、长期借款而收到的现金。本项目可根据“短期借款”、“长期借款”、“银行存款”等账户的记录分析填列。

3.“收到的其他与筹资活动有关的现金”项目。该项目反映企业除上述各项以外，收到的其他与筹资活动有关的现金流入。本项目应根据“库存现金”、“银行存款”和其他有关账户的记录分析填列。

4.“偿还债务所支付的现金”项目。本项目反映企业以现金偿还债务的本金，包括偿还金融机构的借款本金、偿还到期的债券本金等。本项目可根据“短期借款”、“长期借款”、“应付债券”、“库存现金”、“银行存款”等账户的记录分析填列。

5.“分配股利、利润或偿付利息所支付的现金”项目。本项目反映企业实际支付的现金股利、支付给投资人的利润或用现金支付的借款利息、债券利息等。本项目可根据“应付股利”、“财务费用”、“长期借款”、“应付债券”、“库存现金”、“银行存款”等账户的记录分析填列。

6.“支付的其他与筹资活动有关的现金”项目。本项目反映除了上述各项目以外，支付的与筹资活动有关的现金流出。例如发行股票债券所支付的审计、咨询等费用。该项目可根据“库存现金”、“银行存款”和其他有关账户的记录分析填列。

（四）汇率变动对现金的影响的编制方法

本项目反映企业的外币现金流量发生日所采用的汇率与期末汇

率的差额对现金的影响数额。

（五）现金及现金等价物的净增加额的编制方法

"现金及现金等价物的净增加额"，是将本表中"经营活动产生的现金流量净额"、"投资活动产生的现金流量净额"、"筹资活动产生的现金流量净额"和"汇率变动对现金的影响"四个项目相加得出的。

（六）期末现金及现金等价物余额的填列

本项目是将计算出来的现金及现金等价物净增加额加上期初现金及现金等价物余额求得。它应该与企业期末的全部货币资金与现金等价物的合计余额相等。

## 第四节　所有者权益变动表的编制

### 一、所有者权益变动表的主要作用

所有者权益变动表是反映农村中小企业所有者权益的各个组成部分在某一会计期间增减变动及其结果的财务报表。所有者权益变动表能够提供农村中小企业实收资本、资本公积、盈余公积及未分配利润的具体形成来源和分配去向，为投资者和相关利益人判断企业资本是否保值增值，资本形成是否合理提供了重要依据。

### 二、所有者权益变动表的格式

所有者权益变动表的格式如表 10－8 所示。

### 三、所有者权益变动表的编制方法

（一）本表"上年金额"栏数字应根据上年末所有者权益变动表"本年金额"栏内所列数字填列。

（二）本表"本年金额"栏各项目的具体内容及填列方法。

1. "实收资本"项目中的上年年末余额、本年年初余额、本年增减变动金额及本年年末余额项目，应根据“实收资本”总账科目的期初、期末余额及本期发生额分析填列。其中，本年增减变动金额项目中的“所有者投入资本（所有者本期投入资本、股份支付计入所有者权益的金额）”、“所有者权益内部结转（资本公积转增资本、盈余公积转增资本）”项目，应根据有关明细科目分析填列。

2. “资本公积”项目中的上年年末余额、本年年初余额、本年增减变动金额及本年年末余额项目，应根据“资本公积”总账科目的期初、期末余额及本期发生额分析填列。其中，本年增减变动金额项目中的“直接计入所有者权益的利得和损失”、“所有者权益内部结转（资本公积转增资本）”项目，应根据有关明细科目分析填列。

3. “盈余公积”项目中的上年年末余额、本年年初余额、本年增减变动金额及本年年末余额项目，应根据“盈余公积”总账科目的期初、期末余额及本期发生额合计填列。其中，本年增减变动金额项目中的“所有者投入资本（股份支付计入所有者权益的金额）”、“利润分配（提取盈余公积）”、“所有者权益内部结转（盈余公积转增资本、盈余公积弥补亏损）”项目，应根据“法定盈余公积”和“任意盈余公积”明细科目分析填列。

4. “未分配利润”项目中的上年年末余额、本年年初余额、本年增减变动金额及本年年末余额项目，应根据“利润分配”总账科目的期初、期末余额及本期发生额分析填列。其中，本年增减变动金额项目中的“净利润”、“利润分配（对所有者的分配、提取盈余公积）”项目，应根据“利润分配”总账科目所属“未分配利润”明细科目的期初、期末余额及本期发生额分析填列。

如本年存在会计政策变更及前期差错更正，应相应调整本年年初余额，并将其数字填入“会计政策变更”及“前期差错更正”项目。

**例题 10－3：**村办盛霖木器加工厂 2012 年度有关总账科目和明细科目本期发生额及余额资料如表 10－7 所示。

根据表 10－7 中有关总账科目和明细科目本年发生额及余额资料的分析，编制所有者权益变动表如表 10－8 所示。

表 10－7

**盛霖木器加工厂总账科目、**
**明细科目本期发生额及余额表**

2012 年

单位：元

| 总账科目 | 明细科目 | 年初余额 | 本年贷方发生额 | 性质 | 本年借方发生额 | 性质 | 年末余额 |
|---|---|---|---|---|---|---|---|
| 实收资本 | | 300 000 000 | 10 000 000 | | | | 310 000 000 |
| 资本公积 | | 410 000 000 | 1 400 000 | | 10 000 000 | | 401 400 000 |
| | 资本溢价 | 400 000 000 | | | 10 000 000 | 增资 | 390 000 000 |
| | 其他资本公积 | 10 000 000 | 1 400 000 | 转入 | | | 11 400 000 |
| 盈余公积 | | 330 000 000 | 30 000 000 | | | | 360 000 000 |
| | 法定盈余公积 | 220 000 000 | 20 000 000 | 提取 | | | 240 000 000 |
| | 任意盈余公积 | 110 000 000 | 10 000 000 | 提取 | | | 120 000 000 |
| 利润分配 | | 129 100 000 | 200 000 000 | | 73 500 000 | | 255 600 000 |
| | 未分配利润 | 129 100 000 | 200 000 000 | | 73 500 000 | | 255 600 000 |

**表 10－8**

## 所有者权益变动表

2012 年

编制单位：盛霖木器加工厂　　　　会企 04 表　单位：元

| 项　　目 | 本年金额 | | | | |
|---|---|---|---|---|---|
| | 实收资本 | 资本公积 | 盈余公积 | 未分配利润 | 所有者权益合计 |
| 一、上年年末余额 | 300 000 000 | 410 000 000 | 330 000 000 | 129 100 000 | 1 169 100 000 |
| 加：会计政策变更 | | | | | |
| 前期差错更正 | | | | | |
| 二、本年年初余额 | 300 000 000 | 410 000 000 | 330 000 000 | 129 100 000 | 1 169 100 000 |
| 三、本年增减变动金额（减少以“－”号填列） | 10 000 000 | －8 600 000 | 30 000 000 | 126 500 000 | 157 900 000 |
| （一）净利润 | | | | 200 000 000 | 200 000 000 |
| （二）直接计入所有者权益的利得和损失 | | 1 400 000 | | | 1 400 000 |
| 1. 可供出售金融资产公允价值变动净额 | | 1 400 000 | | | 1 400 000 |
| 2. 权益法下被投资单位其他所有者权益变动的影响 | | | | | |
| 3. 与计入所有者权益项目相关的所得税影响 | | | | | |
| 4. 其他 | | | | | |
| 上述（一）和（二）小计 | | | | | |

续表

| 项目 | 本年金额 | | | | |
|---|---|---|---|---|---|
| | 实收资本 | 资本公积 | 盈余公积 | 未分配利润 | 所有者权益合计 |
| （三）所有者投入和减少资本 | | | | | |
| 1. 所有者投入资本 | | | | | |
| 2. 股份支付计入所有者权益的金额 | | | | | |
| 3. 其他 | | | | | |
| （四）利润分配 | | | 30 000 000 | -73 500 000 | -43 500 000 |
| 1. 提取盈余公积 | | | 30 000 000 | -30 000 000 | |
| 2. 对所有者（或股东）的分配 | | | | -43 500 000 | -43 500 000 |
| 3. 其他 | | | | | |
| （五）所有者权益内部结转 | 10 000 000 | -10 000 000 | | | |
| 1. 资本公积转增资本（或股本） | 10 000 000 | -10 000 000 | | | |
| 2. 盈余公积转增资本（或股本） | | | | | |
| 3. 盈余公积弥补亏损 | | | | | |
| 4. 其他 | | | | | |
| 四、本年年末余额 | 310 000 000 | 401 400 000 | 360 000 000 | 255 600 000 | 1 327 000 000 |

续表

| 项目 | 上年金额 | | | | |
|---|---|---|---|---|---|
| | 实收资本 | 资本公积 | 盈余公积 | 未分配利润 | 所有者权益合计 |
| 一、上年年末余额 | （略） | （略） | （略） | （略） | （略） |
| 加：会计政策变更 | | | | | |
| 前期差错更正 | | | | | |
| 二、本年年初余额 | | | | | |
| 三、本年增减变动金额（减少以“－”号填列） | | | | | |
| （一）净利润 | | | | | |
| （二）直接计入所有者权益的利得和损失 | | | | | |
| 1. 可供出售金融资产公允价值变动净额 | | | | | |
| 2. 权益法下被投资单位其他所有者权益变动的影响 | | | | | |
| 3. 与计入所有者权益项目相关的所得税影响 | | | | | |
| 4. 其他 | | | | | |
| 上述（一）和（二）小计 | | | | | |
| （三）所有者投入和减少资本 | | | | | |
| 1. 所有者投入资本 | | | | | |
| 2. 股份支付计入所有者权益的金额 | | | | | |
| 3. 其他 | | | | | |

续表

| 项　　目 | 上年金额 | | | | |
| --- | --- | --- | --- | --- | --- |
| | 实收资本 | 资本公积 | 盈余公积 | 未分配利润 | 所有者权益合计 |
| （四）利润分配 | | | | | |
| 1. 提取盈余公积 | | | | | |
| 2. 对所有者（或股东）的分配 | | | | | |
| 3. 其他 | | | | | |
| （五）所有者权益内部结转 | | | | | |
| 1. 资本公积转增资本（或股本） | | | | | |
| 2. 盈余公积转增资本（或股本） | | | | | |
| 3. 盈余公积弥补亏损 | | | | | |
| 4. 其他 | | | | | |
| 四、本年年末余额 | | | | | |